시니어 산업화 글로벌 마케팅

Senior Trend

새로운 시장으로 성공하는 시니어 산업화
새로운 유망 산업, 시니어 산업을 잡아라

시니어 산업화 글로벌 마케팅

청년 일자리 창출과 청년 창업은 시니어 산업의 트렌드다

정환묵 지음

고령 친화 제품
창업과 비즈니스

리빙북스
Living Books

초고령사회를 눈앞에 둔 현시점에서 사회 · 경제 · 문화 · 산업 등 폭넓은 영역에서 사회 시스템 전체를 재조명해 볼 필요가 있습니다. 우리나라는 전 세계에서 가장 빠르게 고령화가 진전되고 있는 국가임에도 불구하고, 아직까지도 시니어 산업의 중요성을 제대로 인식하지 못하고 있습니다. 시니어 인구가 유아 인구 대비 3배 이상 늘어났음에도 시니어에게 필요한 상(용)품이나 인지도 있는 시니어 전문 기업조차 찾기 어려운 실정입니다.

우리에게 엄청난 폭풍우가 빠르게 다가오고 있는 것이 초고령사회와 제4차 산업혁명입니다. 우리에게 다가오고 있는 4차 산업혁명은 일자리를 줄어들게 만들고, 고령화는 일할 사람을 줄어들게 만드는 엄청난 변화의 폭풍우가 우리의 미래를 더욱 불투명하게 만들고 있습니다. 게다가 청년 일자리 창출이나 창업 등은 범국가적인 노력에 비해 별다른 성과를 내지 못하고 있는 실정입니다. 더욱이 지난 2016년 1월에 열린 다보스포럼에서는 2020년까지 710만개의 일자리가 사라진다는 경고가 나왔습니다.

당면한 두 가지 문제를 해결하기 위해서는 시니어 산업과 4차 산업혁명에 대한 기본적인 이해가 필요합니다. 4차 산업혁명은 제조업과 정보통신기술(ICT)의 융합으로 이뤄지는 차세대 산업혁명을 말합니다. 그리고 4차 산업혁명의 시대에는 인공지능 · 로봇기술 · 생명과학 · 사물인터넷 · 나노기술 등이 급부상할 것으로 전망됩니다. 우리 삶의 속도와 질

모두가 근본적이면서도 큰 변화를 맞게 될 것입니다.

거대한 인구 집단인 시니어가 생산 활동은 별로 하지 않고 의료·간호 등의 복지 혜택에만 의존하게 된다면, 모든 부담은 보다 젊은 세대가 짊어지는 상황이 벌어지게 됩니다. 바꾸어 말하면, 열심히 일해야 할 사람과 세금을 내야 할 사람은 크게 줄어드는 반면 세금으로 보살펴야 할 사람은 급증하는 것입니다. 시니어 산업을 육성하는 것이 청년 일자리 창출이나 창업 등의 문제 해결과 직결됨에도 지금까지도 시니어 산업은 고령층의 일자리 정도로만 생각하는 분들이 많습니다. 심지어 지도층에 있는 인사들까지 같은 생각을 갖고 있는 것이 어쩌면 청년 일자리가 해결되지 못하는 원인이 될 수 있습니다. 고령층 일자리는 청년 일자리와 서로 보완 관계에 있음에도 불구하고 청년 일자리를 잠식하는 것으로 잘못 이해하고 있습니다.

현재 시니어 인구 증가 추세를 보았을 때 시니어 제품은 국내의 내수적인 측면에 있어서도 경쟁력이 있을 뿐만 아니라, 미래 수출 주력 산업으로 발전할 충분한 잠재력을 갖추고 있습니다. 특히 시니어 제품과 IT와의 융·복합 산업은 비교적 IT 선진국에 속하는 우리나라에 큰 기회로 활용될 수 있는 가능성이 있으며, 스마트폰, 반도체 등에서 일부 패권 형성에 성공한 경험도 가지고 있습니다.

특히, 시니어 산업 중에서 선진국(미국이나 일본 등)보다 비교 우위에 있는 시니어 관련 산업을 발굴하여 육성하는 길이 우리나라가 성공할 가능성이 높은 산업일 수 있습니다. 지금 시니어 산업의 육성은 한국 경제의 기회이자 도전이라고 볼 수 있습니다. 고령화 사회일수록 시니어에게 필요한 제품과 서비스 등 관련 산업이 발전하기 때문입니다.

또한 4차 산업혁명의 근간이 되는 주요 기술의 급격한 발전과 기술 간의 이합집산이 이루어지면서, 제조업 기반이던 산업 구조가 완전히 바뀌어 인공지능 기반의 플랫폼 비즈니스가 중심이 되고 있습니다. 지금까지 산업의 핵심은 제품을 만드는 제조업이었지만, 앞으로는 이런 공정이 완전히 디지털화되어 AI와 로봇이 사람을 대체하게 될 것으로 보고 있습니다.

이러한 시대적 흐름 하에서 4차 산업혁명을 기반으로 하는 시니어 산업을 육성하여 초고령화 문제와 청년 일자리 창출을 동시에 해결하는 것이 바람직하다고 생각합니다. 이러한 과제를 제대로 이해할 수 있도록 해야겠다는 취지에서 이 책을 집필하게 되었습니다.

아직까지 선진국에서조차 시니어 산업에 관련된 자료가 많지 않은 상황에서 저자의 짧은 지식이나 식견으로 책을 집필하는 일에 많은 부담을 느낀 것이 사실입니다. 특히, 기존의 산업과 시니어 산업을 엄격하게 구분하기에는 애매하기 때문에 지금까지의 저자의 경험을 바탕으로 시니어 산업의 범위를 정의하고, 주관적 관점에서 집필하였기에 관점에 따라 다를 수도 있다는 점을 밝혀 둡니다.

시니어 산업에 대한 기본 개념의 파악과 이해에 초점을 두었기 때문에 좀 더 깊이 있게 설명하지 못한 점을 아쉽게 생각합니다. 초고령사회를 눈앞에 둔 시점에서 종합적인 시니어 사회나 산업을 이해하는 데 조금이라도 도움이 되기를 간절히 바랍니다. 아울러 기회가 된다면 시니어 산업에 대해 좀 더 폭넓고 깊이 있는 책을 집필하였으면 하는 바람입니다. 오랜 기간 동안 IT공학을 연구한 탓으로 표현이나 설명 부분이 다소 부드럽지 못한 부분이 있더라도 양해해 주시기 바라며, 지속적인 지도 편달을 당부드립니다.

시니어 산업에 관한 의학적인 부분과 창의적인 의견과 조언을 주신 이영재 원장님, 요양과 복지 부분의 고경환 원장님, 산업화 부분의 허철회, 노은영, 김두완, 김숙기 네 분의 박사님과 강민호 기자님께 감사의 말씀을 드립니다. 이 책이 나오기까지 여러 가지 도움을 주신 호서전문학교 이운희 학장님과 리빙북스 이재민 대표님, 이정호 부장님께도 진심으로 감사드립니다.

저자 정 환 묵

contents

chapter *1* 시니어 사회의 창의적인 미래 전망

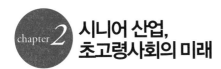

chapter 2 시니어 산업, 초고령사회의 미래

chapter 3 시니어 산업의 마케팅 전략

chapter 4 다양한 시니어 건강 융(복)합 산업화

chapter 5 제4차 산업혁명과 시니어 산업

chapter 6 초고령 시대의 한방 산업

제4차 산업혁명, 고령화 농업 · 농촌 · 농민 기술 혁신

chapter 8 시니어 문화 산업과
영성 문화 융(복)합 산업

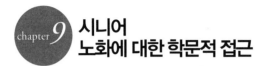

시니어
노화에 대한 학문적 접근

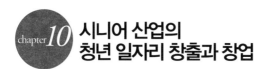

시니어 산업의 청년 일자리 창출과 창업

chapter 10

Chapter *1*

시니어 사회의
창의적인
미래 전망

1장

초고령사회의 위기는 시니어 산업의 기회

**눈앞으로 다가온
초고령사회 문제**

오늘날 인생 '100세 시대'라는 말을 실감할 정도로 장수사회로 진입하여 초고령사회를 살고 있다. 이때, 우리 사회는 여러 가지 변화를 겪어 가면서 많은 문제에 부딪힌다. 개인적인 문제로는 은퇴 이후의 생활 설계로부터 사회보장 혜택인 의료 · 간호 · 연금 등의 영역에 이르기까지 다양한 방면에서 일어날 수 있는 온갖 과제의 해결 방안을 마련하는 것이 시급하다. 먼저 국민 개개인이 안고 있는 문제와 사회 변화에 뒤쳐진 사회 환경의 두 가지 중요한 문제의 실마리를 풀어야 더 좋은 미래 사회를 기대할 수 있다.

개인적인 문제를 살펴보면, 인간 수명의 연장으로 100년을 살아가게 될 우리가 인생 후반부의 삶을 어떻게 설계하고, 어떻게 살아갈 것인가라는 질문에 스스로 답을 할 수 있어야 한다. 과거엔 20세 전후 취직해서 결혼하고, 아이를 양육하며 60세를 넘으면 퇴직하는 등, 획일적인 인생 모델로서의 삶을 유지했다. 지금은 '인생 60세 시대'는 그 힘을 잃어가고 있으며, 오히려 다양한 인생 설계가 가능하고, 결혼을 하더라도 출산할 것인지 안 할 것인지 개인의 선택에 따라 결정할 수 있으며, 직업도 다양하게 선택할 수 있다. 그러나 '인생 다모작 시대'라고도 할 수 있는 '인생 100세 시대'를 위해 미리 설계해 두지 않고서는 길어진 인생을 주체하지 못하고, 후반부 인생을 낭비하는 사람들이 적지 않을 것이다.

100년의 인생을 건강하고, 본인이 가지고 있는 능력을 최대한으로 활용하여, 스스로 만족하면서 살아가는 것은 풍요로운 장수사회에 태어난 우리들에게 주어진 특권이며 또한 도전이기도 하다. 사회 제도, 시스템 및 시장 상태와도 연동될 필요가 있지만, 우리들 한 사람 한 사람에게는 인생 100세에 걸맞은 삶을 설계할 수 있는 능력이 요구되고 있다.

또 다른 문제는 사회 시스템 전체의 재검토에 관한 것이다. 우리들이 살고 있는 마을이나 지역사회 시스템과 인프라는 대부분 젊은 세대가 많은 피라미드형 인구 분포를 갖춘 것으로, 고령 인구가 증가되는 초고령 사회의 요구(needs)에는 전혀 대응할 수가 없다. 이미 인구의 고령화로 인해, 의료ㆍ복지 등 사회보장의 영역뿐만 아니라 경제ㆍ산업ㆍ문화의 폭넓은 영역에 이르기까지 관련된 복잡한 문제들이 드러나 있다. 이러한 모든 문제의 해결을 위한 검토가 이미 여러 기관에서 행해지고 있지만, 해결의 실마리는 아직 찾지 못한 상황이다. 모든 책임을 나라에 맡기며,

사회보장 제도로 해결하려는 해법은 심각한 재정 문제의 한계에 부딪힐 것임이 너무나도 분명하다. 국가의 부채는 인기에 영합한 정치인들의 복지 공약으로 인해 누적되어서 다음 세대에 큰 짐을 떠넘기는 악순환으로 이어질 수 있다. 때문에 세제 및 사회보장 제도의 재검토에만 그치지 않고, 고령기에 국민 개개인이 얼마나 건강하고 생산적인 활동을 할 수 있을지 사회 전반에 걸쳐 다면적인 제도·시스템에 대한 근본적인 재검토가 요구된다.

국민 생활에 관한 여론조사에서도 고민이나 불안감이 있다고 대답하는 사람의 비율은 해를 거듭할수록 높아지고 있다고 한다. 항상 그 이유의 중심은 '노후 생활에 대한 불안'이라고 하는데, 기뻐해야 할 '장수'의 가능성이 오히려 불안 요소로 장수 리스크가 되어 버렸다. 이러한 장래 불안의 주된 원인으로는 노후의 가계에 대한 것, 노부모 및 배우자의 간호에 관한 것, 자신의 건강 불안, 치매 문제, 은퇴 후와 자녀 양육을 마친 후의 생활 방안, 삶의 보람을 찾는 방법, 건강이 약해졌을 때의 생활 방안, 생을 마감할 때까지 주거에 관한 문제, 생의 마지막 때의 요양기의 생활, 자신의 재산 승계 문제 등 여러 가지 문제점을 들 수 있다.

이와 같이 자신의 장래에 대한 대책과 그 준비가 확실하게 되어 있지 않은 것이, 막연한 불안감을 갖게 하는 결과로 이어지게 된다. 이러한 불안감을 해결하기 위하여 '인생 100년'을 어떻게 살아갈지에 대한 인생 설계가 개인에게 있어서는 최대의 과제이며, 또한 그 설계 능력이 개인 각자에게 요구된다.

초고령사회를 대비할 대한민국

우리나라는 세계에서 가장 빠르게 고령화가 진행되고 있다. 노동 공급과 수요 부족으로 인해 잠재 성장률 하락, 의료 복지 등 사회적 부담 증가, 산업 경쟁력 약화 등과 같은 온갖 문제가 산적해 있다. 이에 정부 및 민간 차원의 대응 방안을 마련하는 것이 시급하다. 의학 기술의 발달과 생활 수준의 향상 등으로 평균수명이 길어지고, 그에 따라 고령인구의 비율도 계속 늘어나고 있다. 이에 따라 고령층을 지원하기 위해 재원을 마련하기 위한 사회 경제적 대책이 매우 중요한 과제 중의 하나로 꼽힌다. 고령인구가 젊은 인구보다 많은 경우는 지금까지 없었던 일로, 이러한 현상은 건강, 노동, 교육을 비롯해 사회의 모든 분야에 엄청난 영향을 미치게 될 것이다. 의료 · 복지 등 기존의 사회복지 제도와 정책은 고령사회의 대응책이 되기에는 한계가 있고, 경제 · 산업 · 문화 등 폭넓은 영역에서 사회 시스템 전체를 재조명해 보아야 한다.

우리나라는 2000년에 노인 인구가 전체 인구의 7%로 이미 고령화 사회에 진입했고, 2009년에는 노인 인구가 10.7%에 달했으며, 고령사회는 2018년 14.3%에, 초고령사회는 2026년 20.8%에 도달할 것으로 전망하고 있다.

통계청 자료에 의하면, 2017년 10월 현재 65세 이상 인구 20% 이상의 경우, 우리나라의 지역별로는 수도권 지역을 제외한 시(도)별로 보면, 1개의 도와 82개 시(군) 지역은 이미 초고령사회에 진입한 상태이다.

시니어 산업의 영역

시니어 산업(고령친화산업 혹은 실버산업)은 고령 친화 제품 등을 연구 · 개발 · 제조 · 건축 · 제공 · 유통 또는 판매하는 산업으로, 통상 50세 이상을 대상으로 기업이 시장 경제의 원리에 따라 그들에게 필요한 상품이나 서비스를 제공하는 산업을 의미한다. 기존의 실버(고령친화) 산업이 은퇴 이후 노후를 보내고 있는 65세 이상의 고령자를 대상으로 노후 생활에 필요한 상품이나 서비스를 제공하는 산업이라고 정의한다면, 시니어 산업은 50세 이상의 연령층을 포함한 포괄적 개념으로 볼 수 있다.

시니어 산업은 새로운 산업이라고 하기보다는, 노인 인구의 증가와 더불어 고령자들을 대상으로 일상생활과 관련되어 하나의 산업 영역으로 분류되었다고 볼 수 있다.

지금까지는 고령화는 학제적 학문으로 연구되어 왔거나, 대부분 보건과 복지에 국한되어 논의되어 온 것은 사실이다. 그러나 연구 검토에만 그칠 것이 아니라, 그동안 연구해 온 온갖 결과물을 우리나라 현 실정에 맞게 법이나 사회 · 경제적 대책으로 마련되어야 한다.

고령화 사회 연구를 통해 드러난 문제들을 해결해야 할 필요가 있는 주요 영역을 살펴보면,

- 신체와 인지 기능의 저하
- 고령기의 인간 관계와 생활 환경(고용 · 가계 · 거주 등)의 변화
- 고령기의 식생활이나 케어와 죽음에 연관된 여러 과제
- 고령의 장애를 극복하고 대체하는 기술 개발
- 인구, 사회보장, 의료, 간호 정책
- 시니어의 고용 정책
- 주거와 지역 환경, 보행이나 이동 문제
- 고령자에 관한 법과 윤리 등,

다루어야 할 분야가 매우 광범위하다.

초고령사회에 따른 대비책

이와 같이 열거된 시니어 산업의 영역별로 많은 분야를 산업적인 관점에서 해결하기 위한 측면이 바로 시니어 산업이라고 볼 수 있다.

'활동적 고령화(active aging)'를 주목하라!

시니어 시프트(senior shift)란 일본 최대 유통업체 이온(AEON)이 시니어 시프트 전략을 발표하면서 알려진 신조어로, 인구 고령화의 영향으로 제품과 서비스가 중·고령 세대 중심으로 재편되는 현상을 의미한다. 우리나라는 인구의 연령 구성이나 기업이 타킷으로 하는 고객 연령대가 청장년 중심에서 점차 중·고령자 중심으로 이동하는 시니어 시프트 시대로 진입하고 있다.

정부는 고령화된 근로자의 증가로 인한 경제 환경 변화에 대비하여, 노동 정책 전환 등의 혁신적인 노력이 있어야 하며, 활동적 고령화 정책 추진을 함으로써 생산 인구 감소에 대비하여 국가 경쟁력을 향상시킬 수 있도록 미리미리 준비해야 한다.

예를 들어, 향후 정부가 기업을 비롯한 사회 전반에 걸쳐 직장 내 연령 차별의 가이드 라인 등을 제공하여 나이에 따른 균등 기회 보장 확대로 연결되도록 유도하고, 고령자의 기술 개발 성과에 대한 기업 인센티브 지원 정책을 강화해야 한다. 또한 기업들이 고령자에 대한 채용과 고용 유지에 강한 유인을 갖도록 고용 방안을 개선하고, 생애 맞춤형 노동 시간 체계의 혁신을 통해 고령 노동자에게 적합한 탄력적인 노동 시간을 수립해야 할 것으로 보인다. 노동 시간의 문제가 낮은 연령층이나 고령층 등 모든 근로자에게 동일한 영향을 줄 것이라는 가정을 벗어나 생애 주기별 노동 시간과 그 영향을 세분화하는 분석이 이루어져야 한다. 이를 바탕으로 고령 근로자의 노동 시간에 대한 기준이 다를 수 있다는 것을 고려하여, 현재의 노동 시간 체계를 고령자에게 적합한 생애 맞춤형 노동 시간 체계로 재편성해야 할 필요가 있다.

정부 차원의 체계적인 직업 능력 개발 시스템 구축을 통해 고령 근로자의 노동 생산성을 향상시키는 노력을 지속해야 한다. 고령화와 저출산 등 양적 노동력 감소에 대해 노동 생산성을 향상시키는 질적 대비가 중요하며, 이를 위해 인적 자원에 대한 효율적 교육 훈련 투자가 이루어져야 한다.

따라서 정부와 기업의 긴밀한 협조를 바탕으로 고령 근로자에게 적합한 직종이나 직무를 개발함과 동시에 교육 훈련과 평생 학습을 연계하는 통합적 직업 능력 개발 시스템을 구축해야 한다.

시니어 사회 시스템 에이지 프리사회의 구축

4차 산업혁명의 핵심인 사물인터넷(IoT)과 인공지능(IT) 등 첨단 기술의 발전에 따른 의학 기술의 발달과 생활 수준의 향상 등으로 평균 수명이 계속 길어지면서, 그에 따라 고령 인구의 비율도 계속 늘어나고 있다. 인간이 바라는 장수가 실현되고 있다는 점에서는 반가운 일이지만, 반면에 고령화로 인한 노동 인구 비율의 감소, 고령층 부양 문제가 사회적으로 심각한 실정이다.

최근에는 노인이란 단어를 쓰기에도 난감한 젊은 시니어들이 사회가 재단한 나이와 여건 때문에 어쩔 수 없이 퇴직하게 된 경우도 많다. 특히 이 연령대는 자녀의 교육이나 혼인, 노후 준비 등이 겹치는 시기로 안정적인 일자리와 소득이 그 어느 때보다 필요한 시기라고 할 수 있다. 사회적 여건에 의한 은퇴 이후 자신의 삶을 개척해서 살아간다는 것이 그리 쉽지만은 않은 현실이다.

따라서 시니어들의 역량을 반영하면서 지역 사회에도 기여할 수 있도록 활용 방안을 연구할 필요가 있다.

행복한 고령사회를 만들기 위해서는 배리어 프리(barrier free) 관점에서 모든 인프라를 재검토하는 작업부터 진행돼야 한다. 사람들의 인식과 사회 시스템에 고착화된 연령 장벽을 허무는 일 또한 중요하다. 배리어 프리를 넘어 에이지 프리(age free) 사회를 구축하는 일이야 말로 행복한 고령사회로 가는 지름길이 될 수 있다.

2장

시니어여 일어나라

시니어의 나이?
50세는 청년이다

시니어의 나이를 몇 살부터 몇 살까지로 규정할 것인지에 대하여 공식적으로 결정된 바는 없다. 오히려 주어진 상황에 따라 시니어의 연령대 폭은 오르기도 하고 내리기도 한다. 50세를 시니어라 불러야 할지 말지 다양한 의견이 있다.

직장에서 일하는 입장에서 보면, 정년이 중요한 일의 구분 포인트라 할 수 있는데, 정년까지는 현역, 정년 후를 시니어로 보는 것이다. 현시점에서는 60세 정년이 대다수이지만, 65세까지의 고용 연장이나 정년 그 자체를 높이려는 움직임도 보인다. 민간 기업이 실시하고 있는 시니어를 대상으로 하는 서비스 산업에서는 대상 연령이 점차 내려가고 있다. 이는 고객의 범위를 넓히고 싶은 기업 측의 의도에 의한 것으로, 극장이나 여행사의 시니어 할인처럼 55세나 50세부터로 설정하고 있는 경우도 있다. 그러면, 시니어 마케팅에 있어서는 어느 폭을 대상으로 보는 것이 적절한 것일까를 생각해 볼 필요가 있다.

영국의 역사 사회학자 피터 래슬릿(Peter Laslett)이 제창한 생애 주기는 퍼스트 에이지(first age)를 미숙 · 교육 · 의존, 세컨드 에이지(second age)를 자립 · 책임 · 축적, 서드 에이지(third age)를 달성 · 완성 · 충실, 그리고 포스 에이지(fourth age)를 의존 · 쇠퇴의 기간으로 보고 있다. 그는 생애 주기를 네 단계로 나누어, 첫 번째 퍼스트 에이지는 배움의 단계(learning), 세컨드 에이지는 배움을 통해 사회적 정착을 하는 단계(doing), 서드 에이지는 40세 이후 30년 동안 인생의 2차 성장을 통해 자아실현을 추구해가는 단계(becoming), 포스 에이지는 노화의 시기로 성공적인 삶을 이룩하고 젊게 살다가 삶을 마감하는 단계(integration)로 구분했다.

지금까지 인생을 파악하는 기준으로 대부분 3기론(期論) 즉, 아이로서 보호받는 시대, 현역으로서 활약하는 시대, 그리고 의존, 쇠퇴하는 시대가 온다는 것으로 구분했으나, 이제는 현역을 물러난다고 해서 즉시 쇠퇴가 시작하는 것으로 보는 것이 아니라, 건강하고 돈과 시간에 여유가 있는 기간이 존재한다고 보는 추세이다. 이러한 점에서 인생 4기론이 현대에서는 적절하다고 볼 수 있는데, 그 중 서드 에이지가 시니어 기간에 해당된다고 할 수 있다. 다만, 래슬릿 자신은 각각의 기간을 구분짓는 연령을 설정하지 않았는데, 학술적으론 개인차를 무시할 수 없기 때문에 당연한 일이라 할 수 있다. 마케팅에서는 데이터 등의 객관적 근거에 기초하여 일정한 기준을 만들어 적용하기 때문에 그 기간을 정해 두고 있다.

마케팅에서는 서드 에이지를 대부분의 사람들이 나이가 드는 신체와 라이프 스테이지의 변화를 실감하게 되는 연령으로, 그리고 포스 에이지를 대부분의 사람들의 소비와 생활이 종말을 향해 가는 연령이라고 설정하기도 한다.

신체나 라이프 스테이지의 변화 포인트는 세 가지가 있다. '신체'의 변화, '사회적 입장'의 변화 그리고 '가족'의 변화이다.

신체의 변화란, 즉 노화 현상을 말한다. 예를 들어 노안의 진행, 피부의 노화, 수면 장애, 갑자기 단어가 생각나지 않거나, 여성의 경우는 갱년기 증상 등, 본인이 실감할 수 있는 노화 현상이 신변에 일어나기 시작한다.

사회적 입장의 변화에서 가장 알기 쉬운 예는, 기업에 있어서의 정년퇴직이다. 실제로 회사의 정년은 60세이지만, 이른바 직무 정년이 더욱 이전에 있는 경우나, 자신이 아니더라도 동창이나 입사 동기, 주위의 동년배 사이에서 조기 은퇴를 선택하는 사람이 나오는 경우 등으로 현실을 의식하기 시작하게 된다. 남성의 경우, 은퇴한 사람의 비율이 어떠한 형태로든 일하고 있는 사람의 비율을 웃도는 것은 66세부터이지만, 임직원 비율은 54세를 정점으로 하강세로 바뀌고, 정사원 비율도 내려가기 시작한다. 여성의 경우, 지금까지는 전업주부가 많았기 때문에 남편의 정년에 따르는 경우가 많았다.

또 하나는 가족의 변화다. 남성과 여성 모두 아이로부터 완전히 자유로워져, 둥지에서 벗어날 타이밍은 거의 50대 전반에 피크가 온다. 그리하여 아이가 결혼하거나 손자가 태어나는 시기가 찾아온다. 부모와의 관계에서는 간호와 동거의 시작이 역시 50대 후반에 그 정점을 찍는다. 그 와중에 부모가 별세하는 경험을 하는 사람도 등장하기 시작한다.

이와 같이, 신체 사회적 입장, 가족의 변화에 따라 연령 변화를 실감하는 타이밍을 각종 데이터를 기준으로 조사해 보면, 지금으론 50대가 연령 변화를 가장 크게 실감하고 있다. 또한 지원이나 간호의 필요를 인정하는 비율은 75세 이상에서 급격히 증가한다. 이 연령대에서는 자연스럽게 적극적인 소비에서 스스로 멀어지게 된다.

시니어, 과거보다 현재 20년 더 젊어지다

시니어는 의식 측면뿐 아니라 체력면에서도 과거보다 11~20살이 젊어졌다고 볼 수 있다. 밀켄 경제연구소 글로벌 콘프런스에서 로버트 버틀러 박사는 건강측면에서 볼 때 오늘날 미국의 60세 여성은 1960년대의 40세에 해당하고, 80세 남성은 1975년의 60세 남성과 비슷한 상태라고 발표한 바 있다.

또 일본 도쿄대학에서 발표한 자료에서, 체력을 나타내는 한 가지 지표로서 '통상 보행속도'를 1992년과 2002년에 측정하여 비교해 본 결과 남녀 모두 11살이나 젊어졌다는 연구 결과도 나왔다. 결과적으로 과거보다 건강은 젊어졌고 수명이 길어졌다는 것을 의미한다.

신체 기능의 데이터를 자세히 살펴보면, 1992년부터 2002년에 걸쳐,

남녀 둘 다 65세 이상 모든 연령에서 보행 속도가 오르고 있고, 10년 전의 같은 연령대와 비교하여 마이너스 11세에 해당한다고 한다. 지능검사에서도, 2002년의 70대는 10년 전의 60대와 거의 같으며, 마찬가지로 60대는 10년 전의 40대, 50대에 가까워지고 있다. 건강 상태에서도, 심근경색, 뇌졸중, 골다공증으로 치료를 받은 사람의 비율이 저하하여, 12년 전의 10살 젊은 연령대와 거의 같거나 그보다도 낮은 것이다.

이러한 현대 시니어의 실태는 평소에 주위로부터 시니어와 접한 적이 없는 사람일수록 의외로 느끼는 바가 많을지도 모른다. 그러나 이러한 실태를 고려하지 않는다면, 앞으로의 시니어 마케팅은 큰 착오를 저지를 수 있다. 시니어 그 자체가 변하고 있을 뿐 아니라, 시니어의 총 수, 그리고 인구에서 차지하는 비율도 매년 높아지고 있기 때문이다.

50+ 세대, 얼마든지 일할 수 있는 역량이 있다

우리 사회는 인구의 고령화가 경제 발전을 저해한다는 부정적인 생각으로 시니어에 관련된 문제를 경시하는 경향이 있다. 그러나 외국의 일부 기업들은 고령자들의 경험과 노하우를 활용하기 위해 새로운 회사를 설립하거나, 분사화 내지는 신규 업무 영역을 창출하는 등, 적극적인 경영 전략을 구사하여 성공한 사례들이 많이 있다.

50+세대는 교육과 훈련을 통해 직업 능력(생산성)을 얼마든지 향상시킬 수 있다. 저출산으로 전통적인 노동 시장의 생산 인구(15~64세)가

줄어들 것이기 때문에, 앞으로는 65세 이상의 고령 노동자를 노동 시장에서 배재할 수가 없게 되었다. 정년 후 반드시 노동 시장 참여가 아니더라도 자원 봉사 활동이나 건전한 스포츠와 레저의 참여도 심리사회적 의미에서 생산적 노화를 증진하는 효과를 가져올 수 있다.

사회가 복지 제도를 통해 노인의 기본적 욕구를 해결해 주고, 보호해야 하는 것은 당연하다. 그러나 사회 구성원으로서 수적 비중이 점차 커지고 있고, 건강이 크게 향상되고 있으며, 다양한 경험과 지식을 축적하고 있다. 따라서 자신의 역량을 강화하여 능력 향상이 가능한 시니어를 사회의 주류에서 제외하여 복지 제도로 보호한다는 것은, 사회적 부담만을 크게 증가시킬 것은 물론이고, 시니어의 존재 가치와 자존감마저 크게 저해할 수 있다.

3장

액티브시니어,
사회 변화의 주역

미래 사회의 변화
'시장의 중심 이동'

지금까지는 우리 사회 전반에 걸쳐 '미래는 젊은이의 것'이라는 관념이 깔려 있고, 비즈니스와 문화 모두 청년 중심으로 이루어져 있다고 해도 과언이 아니다. 그러나 앞으로 펼쳐질 미래의 산업과 문화와 다양한 분야에서 젊은이들이 더 이상 그 중심에서 멀어지게 되는 흐름으로 바뀌고 있다.

앞으로는 크로스 제너레이션(cross generation), 즉 세대 간 교류나 세대 간 협력이 더욱 필요하게 되는데, 특히 성인 세대가 젊은 세대를 지탱해야 하는 구조나 상태를 어떻게 구축할 것인가가 큰 포인트가 될 것으로 보인다. 비즈니스와 마케팅 분야에서도 마찬가지로 인구 구조의 변화에 따라 '시장의 중심 이동'이 일어나고 있는데, 즉 '청년과 젊은 세대(young family)'만의 시장에서의 중심 이동이다. 더 나아가, 비즈니스와 마케팅에서 중요한 것은 표층적인 인구 구조의 변화뿐만 아니라, 그 내용물인 시민들의 의식과 행동 자체도 또한 크게 변화하고 있다는 점이다.

청년층도 변화를 보이고 있는데, 현재 20대의 '삼포세대'는 과거의 유행을 창출해내는 청년 이미지와 사뭇 다르다. 오늘을 살아가는 청년 세대는 경제적 · 사회적 압박으로 인한 '삼포세대(연애, 결혼, 출산 3가지를 포기한 세대를 뜻하는 신조어로서, 전통적인 가족 구성에 필요한 이 세 가지를 포기한 세대)'로 경제적으로는 학자금 대출 상환과 과도한 집값에 시달리면서도, 높은 실업률로 인한 고용 불안과 저임금 문제까지 더해져 연애나 결혼은 아예 생각할 여유가 없는 20대~30대로 볼 수 있다. 더구나 취업 경쟁이 치열해지면서 취업 준비에 대한 비용이 증가한 것도 청년층의 부담을 가중시키는 요인이 되고 있다. 2010년 이후 청년 실업의 증가와 함께 학자금 대출에 대한 부담, 치솟는 집값 등 과도한 삶의 비용으로 인해 취업과 내 집 마련까지도 포기한 '오포세대', 인간 관계와 미래에 대한 희망까지를 포기한 '칠포세대'와 같은 용어에서 고달픈 청년 세대의 현실을 고스란히 보여 주고 있다.

세계적인 경기 침체와 극심한 청년 취업난으로 인해, 일본이나 유럽 등 많은 선진국에서도 '삼포세대'와 비슷한 청년 문제가 발생하고 있다. 유럽에서는 높은 교육 수준에도 불구하고, 불안정한 고용 상황과 낮은 임금으로 인해 미래를 기약하기 어려워하는 청년층을 '1,000 유로 세대

(generazione 1,000 euro)' 혹은 '이케아 세대(generazione IKEA)' 등으로 부르기도 한다. 이들 세대는 취업에 뛰어난 요건(스펙)을 갖추고 있지만, 급여가 낮고 고용 기간이 짧은 직업을 가진 젊은 세대로서, 실용적이고 세련됐지만 저렴한 가구 브랜드 이케아에 빗대어 표현된다. 일본에도 비슷한 말로 '사토리 세대'가 있다. 오랜 경기 불황과 초고령화가 진행 중인 일본의 경우, 사회적 성공에 대한 희망 없이 체념 상태로 살아가는 청년층을 '사토리 세대'라고 일컫는다. 우리나라의 '삼포세대' 문제는 현재 20대~30대뿐만 아니라, 이후에 등장할 세대에도 부담으로 이어지게 된다는 점에서 심각한 사회 문제로 여겨지고 있다.

50대 이상도 나이 들어감에 대한 개념을 종래의 '노인이 되어 시들어 가는 것'과는 다른 감각을 가지고 있어야 하는데, 그것은 계속해서 그들이 '소비자'의 위치에 있다는 점을 인식해야만 비로소 '시장의 중심 이동'을 이해할 수 있게 된다.

액티브 시니어 '활동적인 노년층'을 의미

액티브 시니어(active senior)란 '활동적인 노년층'이라는 의미로 시니어 세대가 증가하기 시작했던 2000년경부터 등장한 개념이다. 어디까지나 개념에 지나지 않으며, 어떠한 조건을 가지고 액티브 시니어로 보는지에 대해 명확한 정의는 없다. 대체로 항상 젊고, 의욕적으로 활동하며 좋아하는 일에 돈과 시간을 아끼지 않는, 그전까지의 시니어답지 않은 시니어라는 이미지가 있다.

액티브 시니어는 경제력을 바탕으로 문화, 소비생활에 적극적이며 활동적인 시니어 세대를 이르는 신조어로서 소비성향이 강하고 다방면에 적극적인 시니어 세대를 가리킨다. 일정 수준의 소득을 갖추고 있으며, 이를 바탕으로 건강하고 왕성한 문화생활과 소비생활을 누린다.

액티브 시니어는 인터넷과 모바일 환경에도 익숙하다. 최근에는 인터넷을 활발하게 사용하는 시니어들이 늘면서 '실버티즌(고령자를 뜻하는 실버(silver)와 인터넷 사용자를 의미하는 네티즌(netizen)의 합성어)'이라는 신조어도 등장했다. 스마트폰 등과 같은 디지털 기기들의 접근성이 쉬워지면서 노년층의 인터넷 사용률의 증가로 '실버티즌' 중에서도 직접 블로그나 카페를 운영하며, 인터넷을 적극적으로 활용하는 '웹버족(인터넷을 뜻하는 웹(web)과 실버(silver)의 합성어)'이라 불리는 노

인들도 생겨났다. 스마트폰, 태블릿 PC와 같은 스마트 기기를 능숙하게 사용하는 50대 중반 이상의 고령층을 일컫는 실버 서퍼(silver surfer)라는 말이 생길 정도로 젊은이들 못지않게 최첨단의 기기의 혜택을 누리며 역동적으로 삶을 사는 시니어들이 점차적으로 증가하고 있다. 이런 실버 서퍼들은 시간적 여유와 경제력을 갖추고 있어 정보통신(IT) 분야의 새로운 소비자층으로 부상하고 있다.

액티브 시니어는 경제력을 바탕으로 여가 활동 등에도 적극적이다. 해외 여행을 경험한 비율도 높으며, 외모를 꾸미거나 건강을 위해 많은 돈을 지출한다. 자기 개발이나 사회 문제에도 관심이 많으며 은퇴 후에도 경제 활동을 하려는 경향이 있다. 액티브 시니어가 증가하면서 이들을 대상으로 마케팅을 펼치는 기업도 점점 늘어가고 있다. 지금의 시니어들은 이전 세대보다 더욱 건강하고 경제적으로 풍요로울 뿐 아니라 소비에도 적극적이고 매력적인 소비자들이다.

한국에서는 '베이비 붐(baby boom) 세대(한국 전쟁이 끝나고 1955년부터 1963년 사이에 출생한 이들을 일컬음)'가 은퇴하기 시작하면서 액티브 시니어가 크게 증가할 것으로 예측하고 있다. 이 세대가 '액티브 시니어'에 해당되며, 기존의 노인 세대와 달리 소비와 문화생활에 익숙한 특징을 보인다. 우리나라 전체 인구 중 가장 많은 인구층을 형성하고 있는 세대로, 2015년 이후 이들이 본격적으로 노년층에 진입한 후부터는 시니어 시장을 포함하여 다양한 소비 시장에 큰 영향을 미칠 것으로 전망하고 있다.

미국의 경우 종전 이후인 1946년부터 1964년 사이에 출생한 세대로

'베이비 부머'라 부른다. 일본의 경우는 종전 후인 1947년부터 1949년 사이에 '베이비 붐'을 이루었으며, 베이비 붐 세대를 '덩어리'라는 뜻의 '단카이 세대'라고 부른다. 이렇듯 베이비 붐 세대는 지금 65세가 넘은 초고령사회의 중심에 있으며, 건강과 경제력을 가지고 시니어 사업을 주도하고 있다.

스마트 시니어 '소비와 사회 활동의 중심'

인터넷을 서핑(surfing)하여 정보를 수집하고, 적극적인 소비를 하며 모바일 기기를 활용하는 진취적인 스마트 시니어가 빠르게 증가하고 있다. 스마트 시니어가 증가한다는 것은 단순히 IT를 활용하여 정보를 수집하는 시니어가 늘었다는 것이 아니다. 높아진 정보 수집력을 바탕으로 진취적인 소비 성향을 다수의 일반 시니어의 소비까지 영향력을 행사하여, 정보 수준 격차가 있는 일반 시니어들까지 정보력이 동반 상승하고, 능동적인 소비를 하게 됨을 의미한다.

인구 통계적으로 베이비 붐 세대로 규정하는 1955~1963년생들의 윗세대들이 2010년을 전후해서 이미 은퇴를 시작하였다. 사실 사회 변화의 틈바구니에서 생겨난 조기 은퇴를 생각해 본다면, 이미 베이비 붐 세대의 은퇴가 많이 진행되었음을 짐작할 수 있다. 이들 세대는 한국 산업화 시대의 주역으로 한국 경제 발전과 민주화 흐름에 지대한 역할을 하였고, 자기주장도 분명한 세대들이다. 이들은 어느 정도의 학력과 지식,

경제력을 고루 갖추고 있어 시니어 세대로 편입되면서, 시니어들의 목소리가 커지고 구매력도 크게 증가하고 있다.

한국의 스마트 시니어는 소비의 주체로서 또한 생산과 사회 활동의 주역으로 빠르게 진입하고 있다. 은퇴 후에도 사회적으로 건강한 중·장년과 노년을 설계하고 싶어 하고, 어떤 형태로든 사회에 기여하거나 사회 구성원의 일원으로 살려고 한다.

일정 수준의 소득을 갖추고 원하는 일을 능동적으로 찾아 도전하는 50~60대인 '액티브 시니어'가 다른 연령대보다 디지털 환경 변화를 긍정적으로 인식하고 있다. 또한, 컴퓨터나 스마트폰 등 전자기기 사용에도 능해 온라인 쇼핑 등 디지털 기기 등에 대한 소비 영향력도 점점 높아지고 있는 추세다. 경제력을 바탕으로 소비 생활과 여가 생활, 외모에도 큰 관심을 가지고 사회 활동에도 적극적으로 참여하고 있다.

4장

시니어를 위한 사회 보장 개혁

어르신 세대?
시니어 50+, 60+, 70+ ··· 세대

현재 고령자들의 세대에 대표되는 용어를 정하기가 매우 어렵다. 그 이유는 '고령자, 실버, 연장자, 노인, 시니어'라고 부르는 자체가 선입관이나 고정 관념에 가려져 현실을 이해하기 어렵게 하는 면이 있기 때문이다.

지금 사회적으로 크게 바뀌고 있는 고령사회를 인식하고, 종래의 고령자, 시니어라는 선입관이나 고정 관념에 얽매이지 않기 위하여, 이 책에서는 '시니어'라는 용어와 혹은 '50+세대' (40대 이상의 경우에는 '40+세대')를 혼용하여 사용하기로 한다. 이러한 표현은 미국 등에서 자주 사용하고 있는데, 60대 이상이면 60+, 70대 이상이면 70+처럼 표현할 수 있기 때문에 매우 편리하게 사용할 수 있다.

미래의 양 날개
'젊은세대'와 '활기찬 50+ 세대'

미래는 더 이상 젊은이들만의 사회가 아닌 그 누구도 경험한 적 없는 사회가 오고 있다. 자신이 젊은이와 같이 활동적으로 행동하거나, 60대 이상이 '젊은이의 의식이 있다' 또는 '자신을 시니어라고 생각하지 않는다'라는 말을 하면, '점잖지 못하다. 노인이 노인답지 못하다' 라는 말을 종종 듣게 된다. 그러나 종래의 이미지와 같이 고령자가 고령자답게, 노인이 노인답게 하고 있으면, 노인 인구가 많은 만큼 노화된 사회로 전락해 버릴 수도 있다.

거대한 인구 집단인 고령자가 과거의 노인과 비슷하게 노인답게 지내게 되고, 생산 활동을 거의 하지 않고, 의료·간호 등의 복지 혜택에만 의존하게 된다면, 모든 부담은 보다 젊은 세대가 짊어지는 상황이 벌어진다. 그렇다면 어떻게 하면 좋을까?

기본적으로는 50대 이상이 활동하지 않는 한, 젊은 세대의 부담은 사라지지 않는다. 50+세대들도 스스로 노력하는 지속적인 활동이 필요하다. 이러한 50+세대는 '노인답지 않은 50+세대'가 되어야 비로소 '젊은 세대에 기대지 않는 50대 이상'이 된다.

앞으로 우리의 미래는 50대 이상에게 달려 있다. 역사상 그 누구도 경험한 적 없는 사회가 시작되고 있는 것이다. 그런 의미에서 우리의 미래는 '젊은이'와 '활기찬 50+세대' 양쪽이 견인하게 되어 가고 있다.

진정한 시니어의 기본 원칙 '고령사회, 스스로 준비하는 것'

어느 나라 할 것 없이 고령화는 이제 국가적 어젠다가 되었다. 우리나라 역시 급속한 고령화가 진행되고 있는 가운데 2018년이면 65세 이상 인구가 전체의 약 14%를 차지하는 고령사회로 진입하게 되고, 8년 후에는 20%를 넘는 초고령사회가 될 것이다. 생산 가능 인구는 점차 감소하여 세금을 부담해야 할 사람은 줄어드는 반면, 세금으로 보살펴야 할 사람은 급증하게 된다. 이로 인해 노동 인력은 감소하고, 사회 보장 비용은 증가하며, 내수가 위축되고, 아울러 장기 침체가 동반되면서 결국 국가의 성장률과 경쟁력이 하락하게 된다. 이런 이유로 미국·일본·EU 등 각국은 고령화 대책에 총력을 기울였으며, 그 노력의 결과 고령사회를 대응하는 자세로 '국민 각자가 스스로 준비하는 것'을 기본 원칙으로 삼고, 정책적 수단은 정부가 세제를 통해 이를 지원하도록 했다.

노화로 인해 능력이 저하된다는 편견 때문에, 중년기 이후 교육과 훈련을 통한 능력 개발의 가능성을 무시하고, 고령 노동자나 시니어를 노동시장에서 배제하여 사회복지 제도로 부양해야만 하다는 논리는 현실과 맞지 않고 국가에 더 큰 부담만을 안기게 되었다.

이제 시니어를 생산 현장에서 은퇴한 '잉여인간'으로 간주할 것이 아니라, 그들이 갖고 있는 지식, 노하우, 정보, 인격 등을 제2의 인생(second life)을 살아가는 데 활용할 수 있는 방안을 연구할 필요가 있다. 시니어를 생산 가능 인구로 편입해서 소득과 소비의 주체가 되고, 나아가 국가 경제 전체의 규모를 늘려 생산 활동에 도움을 줄 수 있도록 하여야 한다.

일본의 사망 소비세 남의 일 아니다

초고령 국가인 일본에서는, 사망 소비세라는 총리 산하 '사회보장제도개혁국민회의'에서 협의된 내용으로, 죽을 당시 재산에 일정 비율의 소비세를 내야 한다. 자칫 상속세와 혼동할 수 있는 데, 상속세는 일정 금액 기준 이상의 재산을 가진 사망자로부터 유산을 받을 때 내는 세금이지만, 사망 소비세는 무조건 남은 재산 전부에 대해 일정 비율의 세금을 내게 함으로써 사망시에 소비세를 받아, 후기 고령자의 의료비에 사용하자는 취지이다. '사회보장제도개혁국민회의'에서 아베 브레인으로 알려진 민간 위원 이토 모토시게 도쿄대학 명예교수는 '경제 재정의 관점에서 본 사회보장 개혁'이라는 자료에서 증가하는 사회 보장비의 재원으로 '고령자의 의료 비용을 커버하기 위해 사망 소비세의 도입'을 제안하였다. 일본은 아직까지 도입 여부를 확정하지 않고 있지만, 우리나라는 논의조차 되지 않고 있는 실정이다. 하지만 이러한 개념이 확산이 되면, 그 영향으로 '다 쓰고 죽자'는 운동이나 기부금도 좀 늘어날 수 있으리라 예상할 수 있다. 지금까지 우리는 어떤 방법으로 재산을 축적하여 자손들에게 물려주어야 한다는 인식이 강했지만, 이제는 이런 고정 관념들이 점자 퇴색되어 가고 있다.

사망 소비세에 공제액이 있을까? 아마도 없을 것이라 생각한다. 사람이라면 누구나 다 빈부 격차를 따지지 않고 사망하기 때문에, 전 국민을 대상으로 징수가 가능할 것이다. 만일 우리나라에 '사망 소비세'가 도입된다면, 과연 미래의 고령화 세대를 위한 복지가 어떻게 변하게 될까? 많은 논의의 필요성이 제기된다.

5장

종합적 안목으로
초고령사회 바라보기

**새로운 패러다임
'연령통합사회'로의 정책 개발**

출산율을 획기적으로 제고시킬 정책 방안을 계속 모색해야 하겠지만, 출산율 제고가 어렵다는 가정 하에 노인들을 사회의 주류로 계속 참여할 수 있게 하는 연령통합사회 패러다임으로 사회정책을 개발하고 추진해 나가는 것이 무엇보다 중요하다.

베이비부머 세대가 은퇴 세대로 접어들고 있는 만큼 시니어 산업을 신성장 동력으로 발전시켜 나가야 한다. 또한 고령화와 저성장, 저금리 시대에 정부 · 기업 · 가계 등 모든 경제 주체들이 의사 결정을 하는 과정에서 시니어 산업을 최우선적으로 고려해야 한다.

보편적으로 깔려 있는 고령화 사회에 대한 부정적 인식을 바꾸는 노력도 개인 차원에서 벗어나 정부 차원의 노력도 병행해야 한다. 중년기부터 새로운 지식의 습득, 기술 학습과 훈련 가능성이 이미 과학적으로 입증되었으므로, 일반 지식과 직업 능력 개발 교육을 중년기부터 체계적으로 실시할 수 있는 사회적 제도가 속히 마련되어야 한다.

일본에서 출간된 『87세부터의 기업』에서는 87세부터 컨설턴트로 개업한 이 책의 저자가 그 가능성을 말해 주고 있다. 노인들 스스로도 지속적으로 건강하고 가치 있는 사회의 주류가 되고자 하는 노력이 필요하다. 노인이 계속 사회적 참여를 하게 하여 사회적 비용을 절감하지 못한다면, 고령화 사회의 지속 가능성은 크게 위협당할 수 있다.

증가하는 노인 인구 풍부한 인력 자원으로

앞으로 저출산·고령사회에 대한 사회 환경이 점차 고령자 중심으로 재편되는 광범위한 시니어 시프트 시대를 준비하여야 한다. 초고령사회에 대한 대학 차원에서의 연구가 선행되어야 함에도 불구하고, 아직까지 그 역할이 기대에 못 미치고 있다. 과거에 시행하였던 복수 전공 혹은 다전공 등 교육과정을 재검토해 볼 필요가 있으며, 대학의 평생(사회)교육원 본래의 취지를 살려 고령사회에서 필요로 하는 분야에 적합한 재교육을 실행함으로써 다양한 일자리를 가질 수 있는 기회를 제공해야 한다.

고령화 사회 대응책은 문제점 해결의 시각보다는 증가하는 노인 인구를 사회적 주류로 포함시켜 지속 가능한 사회로 발전시켜 고령화 사회 대책을 마련하는 데 초점을 두어야 한다. 출산율 제고가 고령화 문제 해결의 핵심적 과제 중의 하나이기는 하지만, 2차에 걸친 저출산 고령사회 기본 계획 10년간 수십조 정도의 예산을 투입하고도 출산율은 기대에 전혀 미치지 못하고 있다. 제고할 수 없다는 점이다.

저출산의 원인으로는 만혼화(晩婚化)·만산화(晩産化)·비혼화(非婚化)를 들 수 있는데, 그 배경에는 결혼관이나 가족관의 변화와 함께 경제 고용 환경의 변화에서 '안심하고 아이를 낳아 기를 수 없다'라는 큰 불안이 내재한다. 또 저출산 문제는 여성의 경제활동 참여 증가와 가족의 형태 및 기능 변화, 노동시장 고용 불안정의 심화로 인한 사회 문제가 그 요인이 되고 있다. 따라서 최근 정부의 보고 자료를 통해 출산율의 증가를 기대하기보다는, 풍부한 인력 자원인 시니어들을 어떻게 사회 주류로 발전시켜 나갈 것인지에 대해 더욱 깊이 연구하는 것이 바람직하다.

'인생 100세 시대'를 위한 새로운 모델 제시

고령자의 상대적인 증가로 인한 고령화의 메커니즘을 이해하기 위해서는 사망률의 저하에 따른 고령자의 증가 및 장수화와 더불어 출생률의 저하에 따른 청년 인구의 감소(저출산)를 먼저 이해할 필요가 있다. 고령화는 평균 수명의 연장이나 저출산의 영향에 따른 인구 구성상의 변화지만, 그 변화는 사회 전체 및 국민 생활에 여러 가지 새로운 과제와 가능성을 열어 두고 있다.

인생 60세 시대의 가치관과 라이프 스타일을 인생 100세 시대에 적용시키기 위해서는 기존의 패러다임을 바꾼 새로운 모델이 제시되어야 한다. 국민 한 사람 한 사람의 장수의 삶과 초고령사회에 적합한 사회 시스템이 구축되어야 한다. 이것은 앞으로 국가의 미래를 어떤 방향으로 재창조해 가야 할 것인가에 대한 과제 그 자체라고도 볼 수 있다.

이제 인구의 고령화에 따라 현재 당면한 과제와 잠재된 여러 문제를 해결하고, 국가나 지역 발전의 새로운 가능성을 개척해 가면서, 앞으로의 우리 미래를 설계해 가야 한다. 따라서 초고령사회를 눈앞에 둔 시점에서 고령사회를 종합적으로 다룰 산 · 학 · 연 · 관(産學硏官) 협력 체계가 절실히 필요한 시기가 되었다. 세계적인 고령사회의 위기를 기회로 활용하여 성공한 국가가 될 수 있을지, 아니면 실패 국가가 될지는 우리들의 노력 여하에 달려 있다고 볼 수 있다.

초고령사회의 새로운 미래를 예측 한다

지금의 50+세대는 한국 산업화 시대의 주역으로 한국의 경제발전과 민주화 흐름에 지대한 역할을 하였고, 자기주장도 분명한 세대들이며 어느 정도의 학력과 지식, 경제력을 고루 갖추고 있어 이들이 시니어 세대에 들어오면서 시니어들의 목소리가 커지고 영향력도 크게 증가하고 있다. 초고령 사회에서의 시니어의 모습을 예측해 보도록 한다.

독신 시니어가 증가하고, 2세대 / 3세대가 가까운 거리에 살게 되는 비율이 증가할 것이며, 중·노년 독신 자녀와 동거하는 시니어가 증가할 것으로 보고 있다. 여성도 누구나 직업을 가지고, 정년퇴직하는 것이 당연하게 될 것이다. 또한 회사를 조기퇴직하고, 독립·창업하는 시니어가 증가할 것으로 보고 있다. 부부의 형태도 바뀌어, 졸혼(卒婚)이나 주말만 동거하는 형태가 증가할 것이 예상된다.

이제 75세까지 일하거나, 일해야만 하는 것이 당연시 될 것이다. 의식적인 면에서 청년과 시니어의 경계가 보다 애매해지게 되고 건강관리 등 셀프케어에 대한 지출이 증가한다. 심적으로도 금전적으로도 독립된 시니어가 증가한다. 인생을 끝내는 방식을 스스로 결정하는 시니어가 증가한다.

결혼을 당연하게 여기는 시대는 지나가고, 미혼 비율이 상승하여 1/3은 독신 시니어인 시대가 오게 된다. 가족을 전제로 한 소비는 개인소비로 변질되어 간다. 건강관리의 셀프케어, 인생을 끝내는 방법 이른바 죽음에 대한 준비를 하는 다양한 활동 등, 금전적인 측면을 포함하여 인생을 셀프 디자인하는 시니어가 늘게 된다. 젊은 세대와의 의식 측면에서의 경계는 점점 더 애매해져갈 것이므로 시니어 속성은 아마 크게 변용되어 갈 것이다.

사회배경이 다르면 시니어상도 변하기 마련이다. 지금의 시니어 속성을 파악하고 동시에 미래에 대비하여 지금 해 두어야 하는 일은 무엇인지 강구하여, 미래의 시니어가 건강하고 행복하게 생활할 수 있을 수 있도록 해결책을 개발하는 것이 지금의 시니어 층뿐만 아니라, 실제로 우리 모두를 위한 일이기도 하다.

Chapter 2

시니어 산업,
초고령사회의 미래

1장

시니어 산업,
50+세대를 위하여

**시니어 산업의 등장
그 유형과 수준**

일반적으로 좁은 의미의 시니어 산업이 60세 이상의 노인을 위한 주거 서비스, 목욕 서비스, 가정봉사원 서비스, 가정간호 서비스, 급식 서비스 등 신체적 퇴화에 따른 기능 서비스를 제공하는 산업이라고 한다면, 넓은 의미의 시니어 산업은 고령자뿐 아니라 노후생활을 준비하는 중·장년층에 이르기까지 그 대상이 확대 가능한 산업이다.

따라서 신체적 기능 퇴화에 관한 서비스뿐만 아니라 노후의 일상생활에 필요한 모든 상품과 서비스까지도 다 포함되는 산업이라 할 수 있다.

시니어 산업은 사회적 변화와 노인들의 욕구 변화에 대응하여 그 형태와 내용에서 변화의 양상이 보이며, 시니어 산업의 유형과 수준은 국가나 사회의 발전 및 생활 수준에 비례하여 발전하는 분야이다.

　　먼저 선진국에 정착된 기본적인 유형을 살펴보면, 서비스산업, 여가산업, 의료·보건관리사업, 주거관리사업, 장·노년층 혹은 몸이 불편한 노인들의 일상생활에 필요한 여러 가지 물품을 판매하는 노인용품의 판매사업 등의 형태가 있지만, 학자나 전문 영역 및 국가마다 관점에 따라 다소 차이가 있다.

고령자의 소득 및 소비 수준의 향상, 복지 서비스에 대한 인식의 변화, 경제력이 있는 노인 인구 층의 보다 나은 삶을 영위하려는 욕구를 민간 자본을 동원하여 해결하려는 움직임에서 바로 시니어 산업(고령친화산업, 실버 산업)이 등장하게 되었다.

우리나라에서는 일반적으로 사회 활동을 마감하고 여생을 보내는 황혼기에 접어든 노인, 고령자, 은퇴자를 실버(silver) 세대로 보고 있다. 1980년대 중반부터 실버 산업(silver industry)이란 용어가 사용되기 시작했으며, 실버 마켓(silver market), 실버 비즈니스(silver business), 노인 산업, 고령친화 산업이라는 용어도 비슷한 의미로 사용되고 있다. 최근에는 시니어 산업이라는 용어를 더 많이 사용하는 추세이고 경우에 따라 혼용하기도 한다.

제론톨로지, 노년학의 새로운 가능성

제론톨로지(gerontology)란 노인을 의미하는 그리스어 geront에 학(学)을 가리키는 ology가 합쳐진 단어로 학술적으로 '노년학'을 지칭하는 말이다. 에이징(aging, 노화·고령화)을 연구 테마로 하여, 노화에 따른 심신의 변화를 연구하고, 고령사회에서 발생하는 개인이나 사회의 여러 과제를 해결하는 것을 목적으로 하고 있다. 다시 말해, 제론톨로지는 노화에 관한 모든 학술적인 연구를 포함하여 고령화에 관한 여러 문제를 해결하기 위해 공통의 가치관을 제공하며, 고령화 사회에 대한 새로운 과제와 가능성을 제시하는 학제적 학문이다.

또한 제론톨로지는 장수학, 고령학, 인간 연륜학, 장수 사회의 인간학 등 다양하게 해석되기도 한다. 에이징에 관한 모든 연구를 포함하여 제론톨로지가 다루는 연구 범위는 매우 광범위하며 고령화·장수화에 관한 연구나 학술적인 과제에 이르기까지 모든 것이 포함되어 있다고 볼 수 있다.

따라서 제론톨로지는 의학, 생물학, 공학, 심리학, 사회심리학, 사회학, 경제학, 복지학, 행정학, 법학 등의 다양한 전문 분야와 연관하여 전문 지식을 융(복)합하고 집약하여, 그 정보를 토대로 고령화에 대한 새로운 가치 시스템을 창조해 나가는 것에 의미가 있다.

우리나라 시니어 산업은 걸음마 중

시니어 산업의 자본 참여자는 민간 기업이며, 운영은 시장경제 원리에 따라 상품뿐만 아니라 서비스까지 포함되어 있다. 그 종류로는 주거 관련 서비스, 재가 서비스, 복지 기기·수발용품 판매 및 대여, 의료 관련 서비스, 스포츠·레저 관련 서비스, 금융 서비스, 안전 관련 서비스, 노후 만족 지원 서비스 등이 있다.

그러나 우리나라의 시니어 산업은 협소한 시장, 시니어 산업에 대한 미흡한 지원 제도, 노후 소득 정책의 미흡, 고비용의 시니어 상품, 양로 시설에 대한 인식 부족 등으로 어려움을 겪고 있다.

시니어 산업 분류 체계는 미국, 일본 외 다른 나라와 다소 차이가 있는데, 우리나라는 다른 나라에 비해 특히 한방 의존도가 높으며 사후 준비에 대한 관심이 많은 편이다. 이러한 사회 · 문화적 변화와 향후 시장성, 성장 가능성, 경쟁력 등을 감안해 본다면, 한방, 장묘와 같은 산업은 전망이 있다고 볼 수 있다.

시니어 산업의 내용을 간단히 살펴보면 요양산업, 기기산업, 정보산업, 여가산업, 금융산업, 주택산업, 한방산업, 농업, 교통산업, 식품산업, 의약품산업, 장묘산업, 의류산업, 교육산업으로 유형화되어 있고, 그 품목도 세부 전략 품목으로 나뉘어져 있다.

시니어 산업 성장의 세 박자 정부, 기업, 시니어 세대

국가의 경쟁력과 산업의 강점을 토대로 한 시니어 용품을 산업화하기 위해서는 개발계획을 수립하고, 경쟁력 있는 품목을 발굴하여 육성해야 한다. 무엇보다 시니어 전문 기업을 육성하기 위해서는 인프라 확충과 제도 개선이 있어야 하며, 시니어 세대의 요구에 적합한 품목을 만들어 낼 수 있는 다양한 제조 기업을 육성할 필요가 있다.

이와 함께 시니어 우수 제품 제조 기업의 초기 성장을 촉진할 한시적인 행 · 재정 지원도 확대해 나가야 한다. 아울러 시니어 제품의 품질 향상을 위해 제품별 기술 표준과 규격을 확립하여야 한다.

단기에 투자를 해서 이득을 보려는 식으로 접근을 해서는 실패의 확률이 높으며, 장기적인 안목에서 하나씩 시스템을 갖추어 나가면서 시장이 성숙기에 다다를 때까지 준비하는 자세로 접근해야 한다. 다만 시니어 산업 중에도 경쟁력을 갖고 있고, 수출이 가능한 시니어 제품 분야에서 단기간에 성장 가능성이 있는 산업을 발굴하여 대비할 필요는 있다. 이와 더불어 다른 나라의 성공 실패 사례를 면밀히 분석하여 시행착오를 최소화해야 한다.

시니어 산업에 대한 연구나 산업의 육성 및 지원 관리와 관련이 있는 정부의 주무 부서도 개별 분야별로 여러 부서에 분산되어 있는데, 일관성 있게 종합적으로 시니어 산업 육성 정책을 추진할 수 있도록 하는 행정 체계가 필요하다. 정부 차원의 적극적인 지원과 정책, 기업의 능동적 참여가 현 소비자뿐만 아니라 미래의 예비 고령자까지 흡수하여, 서로 협력하고 노력해 나갈 때 우리나라 시니어 산업은 더욱더 성장 발전할 것으로 보고 있다.

2장

기업의 블루오션,
시니어 산업

성인용 종이기저귀 증가 vs.
베이비용 종이기저귀 감소

50+세대에서 가장 큰 불안 요인이면서도 가장 많은 관심을 가지고 있는 것이 건강인데, 그 불안 요인 중에는 암, 심근경색, 뇌졸중 등 3대 질병과 고혈압, 당뇨병 등의 생활 습관 병 및 간호가 있다. 지병으로 인해 병상에 누워 있어 간호를 받아야 할 때 실상 가장 큰 도움이 되는 것이 바로 성인용 종이기저귀인데, 이 시장은 고령화와 함께 엄청난 성장을 해 오고 있으며, 성인용 종이기저귀 시장은 이미 베이비용 종이기저귀 시장 규모를 넘어섰다. 또 팬티 라이너 수량이 크게 증가하고 있는데, 이것은 50대 이상 여성의 요실금 등으로 인한 수요가 증가하면서, 그 시장이 점차 확대되고 있다.

오늘날의 50, 60대는 활동적인 삶의 형태로 자주 외출하기 때문에 요실금 라이너를 많이 사용하고 있다. 이것이 남성에게도 확산되면서 성인용 팬티로까지 확산되고, 또한 사용이 간편하고 위생적이고, 활동이 자연스러워 외출하거나 여행갈 때 사용하기 편리해서 그 시장의 규모는 더욱더 확대되어 가고 있다.

시니어 인구 증가 vs. 유아 인구 감소

1980년대에 유아 인구(0~4세)와 시니어(65세 이상)의 인구 비율은 3:1이었다. 그러나 2015년에는 1:3으로 비율이 역전된 상황이다. 유아 인구가 시니어 인구의 3배였던 그 당시에는 유아의 생활 편의 향상을 위한 기업이 출현하면서, 산업도 자연스럽게 성장하여 왔다. 그러나 최근에는 시니어 인구가 유아의 3배 이상 늘어났음에도 불구하고, 시니어를 위한 제품이나 인지도 있는 시니어 전문 기업조차 찾아보기 어려운 실정이다.

현재 우리나라는 영유아(만 0세~4세) 130만명과 시니어(만 65세 이상) 670만 명으로 OECD회원국 중 가장 낮은 출산율과 가장 빠른 고령화 국가가 되었지만, 현실은 130만 명을 위한 아동용품점은 어디에나 있는 반면, 670만 명을 위한 시니어 전문점은 찾아보기가 그리 쉽지 않다. 머지않아 아가방, 기저귀 보솜이 등과 같이 쉽게 떠올릴 수 있는 대표적인 유아 브랜드 같은 시니어 기업이나 상점을 어렵지 않게 많이 볼 수 있게 될 것이다.

시니어 인구가 급격하게 증가하게 되면, 시니어는 소수(minority)가 아니라, 오히려 시장의 다수(majority)가 되어 시장의 중심으로 떠오르게 되면서, 시니어 마케팅에 종사하는 사람들에게 있어서는 비즈니스 기회가 확대되게 된다. 시니어 용품은 고령자 특성에 맞게 개인별 맞춤 서비스를 제공하는 소량 다품종의 특징을 가지고 있어서, 품질의 고급화와 더불어 제품의 다양성을 확보하는 것이 중요하다.

초보 단계에 있는 시니어 산업의 육성

초고령화 사회로 진입하고 있는 이때, 풍부한 경제력과 구매력을 가진 액티브 시니어를 대상으로 한 시니어 산업이 최근 신성장 동력으로 급부상하고 있다. 특히 건강 · 미용 · 자기 개발에 적극적인 730만 베이비붐 세대가 고령 세대로 편입되기 시작하면서 점차 능동적인 소비 주체로 떠오르고 있으며, 시니어를 위한 제품과 서비스를 공급하는 시니어 산업에 대한 관심이 점차 높아지고 있다.

현재 우리나라의 시니어 인구 증가 추세를 보았을 때 시니어 제품이 국내 시장뿐만 아니라 미래 수출 산업으로 발전할 잠재력을 충분히 갖추고 있다. 특히, 내수측면에서도 경제력 있는 베이비부머 부상과 시니어 제품에 IT가 결합되고 있는 추세 역시 IT 강국에 속하는 우리나라로서는 큰 기회 요인이 되고 있다. 더구나 주변국의 잠재적인 수요까지 예측해 본다면, 2030년에는 한 · 중 · 일 3국의 인구가 4억 명에 달할 정도이며, 시니어 산업은 무궁한 성장이 기대되는 시장이다.

그러나 아쉽게도 우리나라의 시니어 관련 산업은 여전히 초보 단계에 머물러 있는 상태이다. 하루빨리 기업들은 시니어 시장에 대한 정보를 분석하여, 이 산업에 대한 중요성을 제대로 인식시키는 적극적인 노력을 해야 한다. 기업들이 실제 시장의 수요나 구매력에 대한 분석이나 산업화의 노력 없이는 향후 글로벌 시니어 산업으로 육성하는 데 후발 주자로서 겨우 따라갈 수밖에 없다. 앞으로 거대하게 다가올 시니어 산업 시장의 흐름을 주도할 수 있도록 힘써야 한다.

기업의 생존 전략, 시니어 시프트에서

가까운 이웃 일본은 고령화 최전선에 서 있으며, 이미 오래전부터 제품과 서비스, 구매 환경을 고령자 친화적으로 개선하는 데 많은 노력을 들이고 있다. 제품을 1~2인용으로 소형화하고 글자 크기를 키우는 것은 기본이고, 매장 내 에스컬레이터의 속도를 늦추고, 선반과 계산대는 낮게, 쇼핑카트는 가볍게 만든다.

선두 기업들은 여기서 한발 더 앞서 시니어 시장을 중심으로 전략을 재정비하여 핵심 타깃을 50세 이상 시니어 고객으로 전환하고, 중장기적으로 투자를 확대한다는 계획을 가지고 있다.

유럽의 이탈리아 · 독일도 일본 만큼이나 고령화 인구가 많은 나라로 노인용 보행기, 휠체어가 유모차보다 많다고 한다. 전 세계적으로 오늘날의 시니어들은 이전 세대보다 더 건강하고, 경제적으로 풍요로울 뿐 아니라 소비에도 적극적이며 매력적인 소비자들로서 트렌드를 이끌어가는 핵심적인 집단이 되었으며, 저성장 시대에 기업들이 의지할 수 있는 유일한 시장이기도 하다.

편의점 업계에서도 시니어들이 새로운 성장 동력으로 부상했다. 학생이나 20대를 주 타깃으로 삼던 편의점도 고령 소비자로 눈길을 돌리고 있다. 세븐 일레븐의 경우 1989년 63%에 달하던 29세 미만 고객 비중이 2013년 29%로 줄어든 반면, 같은 기간 50세 이상 고객의 비중은 9%에서 30%로 늘었다고 한다. 최근 일본 로손편의점은 혈압계, 안마의자를 설치하고, 건강 상담 서비스를 제공하는 생활 밀착형 시니어 전용 매장을 오픈했고, 일부 매장에서는 직원이 직접 집으로 찾아가 물건과 전단지를 보여 주고 판매하는 이동 서비스도 시작했다. 국내 기업들도 이같은 일본 편의점의 변신에 주목하며, 프리미엄 도시락을 개발하는 등 혈압 측정, 배달 서비스를 시도하고 있다고 한다.

여행업계도 시간 여유가 있는 시니어들을 집중 공략하고 있다. 일본의 대표적 여행사 JTB는 2007년 이후 액티브 시니어에 초점을 맞춰 시장 조사를 하고 있다. 올 들어서는 60대 베이비 붐 세대가 70대가 되는 것에 대비해 약화된 체력 및 취향을 보조해 줄 수 있는 상품을 마련해야 한다는 연구 결과를 발표했다.

이 여행사는 노인들이 '인생의 추억을 다시 느껴볼 수 있는 여행', 또는 '건강 관리를 할 수 있는 여행' 등 특화된 상품을 개발해야 한다고 조언했다. 식품시장에서도 외식과 집 밥의 중간으로 외부 음식을 집에 가져와서 먹는 '나카쇼쿠(中食)' 시장이 급속히 확대되고 있다.

3장

글로벌 시니어 산업의 개척

세계 시장을 겨냥한 글로벌 시니어 산업의 육성

전 세계 주요 국가들이 저출산 문제를 안고 있으며, 전체 인구 중 50대 이상(50+세대) 인구가 급속히 증가하는 추세여서, 이제는 더 이상 고령화 사회는 피할 수 없는 현실이 되었다. 이러한 사회 변화에 따라 사회 전반의 체질 개선 작업도 동시에 이루어지고 있다. 초고령화 사회로 진입한 국가마다 풍부한 경제력과 구매력을 가진 액티브 시니어를 대상으로 한 시니어 산업이 신성장 동력으로 급부상하고 있으며, 더불어 각국 기업들도 이와 관련된 사업의 모델을 구축하며 새로운 시니어 산업을 육성하기 위한 온갖 노력을 하고 있다.

전 세계적으로 총인구의 고령화 비율이 20세기 후반부터 현저하게 증가하는 현상을 보이고 있다. UN 추계에 따르면 2025년 고령 인구의 비율은 일본 27.3%, 스위스 23.4%, 덴마크 23.3%, 독일 23.2%, 스웨덴 22.4%, 미국 19.8%, 영국 19.4%가 될 것으로 예상하고 있다.

고령화 사회(aging society)를 구분하는 용어

- 고령화 사회 : 총인구 중 65세 이상 고령자의 비율이 7% 이상.
- 고령사회(aged society) : 총인구 중 65세 이상 고령자의 비율이 14% 이상.
- 후기 고령사회(post-aged society) 또는 초고령화 사회 : 총인구 중 65세 이상. 고령자의 비율이 20% 혹은 21% 이상.

우리나라는 2000년에 65세 이상 인구 비율이 7.2%에 이르러 고령화 사회에 들어선 데 이어, 2018년에는 14.3%로 고령사회, 2026년에는 20.8%가 되어 초고령사회로 진입할 것으로 예측하고 있다. 특히 2030년 한·중·일의 시니어 인구가 4억 명을 돌파할 것으로 예상됨에 따라 풍부한 구매력을 보유한 아시아의 시니어 세대를 대상으로 한 제품의 개발이 절실하다.

시니어 산업을 국내 내수 시장만 바라볼 것이 아니라 세계화 전략 강화로 해외 진출까지 고려한 미래의 글로벌 시장으로 개척한다면 엄청난 규모의 산업으로 성장할 것이 분명하다. 2035년이 되면 전 세계 65세 이상 인구의 30%가 한·중·일에 거주할 것으로 많은 전문가들이 예상하고 있다. 한국을 시니어 비즈니스의 테스트 베드(test bed, 시험 무대)로 활용하여 중국과 일본으로 진출하는 미래의 글로벌 시장을 탄탄하게 개척한다면, 급속히 고령화되는 동아시아 각국이나 세계 여러 나라의 시니어 산업을 이끌 수 있게 되는 나라로 우뚝 설 수 있을 것이다.

신성장 동력으로 급부상한 시니어 산업

고령화 사회가 급속히 진행됨에 따라 시니어들이 소비의 중심을 이루는 시니어 시장 역시 이에 발맞추어 빠르게 확대될 것으로 예상된다. 지금까지의 건강·복지 산업이나 요양에 특정됐던 산업 전략의 한계를 벗어나 고령자와 관련된 모든 산업 분야로 확대해 새로운 시장을 개척해야 한다. 무엇보다 고령으로 인한 신체적인 장애를 극복하고 대체하는 기술 개발과 산업화에 정부나 지자체의 적극적인 육성 정책 또한 필요하다.

고령화 속도가 지구상에서 가장 빠른 속도로 진전되고 있는 우리나라로서는 4차 산업혁명의 기술을 시니어 산업에 적용하여 새로운 서비스를 창출할 수 있는 시니어 융(복)합 산업을 육성할 수 있는 방안을 검토할 필요가 있다. 정부는 시니어 관련 산업을 초고령사회의 기회로 인식하고, 새로운 성장 동력으로 육성하기 위한 각종 정책을 추진하고 제도를 정비하고 있으나, 국내 시니어 산업은 아직 초기 단계로 시니어 제품 종류나 관련 정보가 별로 없고, 살 수 있는 유통망도 매우 미흡한 실정이다. 또한 국내 시니어 산업과 관련된 대부분의 기업은 영세한 중소기업으로 기술 개발에 투자할 여력이 부족하고, 전문 인력이 부족한 어려움이 있다. 특히, 고령친화 제품은 중·저위기술에서부터 IT 등이 융합된 첨단 기술에 이르기까지 매우 다양해서 핵심 전략 품목의 우선 순위를 선정하여 기술 개발에 차질이 없도록 정부 차원에서의 적극적인 지원이 필요하다. 먼저 상용화가 비교적 쉬운 단순 제품이나 기능 부가 제품 등 단기 상용화 기술 개발이 가능한 제품부터 시작하여, 지역별로 시니어 산업에 관련된 인프라를 고려해서 육성하는 것이 효과적이다. 이와 함께 IT·BT·NT 등 신기술 융합 제품과 주문형 제품 등은 기술 파급 효과가 큰 분야로, 중장기 발전 계획에 따라 핵심 전략 과제로 분류하여 정부 차원에서 지속적으로 관리해서 지원한다면, 경쟁력 있고 시장성 있는 제품을 상용화할 수 있을 것이다. 무엇보다 시니어 산업을 육성하기 위해서는 고령친화 제품과 고령자 이용 시설에 이르기까지 표준화를 우선적으로 해야 하는데, 이를 통해 고령자가 제품과 생활환경에서 겪는 불편을 최소화할 수 있게 되고, 삶의 질을 높일 수 있게 된다.

시니어 비즈니스의 주도 면밀한 학습과 준비

핵심 유통 채널로 부상한 편의점, 기저귀 시장의 급성장, 대형마트, 오락실, 노래방, 여행·식품·유통 시장 등에서 시니어가 주 고객층으로 자리매김해 가고 있다. 이러한 변화에 따라 노년층의 소비 트렌드에 관심을 갖고, 그 변화를 지켜 보면서 시니어의 3대 불안이라고 할 수 있는 건강, 경제, 고독을 해소하기 위한 다각적인 방안을 검토할 필요가 있다. 새로운 소비자인 시니어를 끌어들이기 위해서는 고령자의 취향, 소비 특성을 파악하기 위한 주도 면밀한 학습과 준비 없이는 시니어 비즈니스에 성공하기 힘들다.

예컨대, 미국에서 70대 이상 노인들을 대상으로 한 홍보에 대해 조사를 한 결과 60%가 매체에서 보이는 노인의 모습이 현실적이지 않다고 응답했고, 절반 이상이 무시당하는 느낌을 받았다고 한다. 스마트 기기 사용이 서툴고 최신 유행에 뒤처진 노인이 등장하는 광고나 드라마는 시니어 고객들의 원성을 사기가 쉽고, 다정한 은발 커플이 등장하는 광고도 싱글 시니어들의 심기를 건드리기 쉽다. 그렇다고 노인이 홀로 있는 장면은 외로운 자신을 보는 것 같아 더 심란해진다. 오히려 다양한 사람들과 어울리는 시니어 모델의 모습이 효과적일 수 있다는 결과가 있지만, 다양하고 까다로운 시니어들의 마음을 사로잡기란 그리 쉽지만은 않다.

기성세대 경영자들이 청년의 마음을 이해하기 어렵듯이, 젊은 마케터들이 시니어 소비자의 심리를 제대로 파악하는 것 역시 쉽지는 않다. 까다롭고 익숙지 않은 시장인 만큼 기존 상식과 고정 관념을 버리고 원점에서 시작하는 심층적인 분석이 필요하다.

최근 일부 지자체에서는 초고령사회 진입에 따라 노인들을 대상으로 하는 시니어 제품 전문기업 육성 방안을 검토하고 있다. 시니어 전문기업의 육성을 위해서는 생산성을 높이는 인프라 확충과 제도 개선이 필요한데, 초기에 정부가 행·재정 지원, 기술개발 지원, 세제 혜택 등 적극적인 노력을 기울여야 미래 성장 동력인 시니어 산업을 육성하는 밑거름이 된다.

고령자는 노약자가 아닌, 나이 든 성숙한 사람

시니어 시프트 도래에 따른 고령화된 근로자의 증가 등 경제 환경 변화에 대비하여 정부는 노동정책 전환 등 혁신적인 노력을 기울여야 할 것으로 보인다.

일반적인 사회적 통념으로 연령이 증가하게 되면, 신체적 및 정신적 능력이 약해지고 생각과 태도가 고루해진다는 고정관념이 있는데, 노화에 따라 능력이 떨어진다는 편견부터 바꿔야 하는 사회적인 노력이 먼저 있어야 한다.

노화에 따른 생산성 하락의 논리는 그 설득력이 매우 부족하다. 왜냐하면 인간의 잠재력과 개발 가능성을 고려하지도 않았고, 충분한 과학적 검증도 뒷받침되지 않았기 때문이다. 노화에 의해 능력이 하락하게 되어, 고령 노동자 유지의 비용이 증가하여 생산성이 하락하고, 경제성장의 둔화로 이어진다는 단순한 논리는 그저 편견에 불과하다는 것이 입증되고 있다. 중년기 이후 교육이나 훈련을 통해 직업 능력(생산성)을 향상시킬 수 있다는 증거가 계속 나타나고 있고, 현실의 직업 현장에서도 젊은이들 못지않게 일을 잘 수행하는 시니어들이 있음을 보여 주는 예들이 많다.

물론 육체적으로 젊은이들처럼 장시간의 노동에는 한계가 있지만, 고령 노동자에게 적합한 노동시간을 탄력적으로 운영함으로써 생애 맞춤형 노동시간 체계 혁신을 통해 얼마든지 일할 수 있는 가능성을 열어 둔다면 훌륭한 근로자로서의 역할을 잘 감당할 수 있다.

4장

청년 일자리 창출,
시니어 융(복)합 산업 육성

**시니어 시프트 물결,
지역 경제 육성의 기회로**

고령인구의 증가로 경제의 또 다른 한 축인 소비자의 연령도 고령화됨으로써 미래 시장의 주인공인 생산자와 소비자 모두 고령화될 가능성이 높아지고 있다. 고령화가 진전될수록 시니어에게 필요한 제품과 서비스의 수요는 더욱더 증가하기 때문에, 시니어 산업을 육성하여 청년 일자리 창출을 위한 국가 차원의 정책적 지원을 더욱 강화할 필요가 있다. 초고령화 사회에 대한 우려를 불식시키기 위해서는 시니어 산업 육성을 기회로 삼아 경제 활성화를 도모해야 한다.

정부나 지자체에서는 시니어 산업 육성 가능 분야와 관련하여 반드시 필요하면서 성과가 확실하게 예측되는 분야에 가용자원을 집중하여 국내 시니어 산업뿐만 아니라 글로벌 시니어 산업으로 발돋음할 수 있도록 집중적인 지원을 할 필요가 있다. 이 산업을 육성함으로써 일자리를 만드는 것 뿐만 아니라 일거리를 만드는 새로운 비즈니스 모델을 창출하는 것이 필요하다. 즉, 헬스 케어, 노화 방지, 치매 예방 등 건강 장수 산업, 고령자 주택 등 주거 산업, 게임 산업, 유통 산업, 여행을 중심으로 한 여가 산업, 전문 시니어 용품, 백화점이나 편의점의 시니어 상품 코너 등, 시니어 시프트 물결을 지역 경제 육성의 기회로 활용해야 한다.

시니어를 위한 제품과 서비스를 개발하는 소기업, 사회적 기업을 발굴하고 육성하여 저출산에 따른 시장 축소를 대체하는 새로운 성장 동력을 확보하고, 파트너인 소기업과 사회적 기업은 품질 향상과 판로 개척으로 경쟁력을 강화할 수 있게 되어야 한다.

고령화가 진전될수록 시니어에게 필요한 제품과 서비스의 수요는 더욱더 증가하기 때문에 시니어 산업과 청년 일자리 창출을 위해서는 국가 차원의 정책적 지원이 절실히 필요하다.

고령화의 선진국인 일본과 이미 고령화에 진입한 유럽 국가들의 정책이나 성공·실패의 사례를 면밀히 분석하여 최대한 시행착오를 겪지 않도록 하여야 한다. 우리나라의 경우 시니어 시프트로 인해 파생되는 문제와 비즈니스나 산업화 과정 중에 따른 문제는 선례가 없기 때문에 그 해결에 있어 우리 스스로 과제를 해결해 나가도록 노력을 기울어야 한다.

청년 일자리 창출에 적합한 시니어 산업

고령사회가 되면서 산업의 패러다임이 바뀌고 있다. 시니어가 소비하는 시장인 시니어 시장이 빠르게 확대됨에 따라 시니어에게 필요한 제품과 서비스 등 관련 산업의 수요도 점차 증가하고 있다. 고령자의 요구에 적합한 차별화된 상품과 서비스를 적극적으로 개발할 경우에 그 시장이 더욱 확대되어 갈 것으로 기대된다. 이것은 고령화가 사회의 부담이 아니라 경제성장의 원동력으로

자리잡는 성장형의 고령사회로 나아가는 사회적 현상으로 이해해야 한다. 인구의 고령화를 성장 가능한 동력으로 사용할 수 있도록 하는 정책 마련이 시급한 과제이며, 고령화를 더 이상 위기가 아닌 기회로 보고 활용해야 한다.

시니어 이노베이션이란 과거 의료나 요양에 특정됐던 산업 전략을 시니어와 관련된 모든 산업 분야로 확대하여 시니어를 위한 새로운 시장을 개척하는 것을 의미한다. 지금까지 건강복지 산업이나 요양에 한정되었던 산업 전략을 시니어와 관련된 모든 산업 분야로 확대해 새로운 시장으로 변화되어야 한다. 특히 고령으로 인한 신체적인 장애를 극복하고 대체하는 기술 개발이나 산업화에 정부나 지자체의 적극적인 육성 정책이 필요하다.

각 지방자치단체에서는 초고령사회 진입에 따라 시니어를 대상으로 하는 시니어 제품 전문기업 육성 방안을 검토하고 있으나, 대부분의 지자체에서는 시니어 산업에 관련된 많은 자원을 가지고 있으면서 제대로 산업 인프라로 연결시키지 못하고 있는 실정이다.

시니어 산업으로서의 가치를 높이기 위해서는 무엇보다 자원의 개발 방향을 제시하고 추진하는 정책이 필요하다. 사실상 정부의 행(재)정 지원, 기술 개발 지원, 세제 혜택 등이 있어야 가능하다. 고령화가 진전될수록 시니어에게 필요한 제품과 서비스의 수요는 더욱더 증가하기 때문에 시니어 산업과 청년 일자리 창출을 위해서는 국가 차원의 정책적 지원이 절대적이다.

시니어 산업은 저출산에 따른 시장 축소를 대체하는 새로운 성장 동력이며, 중소기업과 사회적 기업에는 다양한 상품과 판로가 개척되는 경쟁력 있는 산업이다. 고령화가 진행될수록 시니어에게 필요한 제품과 서비스의 수요는 더욱더 증가할 수밖에 없기 때문에 청년 일자리 창출은 자연스럽게 따라오는 것이며, 시니어 산업 육성이 바로 청년 일자리 창출로 연결된다. 그러므로 정부가 반드시 정책적으로 뒷받침해 주어야 한다.

5장

미지의 사회로의 도전과 준비

**앞으로 10년 후,
시니어 사회의 모습은**

　　이제 우리나라는 고령화로 초래되는 다양한 과제와 그 해결에 있어 다른 나라의 사례를 참고하기보다, 우리 스스로가 직면하고 있는 문제를 해결해야 할 때가 되었다.

　앞으로 약 10년 후의 시니어의 모습을 여러 자료를 참고하여 예측해 보면, 점차 독신 시니어가 증가하게 될 것이고, 회사를 조기 퇴직하여 독립·창업하는 시니어가 증가할 것이다.

　또한 저출산으로 인해 75세까지 일하거나, 혹은 더 오래 일해야 할지도 모른다. 액티브 시니어의 영향으로 디지털 기기 사용에 익숙한 시니어 세대가 되어 가며, 점차 의식면에서 청년과 시니어의 경계가 보다 애매해지고 건강 관리 등, 셀프 케어에 대한 지출이 증가하게 될 것이다.

다른 한편으론, 심적으로도 금전적으로도 독립된 시니어가 증가하며, 스스로가 인생을 마감하는 방식을 결정하는 시니어가 나타날 것이다. 또한 부부 형태는 바뀌어, 졸혼(卒婚)이나 주말만 동거하는 다양한 형태로 살아가게 될 것이다.

이제 인구의 고령화에 수반하여 여러 가지 과제를 해결하면서, 앞으로의 시니어의 모습을 예측하면서, 새로운 우리 사회의 변화와 발전 가능성을 개척해 가면서 미래를 준비해 가야 한다.

미래의 시니어 사회는
오늘 우리의 과제

결혼하는 것이 당연했던 현대 시니어에서, 생애 미혼율이 상승하고, 1/3은 '독신'시니어의 시대가 온다. 가족을 전제로 한 소비는 개인 소비로 변화되어 간다. 어쩔 수 없이 생산 활동을 해왔던 세컨드 에이지가 계속되고, 좀처럼 서드 에이지가 오지 않거나, 서드 에이지 자체가 사라지고 있을지도 모른다. 연금 불안은 드디어 현실이 되고, 건강 관리의 셀프 케어, 인생을 끝내는 방법, 이른바 종활(終活, 죽음에 대한 준비를 하는 다양한 활동) 등, 금전적인 측면을 포함하여 셀프 디자인하는 시니어가 늘게 될 것이다.

지금의 시니어를 파악하고, 동시에 미래에 대하여 지금 해 두어야 하는 일은 무엇인지, 우리는 앞으로 정부, 지방자치단체, 기업, 대학의 연계와 협력을 이어 나가야 한다.

앞으로 10년, 20년, 늦어도 30년이 흐르면 청년층도 시니어가 되어 있을 것이다. 그때 시니어기 건강히고 행복하게 생활할 수 있도록 해결책을 개발하는 일은 지금의 시니어 층뿐만 아니라, 모든 세대를 위한 과제이기도 하다.

시니어를 위한
인적 자원 개발 방안

시니어 시프트를 기업 경영의 성장 동력으로 활용하기 위해서는 기업 경영 프로세스 전반에 걸친 개혁이 필요하다. 고령자를 위한 제품을 개발하기 위해서는 인간 중심 설계나 유니버설 디자인 등 다양한 방안들이 도입되어야 한다. 고령자의 행동 특성과 신체적 반응 정도를 정확하게 인지하고, 이를 바탕으로 제품이나 서비스 개발이 이루어지도록 하는 고령자의 특성에 적합한 제품을 만들 수 있는 인간 중심의 설계가 중요하다.

〈예〉고령 친화 산업의 유형

부문	전략 품목
요양산업	재가 요양서비스
기기산업	재택/원격 진단/진료 및 휴대형 다기능 건강 정보 시스템 한방의료기기, 간호 지원 및 실내외 이동 지원 시스템
정보산업	홈케어, 정보통신 보조기기, 노인용 콘텐츠 개발
여가산업	고령친화 휴양단지
금융산업	역모기지연금, 자산관리 서비스
주택산업	고령자용 주택 개조, 설비 고령자용 임대주택
한방산업	한방보건관광, 항노화 한방 기능성식품, 노인용 한방화장품 노인성질환 한약 제제 개발
농업	고령친화귀농교육, 전원형 고령친화농업테마타운, 은퇴농장
교통산업	저상버스, 고령자 감응 첨단신호기, 형광표지판
식품산업	특수의료용도 식품, 건강기능 식품
의약품산업	신경계용약, 순환계용약, 대사성 의약품
장묘산업	화장 및 납골용품, 웰엔딩(well-ending) 준비 및 체험교실, 개장 및 이장 서비스
의류산업	건강보조 스마트웨어, 건강개선용 레저 스포츠웨어 체형보정용 이너웨어
교육산업	일자리 교육 및 훈련

〈예〉 미국과 일본의 고령 친화 산업 유형

미국		일본	
분야	내용	분야	내용
주거관련 분야	공동소유대형주택, 공동주거지, 은퇴촌	주거관련 분야	유료노인홈 치매성 노인전용 노인홈 분양형 노인 맨션 노인 아파트 등
보건관리 산업	간호산업 · 영양상담소, 물리치료사, 가정보건 관리사업 · 물리치료, 언어장애교실	개호서비스 관련분야	재택개호서비스 입욕서비스 급식서비스 침구세탁 등
여가산업	문화활동 도우미, 여행 알선, 수영교실	복지기기 관련분야	노인용침대 입욕서비스 종이기저귀 욕창방지매트 등
노인용품 판매	필요한 복지용구 및 생활용품을 공급하는 서비스 분야	금융관련 분야	노령기를 대비하기 위한 연금, 보험, 신탁, 재산관리 서비스 등
서비스 분야	우편물 발생 대행 음반출판 기획	의료관련 분야	노인병원, 제약, 의료서비스, 의료기기 등
		레저관련 분야	고령자의 일상생활에 필요한 스포츠, 레저, 교양, 취미활동 등
		일상생활 관련분야	필요한 생활기기, 건강식품, 건강기기 등

기업에 필요한 새로운 인적 자원 개발을 하는데 있어 고령자 관점에서 그 방안을 마련해야 할 것이다. 고령 근로자들의 증가로 이들이 생산의 핵심 인력이 될 가능성이 높으며, 그들에게 적합한 생산 방식이나 조직 문화가 형성되어야 한다.

고령자 중심의 새로운 고객접점센터 등 유통 채널을 확보하고, 시니어 시프트 마케팅 전략을 수립해야 기업도 미래가 있게 된다. 기존의 소비자 중심 마케팅 전략은 시니어 시프트 시대에 적합하지 않기 때문에 고령자를 위한 유통 채널과 마케팅 전략이 필요하다. 고령자의 접근성을 고려한 매장 위치나 구성 형태, 고령자의 기호에 맞는 마케팅 전략으로의 변화가 있어야 한다.

Chapter *3*

시니어 산업의
마케팅 전략

변화하는 마케팅 환경

**시니어 시프트, 고령사회로
발생되는 경제 환경 변화**

저출산 고령사회로 진입함에 따라 경제, 사회, 문화 등 사회 환경이 점차 고령자 중심으로 재편되고 있고, 경영·경제 환경도 마찬가지로 점차 고령자 중심으로 재편되는 가운데 기존에 경험할 수 없었던 새로운 시니어 시프트 시대를 맞이하고 있다.

고령인구가 젊은 인구보다 많은 경우는 지금까지 없었던 일로, 이러한 현상은 건강, 노동, 교육을 비롯해 사회의 모든 분야에 엄청난 영향을 미칠 것으로 예상하고 있다. 향후 초고령사회로 진입하게 되는 우리나라는 고령화를 한발 앞서 겪은 일본을 눈여겨 볼 필요가 있다. 초고령사회로 진입한 일본은 미래 한국의 시니어 사회를 미리 보여 주는 바로미터이기도 하다.

초고령사회를 눈앞에 둔 우리나라로서는, 이러한 현상에 대해 더욱 많은 연구가 요구되며, 소비자와 노동자 모두 시니어가 중심이 되는 시대의 도래에 따라 기업들도 기존의 생산과 판매 등의 경영 전략과는 전혀 다른 차원의 새로운 혁신 전략이 필요하다.

우리나라는 수년 동안 저출산 문제를 해결하기 위해 수많은 재정과 정책 지원을 국가적 차원에서 지원하고 있지만, 눈앞의 결과를 바라보기보다는 오랜 시간이 걸리는 사회적 과제라고 인식하고 있다. 이와 마찬가지로 고령화 문제 역시 시급히 해결해야 하는 문제로 생각하고 있지만, 그리 간단한 과제가 아니다.

현재 발생하고 있는 현상은 인구 구조의 급격한 변화이며, 그것이 지금의 사회의 모습과 국가의 모습, 그리고 시장의 모습을 근본적으로 바꾸고 있다. 인구 구조의 변화는 시장의 모습을 기본적인 부분부터 바꾸어 간다는 의미이며, 그것을 배제하고 비즈니스와 마케팅을 모두 생각하는 것은 불가능하다고 볼 수 있다.

따라서 당면한 비즈니스를 향한 관심은 IT 기술이 앞으로 어떻게 변화해 갈 것인가, 여성의 사회 진출이 얼마나 이루어지고 있는가, 해외 시장에 어디까지 대응할 수 있는가, 청년들이 어떻게 변화해 가는가, 더 나아가 한국을 방문하는 외국인들이 앞으로 어떤 경향을 보일것인가라는 점과 깊이 관련되어 있음을 고려해 봐야 한다.

변화해야 성공한다, 고령 친화적 마케팅 환경

국가는 물론이고 기업들도 기존에 경험할 수 없었던 생산자와 소비자가 모두 고령화되는 새로운 환경인 시니어 시프트 시대를 맞이하고 있다. 초고령사회로 진입하게 되는 우리나라로서는 시니어 비즈니스와 마케팅에 관한 경험이 매우 부족하기 때문에, 초고령화를 한발 앞서 경험한 일본의 예를 살펴볼 필요가 있다. 국내 기업들도 일본 편의점 등의 변신에 주목하며 프리미엄 도시락을 개발하고, 혈압 측정, 배달 서비스를 시도하는 모습으로 변화를 시도하고 있기는 하다. 일본에서는 평일 낮 노래방 고객의 60%가 시니어라고 한다. 종이기저귀 시장의 급성장, 가족 인형인 리카 인형에 할머니 등장, 이제 젊은이들만 간다는 개념을 무너뜨리고 어르신들의 놀이터가 된 오락실 등 수많은 기업들의 변화를 열거 할 수 있다.

어르신 고객들을 위해 딱딱한 의자를 안락하고 부드러운 재질의 의자로 빠르게 바꾸고, 노인 할인제도를 내놓기도 한다. 편의점, 대형마트에서도 시니어를 겨냥한 상품 및 서비스 개발이 활기를 띠고 있다. 은퇴자 커뮤니티를 통한 만남 주선, 방송국의 할머니 아나운서 등장 등, 곳곳에서 노인을 우대하는 붐이 일어나고 있다.

일본 최대 유통업체 이온(AEON)은 2011년 '시니어 시프트' 전략을 발표하였고, 2013년에는 도쿄 카사이점(葛西店)을 대대적으로 리뉴얼한 '그랜드 제너레이션(Grand Generation, G.G)' 몰을 오픈했다. 그랜드 제너레이션이란 활동적인 고령자를 일컫는 액티브 시니어에서 더 나

아가 '사회의 최정상급으로 존경받는 계층' 이라는 의미로 '위대한 세대'라는 뜻을 담았다고 한다. 일본 유통업체 이온은 시니어 시프트 시대에 적합한 마케팅 전략을 활용하고 있는 대표적인 기업으로, 소비에 적극적인 시니어 세대를 그랜드 제너레이션으로 포지셔닝 시키고, 이들을 위해 G.G 몰을 오픈하거나 G.G 카드 등을 비롯한 새로운 마케팅 전략을 수립하여 성공했다. 예를 들어, G.G 몰은 고령자를 위해 가격 글씨를 확대하였고, 매장 POP도 유니버셜 디자인을 적극 활용했을 뿐 아니라, 직원들로 하여금 시니어 서비스 자격증을 획득하게 하는 등, 다양한 프로그램을 제공하고 있다.

스포츠 기구에도
패션성과 기능성이 있는 제품

고령자 비즈니스 혹은 시니어 비즈니스라고 하면, 건강과 간호라는 인식이 마치 판에 박은 듯이 당연시되어 왔고, 시니어를 대상으로 한 건강 시장은 거의 독보적인 위치에 있다고 해도 과언이 아닐 정도이다. 그러나 실상 지금까지 잡지와 식품을 비롯해 최근 10년간 수많은 시니어 건강 관련 비즈니스가 좀처럼 성공하지 못하고 있는데, 과연 왜 이러한 결과가 나타난 것일까? 그 원인을 탐색해 가면 앞으로 나아가야 할 길을 살펴볼 수 있다. 그 원인은 바로 제공하는 측과 받는(사용하는) 측의 교차(엇갈림)가 생기기 때문이라고 할 수 있는데, 바로 이 교차점이 비즈니스에 기회를 제공하는 요인이 된다. 즉 식품의 예를 들어 맛좋은 ○○산(産) 식품 재료가 제일이고, 그것이 '저염'이기까지 하면 더욱 건강에 좋고, 맛도 좋을 거라는 생각이 들게끔 소비자 층을 더 깊이 연구할수록 더 가까이 다가 갈 수 있다는 결론이다.

건강 자체가 삶의 목적이라기보다는, 삶을 '행복하게 살고, 즐기면서 생활하는 것'이 더욱 중요하게 되었다. 이런 관점에서는 예를 들어 본다 면, 스포츠 웨어의 기능성과 편리성만 따지기보다는 패션성 역시 중요 하게 된다. 시니어들은 워킹 웨어나 슈즈, 골프 웨어나 골프 장비, 테니 스 웨어나 라켓 등에서의 멋지고 더 예쁜 패션 감각이 있는 기능성 제품 을 선호한다고 보고되고 있다. 그들은 유명 브랜드의 테니스 웨어와 슈 즈, 라켓을 갖추고 그 다음에 연습을 시작하며, 특히 여성들을 위한 패션 성이 뛰어난 워킹 슈즈나 워킹 웨어 등에서 비즈니스 전망이 좋다.

새로운 마케팅 모델 개발이 글로벌 마케팅을 지배

글로벌 시니어 비즈니스의 경 우 새로운 마케팅 모델을 개발한 곳이 글로벌 마케팅을 지배할 수 있는 구조가 되었고, 일본의 경우, 지금까지는 고품질의 마케팅으로 시 니어 국내 시장에 대응이 가능했으나, 앞으로 인구의 구조 변화에 따라 글로벌 대응이 가능하도록 마케팅에 새로운 변화가 일고 있다.

우리나라의 경우, 베이비 붐 세대가 고령사회의 중심을 구성하게 되 고, 이 세대가 다시 시장을 움직이는 핵심 세대가 될 수 있다. 과거 일본 에서는 인구의 볼륨 존(volume zone)인 단카이 세대가 인구 수의 힘을 발휘해 왔듯이 앞으로 우리나라 베이비 붐 세대가 그 힘을 발휘할 것이라 생각한다.

미국의 경영학자 드러커(Peter Ferdinand Drucker)는, 일본에는 정년 제도가 있기 때문에 또 한 번 일본은 세계를 리드할 수 있다고 말했다. 드러커는 기업과 NPO(Non Profit Organization, 비영리단체)의 인터페이스를 강조했으며, 그는 또한 정년을 맞이한 단카이 세대는 그전까지는 기업에서 일하다가, 정년 후 자원봉사 등 사회적인 활동에 종사하는 사람들이 많아질 것이며 세계의 모델이 될 것이라고 예견했다. 실제로 단카이 세대는 2007년부터 은퇴하기 시작하여, 이미 이러한 움직임이 상당히 보이고 있다. 정년 퇴직하여 경제적으로나 시간적으로 다소 여유가 생긴 볼륨 존의 유능한 인재들이 비영리단체를 통해서든, 유상 봉사 또는 비교적 낮은 비용으로 사회 활동에 참여하게 된다면, 사회 전체에도 커다란 플러스 요인이 될 수 있다.

마케팅 환경이 새롭게 변화하고 있다

과거 소극적 마케팅에서 적극적이고 다양한 마케팅으로 전환됨에 따라, 노년층의 심리와 행동 특성을 동시에 고려한 마케팅의 필요성이 높아졌다. 소비자는 과거 제품을 그대로 사용하던 일반 소비자에서 제품을 자신의 요구에 맞게 재창조하여 소비하는 모디슈머(modisumer, modify(수정하다)와 consumer(소비자)의 합성어)로 전환되고 있으며, 고령자들도 점차 자신의 요구(needs)

를 제품에 투영할 수 있을 것으로 보고 있다. 즉, 구매한 제품을 기업에서 알려 준 방식에 따라 사용하는 것이 아니라, 자신이 수정하거나 개발하여 자신만의 방법으로 소비하게 됨을 의미한다.

한편, 다른 고객이 만들어낸 콘텐츠를 통해 간접적으로 경험한 후 제품의 구매를 결정하는 방향으로 소비 추세가 변화하며, 기업들이 직접 가치를 창출하는 고객인 크리슈머(creative-consumer)와 손잡고 마케팅 활동을 펼치는 일이 늘어나고 있다. 최근 가치 창출자가 기업에서 창조적인 고객으로 변화하는 크리슈머가 새롭게 떠오르고 있다. 크리슈머란 가치를 창출하는 고객을 의미하며, 창조(creative)와 고객(consumer)의 합성어이며 신조어이다.

고객을 관리함에 있어서 과거 단순한 데이터베이스 관리에서 벗어나, 빅데이터 분석을 통해 고령자를 관리할 수 있는 큐레이션(curation) 마케팅으로 변화하고 있다.

따라서 기업들도 시니어의 요구에 부응하는 제품을 개발하고, 고객 관리를 강화하는 마케팅 전략을 통해 지속 성장을 요구받고 있다.

2장

젊은이의 관점으론
시니어 마케팅에 성공하기 어렵다

**시니어의 감성을
자극하라**

이미 유통과 소비에 관련된 업계에서는 노년층의 소비 트렌드에 관심을 갖고, 그 변화를 지켜보며 소비 패턴에 민감히 반응하고 있다. 우리나라에서 액티브 시니어라고 할 수 있는 세대를 보통 1955~1963년에 태어난 베이비붐 세대라고 일컫는데, 이들은 은퇴 후에도 외모와 건강 관리에 관심이 많고, 소비와 여가를 즐기며, 사회 활동에도 적극적으로 참여하고 있다. 주목할 점은, 시니어층이 점차 두터워지고 있다는 점인데, 시니어들이 자신들을 노인네 취급받는 것을 싫어하며, 나이가 들어도 젊게 보이고 싶어 하고, 젊은이들이 선호하는 제품들을 구매하려는 욕구가 강하다. 고령화가 단순히 수명 연장을 의미하는 것이 아니라, 길어진 인생에 따라 각자의 인생을 새롭게 준비하는 것임을 액티브 시니어들은 그들의 삶을 통해 보여 준다. 이들은 신제품이나 유행을 수용하는데도 거리낌이 없고, 가격보다 품질을 중요하게 여기는 경향이 강하다.

액티브 시니어 중에서도 멋쟁이 할머니를 의미하는 어반 그래니(urban granny)도 주목받고 있다. '어반 그래니'는 도시를 나타내는 urban과 할머니를 뜻하는 granny의 합성어로, 손주를 봐주는 대신 자신의 인생을 어떻게 즐길 것인가에 의미를 두며, 외모 가꾸기와 같은 자기 관리에 시간과 돈을 아끼지 않는 50~60대 여성을 의미한다.

이러한 어반 그래니는 외식업계와 뷰티 관련 산업에서 큰손으로 떠오르고 있다. 흥미로운 사실은 이들이 노년층을 겨냥한 노인 전용 상품에는 소비가 둔한 반면, 오히려 유행에 민감한 인기 있는 신제품을 소비하는 경향을 보인다.

그러나 이와 같이 활동적으로 사는 시니어들의 이면에 어두운 면도 존재한다. 고령화가 우리보다 먼저 진행된 일본만 보더라도 최근 '노후 파산', '하류노인'이라는 용어가 등장하는 등, 소득 격차에 따른 노후 생활의 격차가 사회 문제로 대두되고 있다. 현재 살아가면서 노후의 삶을 어떻게 준비하느냐에 따라 인생 후반부 삶의 질이 결정된다고 해도 과언이 아니다. 액티브 시니어, 어반 그래니 등의 트렌드가 더욱 빛을 발하고, 고령화 사회의 활기찬 노후 생활을 위해 정부 차원의 다양한 지원 혜택을 받는다 할지라도, 한 살이라도 젊을 때 나 스스로가 미리미리 노후에 대비하는 자세가 반드시 필요하다.

시니어 관점에서 보아야 마케팅에 성공한다

시니어 마케팅에 있어서 시니어에 대한 이해가 쉽지 않은 이유는, 이렇게 생각해 보면 당연하다고 할 수 있다. 언젠가는 누구나 시니어가 되겠지만, 시니어 마케팅을 담당하고 있는 비즈니스 사업가의 대다수는 젊은 세대이며, 아직 시니어가 아니기 때문에 경험해 본 적 없는 연령의 사람들의 욕구나 마음을 상상하기 위하여 스스로의 기억과 주위 정보에 의존할 수밖에 없는 한계는 분명히 있다.

부모나 친척, 회사의 상사를 떠올릴 수 있고, 어린 시절 함께 놀아주었던 할아버지, 할머니와의 추억을 상기하여 정보를 얻을 수도 있다. 최근에 발표된 각종 논문이나 자료를 통하여 활동적이며 소비 의욕이 넘치는 액티브 시니어에 대해 더 잘 알 수도 있지만, 개인차도 크고 워낙 다양하다보니 시니어 전체의 모습을 대표하고 있다고 말하기는 어렵다. 예를 들어, 액티브 시니어라는 말에서 해외여행이나 골프를 즐기는 부유층을 떠올리는 사람도 있을 것이다. 그러나 그들은 시니어의 일부이며, 이 시대를 살아가는 현대 시니어에게 효과가 있는 마케팅 전략을 세우기 위해서는, 먼저 기존의 시니어상(像)에 대한 관념에서 벗어날 필요가 있다.

30, 40대는 물론, 50대 전반도 한치 앞을 알 수 없는 인생

그 인생을 먼저 걸어가고 있는 사람들, 과연 어떻게 접근해야 그들을 감동시킬 수 있을까? 시니어라고 하면, 떠오르는 일반적 지식과 상념으로는 제대로 파악하기 어렵다. 전문가로서 제대로 시니어 산업 마케팅에 성공하려면 이런 노력을 기울여야 할 것이다. 시니어에 관한 적정량이고 적정성인 정보는 물론, 구미(歐美)에서는 이미 학문으로 정착된 노년학(제론톨로지)이라 불리는 학제적인 학문 등까지 총체적으로 제대로 알아야 꿰뚫어 볼 수 있는 안목이 생기고, 객관적이고 복합적인 접근이 가능하다.

시니어는 시니어라고
부르는 것을 좋아하지 않는다

시니어 마케팅에서 민감한 점은, 시니어에게 시니어라고 지칭하는 데 어려움이 있다는 것이다. 시니어를 타깃으로 한 상품인데도 시니어용이라고 하기보다는 다른 용어로 표현하는데 고심하는 것이 현 실정이다. 사실 대부분의 시니어는 자신이 시니어라는 것을 알지만, 자신은 그 시니어에 속하지 않는다고 생각하고 있다는 것이다.

요즘에 들어 노인이라는 용어는 이제 거의 사용되지 않고 그 용어는 시니어로 바뀌는 추세이다. 실버시트(silver + seat, 전차 · 버스 등의 경로석)라는 좌석이나 경로석이란 말도 점점 사라지는 경향을 보이는데 이러한 현상을 들여다보면, 심리적으로 고령이라는 의미의 말로 불리기 싫다는 것을 보여 준다. 정부와 지자체는 고령자라는 말을 65세 이상이라고 규정하고 있지만, 65세 정도인 사람에게 "고령자는 몇 살부터일까요?"라고 질문하면 많은 분들이 "75세"라고 대답하기도 한다. 고령자라는 것은 항상 자기보다는 위의 연령대라고 생각하는 것이 일반적임을 보여 주는 실례이다.

50대 이상의 연령은 '시니어'나 '고령자'의 범주에 있지만, 정작 그들 자신이 그렇게 불리는 것을 그리 좋아하지 않는다고 봐도 무리는 없다. 인간의 육체가 50세가 넘으면 누구나 요통이나 고혈압, 갱년기 증상 등 질환 한두 가지 있는 것이 이상한 일은 아니다. 그럼에도 불구하고 시니어에 관한 질병이나, 그에 관련된 것에 자신의 일이라고는 생각하지 않는 특이한 점이 있다.

시니어 마케팅에서 이러한 시니어들의 심리를 잘 파악해야 성공의 길로 나갈 수 있다. 액티브 시니어라고 해서 다 활기차고 건강한 것은 아니다. 중하든 경하든 질병을 한두 가지씩 가지고 있을 수도 있으며 시니어 가운데 자신을 시니어라고 생각하지 않거나, 시니어라고 불리길 원치 않을 수도 있음을 꼭 기억해야 할 것이다.

새로운 시니어 사회, 어떻게 젊은이들과 함께 만들어 갈까

우리 사회는 청장년이 중심인 사회이고, 여전히 이들이 다양한 비즈니스 분야에서 새로운 것들을 잇달아 창출해 내고 있다. 머지않아 8년 후, 2026년도의 인구 구조는 어떻게 바뀌게 될까? 전체 인구가 서서히 감소하게 되고, 좋든 싫든 상관없이 불과 8년 뒤에는 지금과는 분명 다른 사회가 될 것이다. 인구 구조의 변화 가운데 기업이 생존하기 위해서는 변화하는 사회 상황을 재빨리 분석하고, 이전과도 다른 비즈니스와 마케팅을 해야만 살아남을 수 있다.

아직까지 대다수 기업에 있어서 시니어 마케팅은 고려하는 편이 좋고, 또한 고려해야 할 대상으로 여겨지고 있다. 그러나 비즈니스 속에서 '메인(main)'인가 '서브(serve)'인가를 묻는다면, 역시 '서브(serve)'라는 위치에 놓이고 만다. 그러나 8년 뒤의 사회를 상상해 본다면, '하는 편이 좋다'는 정도로는 대응할 수 없고, 어쩌면 그 기업이 살아남을 수 없을지도 모른다.

더욱 중요한 것은, 고령사회라 하면 '노인들이 넘치는 사회'를 생각하기 쉬우나, 실제로 일어나고 있는 것은 그것보다 '사회 전체의 성인화'이다. 인구 구조의 연령대가 높아지는 쪽으로 이동한다는 것은, 지금까지 청년이 중심이었던 '젊은이 사회'가 시니어 중심이 되는 '시니어 사회'가 된다는 것을 의미한다.

얼핏 고령사회라 하면 '고령자가 많아져 곤란하다'며 걱정하기 쉽지만, 그것이 아니라, 지금까지 우리가 경험한 적 없는 '새로운 시니어 사회'를 어떻게 만들어 갈 것인가 하는 것이 중요한 논점이다. 더 나아가, 그 새로운 시니어 사회를 젊은이들과 함께 어떻게 만들어 갈 것인가 하는 질문 또한 중요한 과제이다.

이제는 남녀 50세 이상을 빼놓고 텔레비전을 논할 수 없는 시대가 되었고, 이것이 방송국과 스폰서 기업에 있어서도 환영할 일인가 묻는다면 꼭 그렇다고는 할 수 없다. 지금까지는 '20대 청년과 50대 주부'처럼 세대별로 파악하는 경우가 많았지만, 저출산 고령화가 진전되면 될수록, 히트(hit) 상품은 세대를 초월하여 받아들여지는 것으로 변해가고 있다.

3장

노화 과정을 이해하면
비즈니스 기회가 생긴다

**노화 현상의 진행과
마켓의 상관 관계**

노화 과정(aging process)을 이해하기 위하여 노화 현상(aging event)을 요소 별로 열거하고, 소요되는 물품이나 서비스 등 대처 방안과 마케팅 전략을 알아보도록 한다. 의욕적이거나 체력적으로 젊어진 시니어이긴 하지만, 확실히 노화의 진행은 계속되고 있다. 신체가 변화함에 따라, 점차 거동이 불편하거나 불안하고 부정적인 감정이 늘어 가고 나이가 들수록 그 정도는 심해져 간다. 자녀 육아나 일이 일단락되어 사회적으로는 자유로운 시간이 증가하기 시작하는 한편, 자신의 나이를 의식할 수밖에 없는 신체의 변화를 좋든 싫든 느끼게 하는 현상에 계속 직면하게 된다.

노화는 변화하고, 지속적으로 변화해 가는 것이다. 바로 그 변화에 비즈니스 기회가 숨어 있다. 마케팅으로서의 과제는, 그러한 변화에 어떻게 긍정적으로 대처할 것인가에 있다. 노화 현상의 진행 과정 중 하나는 노안이며 점차 진행되어 간다.

　　그러나 대다수의 사람에게는 자신이 노화의 시작에 도달했다는 사실을 인정하고 싶지 않은 심리가 작용한다. 노안경을 끼면 불편을 해소할 수 있다는 사실을 알고 있으면서도 참을 수 없을 정도의 어느 선을 넘기까지 혹은 나이 드는 그 자체를 받아들이기까지 노안경을 끼지 않을 거라는 이러한 심리를 긍정적으로 전환한 것이 '리딩 글라스(reading glass)'이다. 부정적인 이미지를 가지기 쉬운 노안경을 긍정적인 명칭으로 바꾸어 패션성을 높여 상품을 개발함으로써, 멋진 아이템으로 시장

이 활성화된 성공 사례이다.

이와 같은 사례는 가발 시장에서도 찾을 수 있다. 시니어 비즈니스의 전형적인 사례였던 가발이지만, 남성용은 식모(植毛) 시장의 성장 영향에 따라 축소하고 있었다. 각 회사는 여성의 숱이 적은 머리에 대응하는 가발에 주력하기 시작하였다. 그러자, 단순히 숱이 적은 머리를 숨기기 위해서만이 아니라, 다양한 장면에 대응할 수 있는 멋 내기 아이템으로서의 요구가 발견되기 시작했다. 거기서 가발(wig)이라는 통칭에 따라 가발 장착에 대한 심리적인 허들(장애물)을 낮추고 붙임머리나 부분가발과 같은 상품으로 현재 시장 영역을 넓히고 있다.

노화는 누구에게나 틀림없이 찾아오는 것이고 받아들여야 하는 변화인 만큼, 긍정적인 방향으로 제대로 파악하여 제안하기만 한다면 상업적 기회가 확대될 것이다. 자신의 의사에 의해서 신체가 건강할 때 자기 취향의 영정사진을 촬영하는 비즈니스, 유골을 인공 다이아몬드로 가공하는 비즈니스 등, 인생이 끝난 후의 준비, 이른바 죽음에 대한 준비를 하는 다양한 활동까지 노화 현상을 긍정적으로 파악한 비즈니스가 전개되고 있다.

노화 과정을 보고 마케팅 공략의 기회잡기

노화 현상의 진행과 함께 다양한 비즈니스 기회들이 숨어 있는 예로 리딩 글라스와 패션 가발의 예를 통해 살펴보았다. 이외에도 다양한 용도의 화장품이나 건강 보조 식품, 식

〈예〉 노화 현상과 잘 팔리는 물건이나 서비스의 예

노화 부분	잘 팔리는 물건과 의료와 다양한 서비스의 예
피부 노화	탄력을 되찾아 주고, 기미와 주름을 숨기고, 주름을 펴주는 화장품, 기미나 검버섯 제거 레이저 시술, 보톡스나 필러 시술
체형 변화	웨스트 밴딩팬츠 & 스판팬츠나 튜닉으로 체형 보정. 늘어나는 소재, 부드러운 소재감도 중요. 다이어트 식품, 지방흡입시술.
대사기능 쇠약	땀이 잘 나지 않고 중년에 살이 찌게 되어 보조 식품제나 운동에 관한 흥미와 관심이 높아짐.
노안	멋진 노안경은 몇 개가 있어도 좋다. 부속 체인이나 안경 케이스 등 멋진 잡화 그림. 노안 라식과 노안 교정 시술.
갱년기증상	두통과 짜증, 식은땀 등 다양한 증상으로 인해 항상 불안을 느낌. 병이 아니기 때문에 식품이나 식품 보조제에 대한 흥미와 관심이 높아지는 시기.
숱이 적은 머리 · 탈모	남성과 여성 모두 심각한 고민(흰머리도 포함). 누구나 가지고 있는 고민이지만 상품 지식이 없음. 흰머리 숨기기, 가발, 볼륨업 상품 등의 요구가 큼. 다양한 발모 용품과 모발 이식.
빈뇨 · 요실금	요실금 패드의 판매량이 유아 기저귀를 넘어섬. 상품 판매의 제안 방식이 중요.
하지 쇠약	환자는 하지의 쇠약에서 비롯된다고 함(특히 여성). 스포츠웨어나 신발, 식품 보조제, 서포터 달린 타이츠, 일용품 편리 상품, 어른들의 느긋한 여행, 스포츠 클럽 등이 주목.
수면 장애	수면은 건강 문제에 직결됨. 침구나 보조 식품제, 식품, 라이프 스타일의 제안이 중요.
치매	누구나가 치매는 두려운 것이고, 예방에 돈을 들인다. 치매로 발전하기 전의 마켓이 존재. 예방 상품으로 들깨기름, 코코넛오일, 위장약보조제, 계산문제 풀기 등, 증거는 의문이지만, 앞으로 시장은 반드시 확대될 것이 예상됨.

품, 속옷이나 겉옷, 침구 등 많은 예를 나열할 수 있다. 어떠한 물건과 서비스가 어떠한 시니어 층의 마음에 감동을 주는지 알 수 있으면, 그 다음은 어떠한 제안을 할 것인가를 생각하기만 하면 된다.

노안경의 사례에서는, 자각 비율은 42~43세 정도부터 급격히 상승하여, 남녀 모두 50세 이전에 절반에 달하고 있다. 그럼에도 불구하고, 실제로 노안경 사용자가 절반에 달하는 것은 여성이 54세, 남성이 62세로, 5~10년 동안이나 불편을 느끼면서도 노안경을 손에 쥐지 않았음을 말해 준다. 바꿔 말하면, 그 동안 잠재적인 요구가 존재하는 시기가 계속되고 있었다는 것인데, 시니어가 불편을 느끼고 자각하기 시작하는 시기와 어느 상품 군이 마켓볼륨으로서 나타나기 시작한 시기에 엇갈림이 있음을 보여 주고 있다.

이렇듯 그리 좋지 못한 건강 상태를 자각하고 있음에도, 구체적인 대처를 하지 않는 상태를 우리는 '참기모드 시기'라 부른다. 이것은 증상이나 신체 부위에 따라 차이가 있으며, 비교적 빠른 시기부터 표면화되는 노화 현상인 흰머리에 대한 대처는 빠른 편이다. 즉 참기모드 시기가 짧다고 할 수 있다.

이에 반해, 무릎 통증에 관해서는 특히 여성의 경우는 참기모드 시기가 길다. '이 정도라면 어떻게든 되겠지', '심각한 건 아니야', '가끔 이런 거니까'라는 정도의 문제가 아니라, '어떻게 하면 좋을지 모르겠다' 또는 '정말로 효과가 있는 건지 불안하다', '대처했지만 효과가 없었다'라는 대처 방법과 그 효과에 관한 정보가 충분하지 않은 것이 영향을 미치고 있다. 이 때문에 '못 걷게 되었다', '계단을 오르지 못하게 되었다' 등의 심각한 증상에 이르기까지, 계속 참게 되고 만다. 바꾸어 생각하면, 시장의 마케팅 기회가 오랜 기간 동안 방치되어 왔다고 생각할 수도 있다. 이러한 상황을 지켜보는 기간이 참기모드 시기에 얼마나 제대로 접근할 것인지가, 마케팅 공략의 돌파구가 될 것이다.

간호 커뮤니케이션 카페가 미래를 연다

대개 고령자들은 노화 증상이나 불안이 있어도 웬만하면 참고 견디거나 방치하려는 경향이 있고, 신체 일부 중 어딘가 증상이 나타나거나 고통이 심할 때에 비로소 병원을 찾게 된다. 고령자의 경우 간호와 함께 보조 의료기, 정기적인 검진으로 의료비가 노후 생활비에서 가장 많은 부분을 차지하고 있다.

생명 연장이나 건강과 직결된 의료 사업이 고령자들을 위한 비즈니스 가운데 단연코 가장 큰 부분을 차지하고 있다. 보통 종합병원 또는 대학병원 대기실의 풍경을 보면 실감할 수 있을 정도로, 이제는 병원 대합실이 그저 순서를 기다리는 곳이 아니라, 간호사들과 상담하고 차도 마시면서 기다리는 시간에 대화와 정보를 공유하는 장으로서의 역할도 겸하는 커뮤니티화되었다.

최근에 들어와 데이 서비스(day + service, 재택 노인을 양로원 등에 보내어 목욕이나 간호·식사 등을 제공하는 지원 서비스)에 약간의 이변이 일어나고 있다고 한다. 사람들이 간호 대상 정도의 차이는 있으나, 때로는 데이 서비스를 받으러 와서, '제가 뭔가 할 수 있는 일이 없을까요?'하고 묻는 사람들이 종종 있다고 한다. 그들 또한 보살핌을 받기 위해 오는데, 자신이 할 수 있는 일이 무엇인지 묻고 할 수 있는 일이 있다면 기꺼이 기쁜 마음으로 돕기를 원한다고 한다. 이것은 바로 간호 현장에서 공조가 가능함을 보여주는 것이다.

거동이 불편한 고령자들을 대상으로 간호 부담 중에서 가장 큰 것이 무엇인지에 대해 물었을 때, '정신적 부담'이 가장 크다고 대답한 비율이 높았다. 그리고 그분들께 '간호 부담을 덜 수 있는 대책은 무엇이 있을까요?' 라는 물음에 아래와 같은 순위로 답했다.

1위 : 관리 매니저 · 도우미와 커뮤니케이션 한다.

2위 : 쇼트 스테이(short + stay, 거동이 힘든 고령자나 장애인을 복지 시설 등에서 일시적으로 간호하는 제도)나 데이 서비스를 이용한다.

3위 : 형제나 가족 · 친척이 서로 분담한다.

4위 : 특별 요양원 등을 활용한다.

5위 : 간호 유료 요양원을 활용한다.

6위 : 간호 대상자와 자주 커뮤니케이션 한다.

이와 같이 질문에 대한 답에서 유추할 수 있듯이 바로 '커뮤니케이션'과 '분담'이 간호 부담을 덜 수 있는 핵심임을 말해 준다. 이것을 공조와 함께 고려하면, 앞으로는 커뮤니케이션 카페가 하나의 간호 부담 경감의 열쇠가 될 수 있다. 데이 서비스 센터에 공조를 원하는 같은 세대가 모이면, 간호 대상자의 말 상대가 될 수도 있다. 그렇게 되면 간호직원도 본래 업무에 전념할 수 있어서 서로에게 유익한 일이 된다.

지역의 보건소나 지자체 창구가 있어서 먼저 그곳을 방문할 필요가 있겠지만, 근처에 커뮤니케이션 카페가 있고, 같은 고민을 가진 사람이나 자신과 같은 케이스에 대하여 잘 아는 사람이 있으면 해결의 실마리를 얻을 수 있을 것이다. 해결책을 찾지 못했다고 해도 대화를 통해 공감하는 것만으로도 마음의 고민이나 괴로움은 완화될 수 있다. 커뮤니케이션 카페가 각 지역에 생기게 되면, 개인의 부담 경감뿐만 아니라, 지역 포괄 케어의 중심이 될 가능성이 충분히 있다.

한국의 특수성을 고려한 시니어 비즈니스

우리나라 사람들 대부분이 시니어에 대해 어떤 획일적인 이미지나 선입관을 가지고 보는 경향이 있다. 시니어 비즈니스에서도 그런 통상적인 관념을 벗어나지 못하기 때문에 시니어들이 '나이가 들어감에 따라 어떤 것을 구입하게 되는지', '어떻게 하면 그들의 심리를 공감하며, 구매로 이어지게 할 것인가'에 대해 둔감하게 대응하는 시행착오를 반복하면서 아직까지도 시니어 마케팅의 최전선에서 해결되지 않은 현상이다. 현대의 시니어는 생각이 젊을 뿐만 아니라 실제로 젊어 보이는 경우도 많다. 시니어는 연령이 높아지면 높아질수록 안정을 취해 보수적으로 변한다는 것은 이젠 선입관에 지나지 않는다.

시니어 비즈니스도 한국의 특수성을 고려해야 한다고 지적하고 있

다. 한국은 65세 이상 노인을 고령층 시장이라는 하나의 집단으로 바라
보는 경향이 있다. 시니어 집단을 단일체가 아닌 세분화된 집합체로 보
고, 시니어 비즈니스도 구체적이고 세분화된 접근이 필요하다. 또 지역
의 편차가 너무 심하기 때문에 대도시, 중소도시, 소도시 등으로 나누어
비즈니스 전략을 세울 필요가 있다.

비즈니스 관점에서 보면, 대도시의 경우는 비슷한 환경을 가지고 있
지만, 소도시나 농어촌의 경우는 극심한 편차를 가지고 있다. 예컨대, 농
어촌의 경우에는 우리나라의 거주 주택 비중은 직접 거주하는 주택 이
외의 부동산(토지, 임야, 기타 건축물 등)을 보유한 경우가 많다. 이러한

경향은 소득이 낮을수록 연령이 높을수록 지방 도시일수록 더욱 심하다고 할 수 있다. 지방 도시일수록 고령 가구들은 유동성이 낮은 토지나 임야 등의 비중이 높은데 비해, 그 임대소득은 미미하기 때문에 앞으로 보유세조차 부담스러워질지 모른다.

이런 현상은 고소득층보다 상대적으로 저소득층에서 증가할 것으로 예상되므로 문제가 될 수 있다. 그 이유로는 자산이 있으면 정부로부터 각종 지원이나 보조금을 받기가 어려운 가정이 있는 반면, 자산은 있지만 현금 소득이 없어 각종 지원 대상에서도 제외되는 고자산 빈곤층(asset rich, income poor)이 발생하게 되기 때문이다. 조상 대대로 내려오는 시골 주택조차 외지에 있는 자식들이 1가구 다주택이라는 부담 때문에 소유 자체는 물론이고 관리 자체도 꺼리고 있는 실정이다. 이와 같은 도시 중심의 주택 정책이 농촌의 폐허를 더욱 부추키고 있으므로 구체적이고 세분화된 접근이 필요하다.

4장

시니어 용품 산업의 급성장

**시니어 시프트에
도전장 내민 일본 기업 이온**

일본 최대의 소매기업인 이온은 2011년부터의 중기 경영계획에서 '아시아 시프트', '대도시 시프트', '디지털 시프트'와 함께, '시니어 시프트'를 내세워 실험적이고도 구체적인 점포로 이온 카사이점을 리뉴얼하여 4층 전체를 시니어를 대상(target)으로 한 그랜드 제너레이션 몰(G·G 몰)을 2013년 5월에 열었다.

건물 한 층 중심에 대형서점을 두고, 거의 매일 시니어를 대상으로 한 이벤트가 이루어지는 공간이나 카페, 문화(악기점, 영어회화, 여행 등), 기분 전환 및 휴양(relaxation)등의 활동 소비의 점포를 두었다. 건물 한 층에는 편안하게 휴식을 취할 수 있는 의자가 놓여 있고, 에스컬레이터 주위에는 아무것도 진열하지 않고, 호텔처럼 고급스럽고 여유로운 공간이 마련되어 있다.

이와 같이, 사람들이 자연스럽게 모이고 싶어지는 '게더링(gathering)'의 시도는, 현재 이온의 신형점포 '이온 스타일'의 가게 조성에도 도입되고 있다. 문화센터에서는 수공예, 악기, 사진, 요리 등 창의적인 여가 생활을 지원하는 150여 개 프로그램을 제공하고 있으며, 또 G.G 고객용 제품, 서비스를 소개하는 '그랜드 제너레이션 컬렉션' 전시회를 연례 행사로 개최한다. 2014년에는 데이팅 서비스가 포함되어 싱글 시니어들의 관심을 집중시켰다.

또 다른 예로, 가사이점은 도쿄시내의 전형적인 주택지에 있는 매스 타깃(mass target)의 종합 슈퍼(GMS)이다. 이곳에서 시니어를 대상으로 한 시프트를 시작하는 것은 일이 매우 실험적이자 도전적인 시도여서 처음에는 시행착오도 많이 있었다. 물건을 파는 것이 아닌 활동을, 그것도 시니어에게 파는 일을 점차 진행하면서 고객은 순조롭게 늘어 갔지만, 어떤 것을 갖추어야 매상으로 이어지는지 알 수 없어 어려움을 많이 겪기도 했다.

여러 시행착오의 과정 가운데 성과를 올린 한 품목이 바로 '야마토 점포'의 시니어 대상 가방이다. 휴대하기 가볍고, 기능이 다양하며, 게다가 일본 제품으로, 가격은 1만~2만 엔대로 GMS에서 판매하는 상품치고는 고가이긴 하나 놀랍게도 잘 팔리는 제품이 되었다. 그리고 주문제작(customize)이 가능한 고가의 지팡이 역시 가격 인하 없이도 잘 팔리는 상품으로 자리매김했다고 한다. '스와니'라는 메이커가 지팡이 대신 쓸 수 있는 쇼핑카트를 제작, 선보였는데 물론 가격은 비싸지만 시니어를 대상으로 한 히트 상품이 되었다. 노인용의 발이 편하고 걷기 편한 신발, 타무라(Tamura)의 보정속옷, 목에 시선을 가게 하는 커다란 액세서리 등, 기존의 GMS에서 팔리기 어려웠던 상품들이 잘 팔리기 시작했다. GMS로는 이례적으로 한방약 매장에 전문 판매원을 배치하자, 이온의 모든 점포 중에서 가장 높은 매상고를 기록한 매장이 되었다고 한다. 시니어의 마음을 잡는 섬세한 판매 방식이 실적으로 고스란히 나타나고 있음을 보여 주는 예이다.

일본 시니어 용품 산업의 폭넓은 제품군

일본의 대표적인 오사카 ATC (Ageless Center)에는 시니어 개조 차량과 전동 휠체어부터 주방·욕실 등 일상용품까지 다양한 종류의 제품이 전시되고 있다. 일본은 1990년 초반부터 전국 80여개의 시니어 제품 상설 전시장과 체험관을 운영함으로써, 시니어 제품을 홍보하고 활성화시키는 데 많은 역할을 하였다. 상설 전시장에 진열된 제품 부스에는 출품한 기업마다 해당 제품에 대해 기업에서 제공하는 제품별 설명서가 구비되어 있어 소비자가 원하는 제품을 제대로 알고 구매하는 데 편리하다.

전시된 용품으로는 휠체어 등, 중증 시니어용 제품부터 휴대용 지팡이 고정대, 실리콘 재질의 숟가락까지 노인 신체 특성에 맞춘 다양한 세

분류 제품에 이르기까지 매우 다양하다. 스탠딩 휠체어와 리프트 등 거동이 불편한 시니어와 중증 환자의 이동성 향상을 위한 각종 운동 보조 기구, 일상생활 가운데 발생하는 각종 사소한 번거로움을 해결하는 데에 도움을 주는 용품도 전시되어 있다. 개인 신체 특성에 적합한 용품을 직접 체험해 볼 수 있기 때문에, 연간 수십만 명이 방문할 정도로 매우 인기가 높다. 다각도의 유통망을 통해 접근성을 높인 점 또한 일본 시니어 제품의 주요 성공 요인이다. 우리나라는 의료 기기점을 방문해야만 소수의 시니어 용품을 볼 수 있지만, 일본에서는 동네 편의점, 쇼핑몰, 백화점 등, 어디서든 다양한 시니어 상품을 손쉽게 구매할 수 있다는 점을 주목할 필요가 있다.

국내 시니어 전용
상설 전시장 증설이 필수

현재 국내 시니어 산업은 아직 초기 단계이며, 시니어 제품 종류나 관련 정보가 별로 없고, 살 수 있는 유통망도 매우 미흡한 실정인데 반해, 시니어 산업에 먼저 눈을 뜨고 발전한 일본의 경우에는 시니어 체험관을 통한 사용 경험 확대, 다양한 유통망을 통한 구매 편리성, 표준화된 시니어 제품의 구비로 그 사업이 계속 성장하고 있다. 무엇보다도 개인의 신체 특성에 적합한 용품을 직접 체험해 보고 구매할 수 있기 때문에 인기가 높고, 전시용품 부스 상단에 출품 기업이 명시되어 있어 차후에 구매로도 이어질 수 있게 했다.

우리나라는 현재 지자체에서 비영리 목적으로 운영하는 상설 체험관에서 내점하는 시니어들에게 전시된 용품의 체험만 가능할 뿐 직접 구매는 어려운 실정이다. 상설 체험관에 비치된 용품을 구매하기 위해서는 담당 직원을 통해 방문자가 직접 업체에 연락을 취해야 하는 번거로움도 발생한다. 전국에 성남, 대구, 광주 3곳에 시니어 체험관이 운영되고 있으나, 지역 주민들도 시설 운영 여부조차 알지 못할 정도로 홍보가 부족한 실정이다.

현재 국내 만 0~4세 영유아 130만 명을 위한 아동용품점은 어디에나 있는 반면, 만 65세 이상 고령층 670만 명을 위한 시니어 전문점은 찾아보기 힘든 것이 국내의 현실이다. 시니어 제품 표준화 부재도 국내 시니어 소비자들의 구매 혼란을 초래할 수 있으므로 더 늦기 전에 체계화할 필요가 있다.

다양한 시니어 건강 융(복)합 산업화

시니어 건강 산업과 요양 산업

예방과 증상 치료에
중점 둔 시니어 건강 관리

시니어의 3대 불안이라고 할 수 있는 건강, 경제, 고독 가운데 건강 불안이 가장 크며, 뒤이어 질병 치료라고 볼 수 있다. 그렇기 때문에 건강이 다른 어떤 분야보다도 고령자 시장의 중심이라고 할 수 있다.

상품을 예로 들어보아도 성인용 종이기저귀, 틀니 세정제, 빈뇨 개선약, 노안경, 매달리는 운동기구 같이 대부분 건강과 관련된 것이 대표적인 고령자 대상 상품이며, 이들 중에서 예방을 목적으로 하는 매달리는 운동기구를 제외한 그 외의 것들은 몸져 누워만 있는 신세가 되었거나, 이가 빠져 틀니를 끼게 되었거나, 빈뇨·요실금이 있다거나, 노안이라는 등의 증상이 발생하고 난 다음에야 찾게 되는 대응 상품이나 처방약이다.

고령기에 접어들어 발생하는 증상은 신체 변화에 따른 자연스러운 증상이며 받아들일 수밖에 없다. 통상 50대 이상의 시니어들에게 나타나는 주요 증상으로는 요통, 높은 콜레스테롤 수치(고지혈증), 높은 혈압(고혈압) 등이고, 그 다음으로 이어지는 것이 암, 뇌혈관장애(뇌경색, 뇌혈전, 뇌출혈 등), 심기능증 질환(협심증, 심부전 등), 백내장, 비뇨장애, 낮은 골밀도(골다공증), 관절염과 류마티스, 당뇨병, 간기능 저하(간

염) 등이 있다.

현대 과학 기술의 진화로 디지털 도구를 착용 가능한 형태로 상용화하여서 건강 관리가 가능할 수 있게 되었다. 대개의 경우, 신체 어느 부위에 증상이 나타나고 자각 증상이 있어야만 병원을 찾게 된다. 항시 내 몸에 착용 가능한 건강 관리 측정 기기로 어떤 증상이나 질병을 미리 예측할 수 있게 됨으로써 노후에 겪게 될 질병들을 미리 예방할 수 있게 되어 노년에 큰 중병 없이 오래 살아갈 수 있는 길이 열리게 되었다. 스스로 부지런히 건강 관리에 신경만 잘 쓴다면 인생 후반에 허락된 시간을 더욱 가치 있게 쓸 수 있는 보람 있는 노년을 보내게 될 것이다.

지금의 40~60대의 거의 대부분이 이러한 혜택을 받을 수 있는 고객 대상이기 때문에 앞으로 건강 관련 IT 분야 산업은 무한한 가능성이 있으며, 인간 수명 연장이라는 차원에서 건강 관리 분야의 발전에 크게 기여할 것으로 전망된다.

시니어 건강 시장의 확대

과거와 달리 오늘을 사는 고령자들은 요통이나 관절통과 같은 통증이 찾아오면, 한의원에 가서 뜸을 뜨거나, 침을 맞거나 혹은 건강 보조 식품을 먹는 등 적극적으로 상태를 호전시키려고 노력한다. 고령기이기 때문에 어쩔 수 없는 것이 아니라, 어떻게 해서라도 치료하려고 한다. 고혈압과 당뇨병도 건강 보조 식품이나 기능성 음료를 마시거나, 건강진단에서 주의가 필요하다고 하면 바로 의사와 상담하거나 어떠한 방법으로든지 대처를 하게 된다. 물론 노화에 따라 발생하는 질병을 완벽하게 예방하는 것이 불가능하지만, 미리 예방 조치를 한다면, 연령이 높아지면서 수반되는 고령의 질병을 그리 힘들지 않게 대처할 수 있다.

발생하는 여러 증상에 어떻게든 치료하고 싶다는 생각을 가진 고령 인구가 많아질수록 당연히 건강 분야와 관련된 시장은 확대될 것이다. 가급적 병에 걸리기 전에 예방하고, 만약 병에 걸린다면 하루라도 빨리 치료하고 싶은 마음이 비즈니스를 더욱 활성화시키게 된다.

나이가 들수록 자신의 건강을 위해서는 그다지 돈을 아끼지 않는다. 건강을 위해 식품 보조제는 물론, 가벼운 운동과 지속적인 산책으로 건강을 챙기는 시니어들이 많은 가운데 요즘 의료·의약품·식품 보조제로 '코엔자임Q10'이나 '콜라겐', '글루코사민'을 많이 복용하고 있고, 운동으로는 남성의 경우 헬스클럽, 여성의 경우 요가를 많이 한다는 통계이다. 시니어 남성들의 운동으로 골프가 인기가 있으며, 참고로 부부가 함께 가장 많이 하는 것이 워킹이라고 한다.

일상생활에서도 평소 건강 상태를 체크하고 운동량을 측정할 수 있도록 하는 디지털 도구에 의한 건강 관리 비즈니스에 사업성이 매우 높다. 예를 들어 애플워치도 이러한 기능을 갖추고 있는데, 앞으로 더 진화된 형태로 디지털 도구를 착용 가능하게 만들어 누구나 손쉽게 사용할 수 있는 건강 관리 도구가 될 것이다.

또한, 의사의 진단과 운동 두 가지 방법으로 간호 예방을 하는 메디컬 피트니스의 시도도 시작되고 있다. 각 지자체에서, 직장에서 건강 진단을 받지 못하게 된 60대 이상에게도 진단을 권하고 있다. 이러한 다양한 방법에 의해 적어도 기초적인 건강 관리에 관해서는 소득 · 자산 등에 의해 한쪽으로 치우치는 일 없이 보급될 수 있어야 한다.

건강 예방 의식과
건강 시장

간호 대상자가 있는 가정은 간호라는 여러 가지 부담을 안고 있다. 간호의 5대 부담으로 여겨지는 육체적 부담, 정신적 부담, 시간적 속박, 금전적 부담, 정보의 부족 등이 있는데, 이중에 가장 부담이 큰 것이 정신적 부담이다. 특히 우리나라 대부분의 간호 대상자는 뇌 혈관 장애 및 골절 · 넘어짐과 관절 증상과 같은 2대 원인으로 인해 간호를 받게 되는 경우가 많다. 뇌혈관장애는 그 비율은 높지만 감소하는 경향을 보이고 있다. 골절 · 넘어짐과 관절 증상은 운동기증후군(locomotive syndrome)에 의하여 야기되고, 운동 기능의 저하가 그 요인이다.

어느 정도의 연령이 되면 하반신이 잘 움직이지 않는 것과 같은 운동 기능의 저하는 어쩔 수 없다고 생각한다. 고령기가 되어, 주위에 간호대상자도 늘기 시작하고, 막연한 불안을 느끼고 있는 사이에 자신도 넘어져서 간호 대상자가 되기도 한다. 65세 이상인 사람이 65세 이상의 구성원을 보살피거나, 배우자를 간호하여 다소 무리를 하고 있는 사이에, 자신도 간호 대상자가 되었다는 경우를 주변에서도 많이 볼 수 있다. 이와 같은 상황을 두려워하는 것이 바로 '간호 불안 고령자'인데, 나이 많은 부부가 서로를 간호하고, 나이 든 자식이 연로한 부모를 간호하고, 고령화 사회에 고령자 서로가 서로를 간호해야 하는 현실이 사회의 과제로 남게 되며, 이러한 상황 하에 간호에 대한 예방 의식은 자연스럽게 생겨나게 되고, 또 그 필요성이 강하게 대두되고 있다.

고령에 의한 여러 가지 질병과 증상은 막을 수는 없으나, 본인의 노력 여하에 따라 얼마든지 호전 시킬 수 있으며 수반되는 고통을 겪지 않을 수 있다. 형편이 어려운 독거노인이라 할지라도 복지 차원에서 기초 건강에 대해서는 보호를 해 주고 있다. 어떻게든 치료하고 싶다는 적극적인 생각을 가지고 있는 고령자가 우리 사회에 많을수록 건강 분야 시장은 커질 수밖에 없다. 가급적 병에 걸리기 전에 예방해야 한다는 생각과 만일에 병에 걸린다면 하루라도 빨리 치료하겠다는 생각이 당연시되는 고령 사회에서 건강 증진과 개선에 관련된 비즈니스는 더욱 활성화되게 된다.

이처럼 간호 예방에 대처하기 시작했다는 의미는 의료 간호비의 증가를 억제할 수 있는 가능성이 있음을 말한다. 간호 예방 비즈니스의 성과는 국가의 재정 부담을 덜며, 이후 젊은 세대에 막대한 부담을 지우지 않아도 된다.

2장

시니어 식품 산업

**식품 산업의 블루오션,
시니어 푸드 시장**

시니어 푸드는 노인성으로 인한 소화 기능의 저하, 치아 문제, 음식 섭취의 욕구 감소 등으로 인한 고령자의 일반적인 식생활 문제점을 해결하기 위해 개발된 고령자 맞춤형 음식이라고 말할 수 있다. 즉, 고령자의 건강 상태를 고려한 특수 영양 식품이라고 할 수 있으며, 병원의 환자식과 같았던 기존의 노인식과 달리 편리성, 질감, 맛, 영양, 포장, 디자인까지 고령자의 취향에 맞게 개발된 식품이라고 할 수 있다.

간호식은 간호 및 지원이 필요하다고 인정된 고령자 등의 이용을 대상으로 한 식품으로, 고령자 시설과 병원에서 제공되는 급식 및 재택 배

식 서비스로 제공되는 도시락 등의 조리식품과 고령자 시설이나 병원,
자택에서 이용하는 가공식품을 말하며, 2015년도 일본의 간호식 시장
규모는 급식이나 도시락 등의 조리식품(소매 매출액 기준)이나 가공식
품(제조업체 출하액 기준)이 전년도 대비하여 지속적으로 늘어나는 추
세에 있다.

일본의 급식 서비스 사업자나 재택 배식 서비스 사업자, 가공식품
제조업체 등을 대상으로 간호식 시장에 대해 조사한 결과에 따르면, 고
령화가 진행되면서 간호식 시장이 크게 확대되고 있다고 한다. 업무용
냉동식품 시장에서도 고령자용 급식 수요가 증가되는 현상을 보이고 있

으며, 간호식이 제공되는 고령자 시설 중에 병원을 운영하는 의료 법인이 직접 운영하는 경우도 있고, 병원 급식으로 실적이 있는 급식 서비스 사업자 등이 병원에서의 노하우를 살려서 부드럽고 씹기 편한 식사 등을 제공하는 경우가 있다.

또 재택 배식 서비스에서는 건강한 노인들을 위한 재택 배식 서비스 업자가 비교적 저렴한 간호식에도 관여하고 있으며, 관리 영양사가 직접 메뉴 개발에 참여하여 영양면에서도 우수하기 때문에 매 해마다 이용이 늘어나고 있다고 한다.

이미 초고령 시대에 접어든 일본의 경우, 고령자의 식사에 대한 정책적인 지원(스마일 케어식 등)과 관련업계의 움직임이 활발한 상황이 되어 과거에 침체의 길을 걷던 간호식 시장이 식품시장에서 성장 가능성이 높은 시장으로 바뀌게 되었다. 고령자용 급식 수요가 증가하고 있는 우리나라도 이 점을 주목해서 산업화 관점에서 바라볼 필요가 있다.

시니어 푸드 산업의 전망

오늘날 우리나라의 고령화 속도가 일본보다 빠른 상황에서 시니어 식품 산업에 대한 대비와 함께 수출 농식품 다양화를 통한 틈새시장 개척을 위해 고령자를 위한 가공식품, 업무용 냉동식품을 개발해가는 것도 충분히 경쟁력이 있다. 이미 초고령 시대에 접어든 일본의 경우도, 고령자의 식사에 대한 정책적인 지원(스마일 케어식 등)과 관련업계의 움직임이 활발한 상황으로, 간호식 시장은 침체된 식품시장에서 몇 안 되는 성장 가능성이 높은 시장이 되었다.

일반적으로 고령자의 식사라 하면 검소한 식단, 염분을 삼가는 식사를 떠올리게 되는데, 오히려 이런 생각으로 인해 먹을 수 있는 것이 한정되고, 검소한 식사가 미덕이 되어 버렸다. 또한 건강을 위한 운동의 필요성이 강조되면서, 많은 고령자들은 무조건 밖에 나가 걸어야 건강을 잘 챙기는 사람으로 여겨지게 되었다. 그 결과 오히려 몸이 상하거나, 간호를 필요로 하는 상태가 된 고령자도 적지 않다.

간호식의 필요성도 함께 제기되면서, 한때는 음식을 믹서에 넣고 유동식으로 만들어 먹는 믹서(mixer)식이 사회적으로 큰 관심이 되었던 적도 있었다. 대다수의 고령자들은 '부드럽고 먹기 쉬운 것'을 선호하므로, 가공식품이나 외식, 간호 시설 등에서의 식사도 '부드럽고 먹기 쉬운 것'이 개발되고 제안되어 왔다. 그렇다고 시니어 음식 산업에 다 부드럽고 먹기 쉬운 식품만으로 가공식품을 만들거나 외식산업에 중점을 둔다면 비즈니스에서 대응하기에 많은 어려움이 있다.

시니어 식품도 단순한 의료용 식품 개발 사업에서 탈피하여, 시니어 개개인의 다양한 수요에 적합한 식품을 개발하면서, 시니어 식품 시장의 수요를 넓혀 갈 필요가 있다. 일본 대기업들은 시니어 식품산업에 앞다투어 진출하고 있으며, 각종 건강 기능식품에서 나아가 수프·푸딩 등 유동식 및 간호식 등으로 확대하고 있다.

예를 들어, 일본의 경우에 식품 산업 진출 현황을 보면 모리나가 유업이 2013년부터 시니어용 식품 '야와라카데 시리즈'를 판매하고 있다.

메이지 유업은 2008년 유동식 전용 공장을 세우고, 2009년 이후 상품 라인을 다양화하고 전문성 있는 상품을 내 놓고 있다. 마루하니치로는 혀와 잇몸만으로도 으깰 수 있을 정도로 부드러운 시니어 식품을 개발하고 있는 등, 시니어 전문 식품 개발에 많은 노력을 하고 있다.

새로운 시니어 세대는 기존의 시니어 세대와 다른 성향을 보이고 있다. 그들은 구매에 있어서 편리함을 추구하며, IT 제품에 대해 별로 거부감을 갖고 있지 않고, 동반자를 위한 지출을 그리 아까워하지 않으며, 본인이 애착을 가진 브랜드를 고집하고, 건강과 환경에 대한 관심이 높으며, 노년 제품에 대해서는 오히려 거부감을 보이는 나름대로의 특성을 보인다. 이러한 점들을 고려하여 식품산업을 개발한다면 고령자들도 즐길 수 있는 외식산업으로까지 확대될 수 있는 가능성이 충분히 있다.

식단 명칭의 중요성 '스마일 케어 다이어트'

기존의 노인 관련 식단 개발에 있어 큰 걸림돌 중 하나가 이름(명칭)을 짓는 일이었다. 노인 관련 식품이라는 뉘앙스의 명칭을 붙이게 되면, 대상이 되는 시니어들은 별로 구입하지 않는 경향을 보여서, 일본에서는 이러한 문제를 해결하기 위하여 공모전을 열어 그 이름을 선정하였다, 기존의 '개호식(간호식)'이라 부르던 것을 '스마일 케어 다이어트'로 변경하여 홍보해서 큰 효과를 봤다. 고령자용 급식에는 통일된 명칭은 없고 해당 분야에 따라 간호식, 개호식, 실버식, 시니어 푸드, 환자식 등으로 부르고 있지만, 이 책에서는 간호식으로 통일하였다.

일본 개호식품협의회는 '유니버셜 디자인 푸드' 제도를 도입하여 기업별로 다른 시니어 식품 규격을 하나로 표준화하고, 매뉴얼을 통해 엄격히 관리하고 있다. 기존의 유니버셜 푸드 디자인(음식의 단단하기 중심의 분류)에서 좀 더 세분화된 기준으로 식품을 구분하여, 고령화 단계마다 각각의 필요에 대응할 수 있는 방법을 강구하기 위하여 노력하고 있다.

확대되는 시니어용 간호식 시장

학교 급식은 아동 수의 감소로 수요가 감소되고 있는 반면, 병원 및 고령자 시설에서의 간호식의 수요는 점차 확대되고 있다. 급식 관련 사업자들은 상대적으로 성장 가능성이 높은 간호식 부문을 확충하고, 병원이나 고령자 시설에서의 수요 확대를 위한 대응을 강화하고 있다.

시니어 제품의 품질 향상을 위해서는 제품별 기술 표준과 규격을 확립해야 하는데, 그 이유로는 시니어 세대의 씹는 능력 차이를 고려하여 식품별 경도를 1~4단계로 수치화해 제품 앞면에 표기하면 어떤 식품이 자신에게 적합한지 손쉽게 판단할 수 있기 때문이다.

다음[보기4-1]은 일본 정부에서 노령화 인구에게 '스마일 케어 식품'의 사용을 권장하기 위해 만든 설명 부분이다. 우리나라뿐 아니라 일본도 간호용 식사(개호식), 노인식, 또는 실버식 명칭을 그리 달가워하지 않는데, '스마일 케어 식품'이라는 명칭이 매우 친근감 있게 고령자들을 위한 식품으로 다가갈 수 있어서 노인들의 영양 섭취에 도움이 되고 있다.

노인이 되면 섬유질이 많은 육류와 야채를 피해 버리기에 영양 불균형(단백질 부족 등)이 쉽게 일어나며, 구강의 건조화 및 삼키기의 어려

[보기 4-1] 씹는 능력 차이를 고려한 식품별 경도

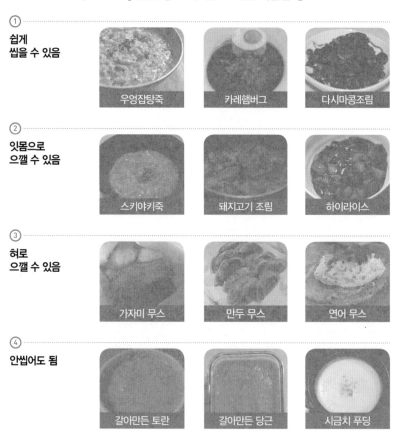

① 쉽게 씹을 수 있음 — 우엉잡탕죽 / 카레햄버그 / 다시마콩조림

② 잇몸으로 으깰 수 있음 — 스키야키죽 / 돼지고기 조림 / 하이라이스

③ 혀로 으깰 수 있음 — 가자미 무스 / 만두 무스 / 연어 무스

④ 안씹어도 됨 — 갈아만든 토란 / 갈아만든 당근 / 시금치 푸딩

[보기 4-2]스마일 케어 식품의 선택

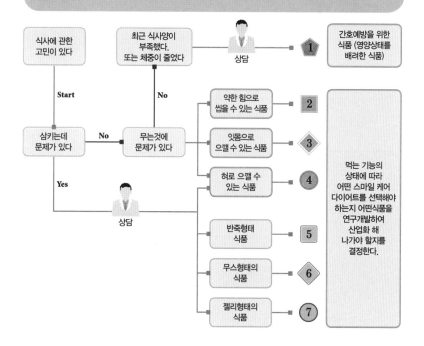

움으로 일부 편하게 섭취 가능한 식품으로의 식사 편중이 일어날 수 있

다. 고령화된다고 해도 신체의 필요 에너지양은 일반인과 큰 차이가 없

기 때문에 식사 부족 또는 영양 불균형의 식사로 인해 몸이 저 영양 상태

로 되며, 이로 인하여 근육 감소, 식욕 저하, 활동력의 감소 등을 유발하

게 된다. 통계를 보면, 고령화 인구의 약 70% 정도가 저 영양 및 저 영양

위험 상태에 있다는 보고가 있는데, 저 영양 상황이 지속될 경우, 간호가

〈예〉 식사 편중과 저영양 위험의 악순환

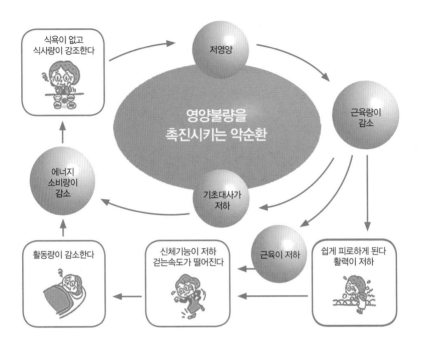

필요한 건강 상태로 악화될 수 있다.

본인 스스로가 직접 음식을 섭취하는 것이 신체 건강 및 정신 건강에 매우 중요한 요소이므로, 이를 위한 지원 식품으로 '스마일 케어' 부분에서 우리가 주의할 점이 있다. 일본의 '간호식품(개호식품)'이 고령 인구를 위한 식사로 시설에서 간호 도중의 어려움에 대응하고자 먼저 개발되었고 점차적으로 가정으로 확산된 식품이다. 앞으로 우리나라의 간호식품(스마일 케어 식품)이 보급될 때, 이러한 보급 순서를 잘 참고하여 적용한다면, 우리나라의 간호식품 시장도 고령화 사회에 발맞춰 그 식품 시장이 확대될 것으로 전망한다.

시니어 식품 규격 표준화 작업

시니어를 위한 개호식품, 일명 시니어 푸드가 탄력을 받고 있는 일본에서는 노인을 대상으로 한 식품이나 서비스에 개호(노인간병)라는 말을 붙여 별도의 산업군으로 분리 표현하고 있다. 최근에 일본에는 개호를 위해 노인 관련 상품을 취급하는 편의점이 속속 등장하면서, 그 시장이 빠르게 성장하고 있다. 반면 우리나라 시니어 식품의 경우, 일본과 같은 표준화 작업은 이뤄지지 않고 있다. 계량적 기준이 없고 소화 기능이 저하된, 영양 불량의 위험이 있는 등의 모호한 설명 방식 탓에, 제품을 직접 섭취하거나 유경험자의 조언을 구한 후에야 구매할 수 있어 불편하다. 시니어 인증 마크도 없어서 어떤 식품이 안심하고 먹을 수 있는지 판단하기가 어려운 실정이다.

우리나라에서는 베이비부머 세대가 고령층으로 진입하는 2020년을 시니어 푸드 산업의 본격적인 확장기로 보고 있다. 국내 시니어 푸드의 사례를 보면, 이마트에서 최근 시니어 소비자를 위한 영양식 6종을 선보였으며, 노년층을 위한 필수 섭취 영양소를 강화하고, 치아가 좋지 않아도 편하게 먹을 수 있도록 파우더, 젤리, 죽 등 세 가지 형태로 구성했다. 그 중 오곡파우더, 과일식이섬유 젤리, 파우치 형태로 제작된 죽 등이 고령자들을 위한 대표적인 상품이다. 대상 웰라이프는 삼킴 장애가 있는 노인을 위한 건강 기능 식품 '뉴케어 토로미 퍼펙트'를 판매하고 있는데, 목 넘김이 힘든 연하(삼킴)장애 환자용 점도 증진 식품으로 음식을 삼킬 때 목 넘김을 부드럽게 해주는 분말 점도 증진제이며, 여러 식품에 넣어 먹어도 되는 기능 식품이다.

3장

뇌 기능의 노화와 치매

**뇌 기능에 따른
노화**

인간을 인간으로서 빛나게 하는
것이 비로 뇌의 기능이다. 뇌의 노화
에 대하여 알아보고, 뇌의 노화를 예
방하여 언제까지나 지혜로운 고령자로 살아갈 수 있는 방법을 찾아보도
록 한다.

뇌에는 약 140억 개의 신경세포(neuron)가 있어서 복잡한 네트워크
를 만들어 정보를 전달하고 기억을 축적하며, 여러 가지 경험을 통해 네
트워크를 만든다. 이 풍족한 네트워크에 습득한 언어 지식과 사고가 행
동으로 연결되는 것이며, 뇌가 나이가 들어간다 해도 '정착성 능력'은 그
리 쉽게 약해지지 않기 때문에 그 사람의 판단력과 통찰력은 유지되거

나 더 높아질 수 있다. 그러므로 고령자라도 뇌가 건강하고 적당한 자극을 계속 받는 삶을 살아간다면 정신적으로도 안정되어 가고 인간답게 풍요로운 생활을 보낼 수 있게 된다.

뇌의 노화는 나이를 먹어감에 따라 뇌의 세포가 감소하거나, 산소 부족으로 인해 뇌 세포가 쉽게 죽어 버리게 되거나, 또는 신경 전달 물질이 밖으로 잘못 나오는 세 가지의 큰 요인에서 시작된다고 본다. 또한 기억력과 운동 반응 등의 유동성 지능이 쇠약해져 건망증이 심해지거나 새로운 것을 기억할 수 없게 되고, 순간적인 판단이 느려지는 뇌의 노화 현상도 일어날 수 있다. 그러나 이러한 증상들이 좀 있다고 해서 치매라고 진단되는 것은 아니다.

뇌의 신경세포에는 산소와 포도당이 필요하다. 가벼운 운동, 적당한 식생활과 적당한 수면에 유의하여 뇌 신경세포의 파괴를 예방해야 한다. 뇌의 노화를 막기 위해서는 무엇보다도 직접적으로 뇌를 사용하는 것이 중요하므로, 매일 우뇌와 좌뇌를 사용하고 계산, 작문, 요리, 공작, 바느질 등, 의욕적으로 머리를 쓰고, 적극적으로 사람들과 교류하면서 소통하는 것이 뇌의 노화를 예방하는 지름길이다.

뇌 신경 세포의 구조

뇌는 거대한 수의 신경세포가 결합된 대규모 시스템으로, 인간 뇌 신경세포 수는 약 140억 개라고 알려지고 있으며, 그들의 크기나 형상은 각각이다. 그 형상들은 공통의 특징이 있으며, 그 동작도 대개 같은 원리를 따르고 있다고 한다. 뉴런은 매우 복잡한 형태를 하고 있지만, 전체가 하나의 연속적인 세포막으로 둘러싸여진 단일 세포로 신경세포 주변에 몇 개의 가지처럼 돌기가 나와 있는 것이 그 공통의 형상이다. 생체의 뇌 신경계는, 외계로부터 정보를 감각기(시각, 청각, 후각, 미각, 촉각)를 통하여 입력하고, 뇌에서 정보 처리를 수행한 후, 효과기를 거쳐서 외계로 출력하는 고도로 정밀한 대규모 시스템이다. 뇌 신경계는 기능적, 구조적으로 대단히 복잡하지만, 기본적으로는 신경세포가 기본 구성 소자가 되며, 그들의 다수가 모여 3차원으로 밀접하게 결합된 신경망을 형성하고 있다.

하나의 신경세포는 그 형태적 특징에서 세포체(soma), 수상돌기(denderite), 축색(axon)의 세 가지 요소로 나뉘어져 있으며, 뉴런의 구조는 그림 4-4와 같다. 각 뉴런은 본체의 부분, 즉 핵이 존재하는 세포체(soma)와 많은 가지들로 이루어진 수상돌기(뉴런의 입력부), 능동 케이블의 역할을 하는 축색(신호 전송로), 시냅스(synapse, 뉴런의 출력부) 등으로 구성된 하나의 세포이다.

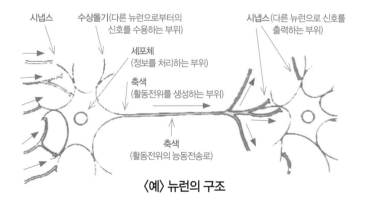

〈예〉 뉴런의 구조

뇌의 병적 노화

뇌 혈류 장애(뇌경색이나 뇌출혈 등)나 두부 외상으로 뇌의 기능이 손상을 입으면, 뇌의 노화 증상이 가속화하고 나아가서는 인지 기능이 장애를 입게 된다. 뇌의 증상이 자각하기 어려운 병태로, 다음과 같은 것을 들 수 있다.

- 무증후성 뇌경색(뇌 혈관이 막혀 뇌 조직의 일부가 죽어버리는 것)
- 허혈성 뇌종증후군 (대뇌백질이 침투되어 치매가 오는 것)
- 신경돌기의 변성 탈락(알츠하이머형 치매)등.

성인병도 뇌의 변화를 촉진시키는데, 그 대표적인 것이 고혈압과 당뇨병이다. 이 두 가지 모두 혈관의 노화를 촉진시키고 뇌의 병적 노화로 이어지며, 특히 당뇨병은 알츠하이머형 치매의 큰 위험 요소가 된다. 고혈압과 당뇨병 등의 만성 질환을 예방하는 것, 비만이 되지 않는 것이 뇌를 지키는 것과도 이어진다. 적당한 운동은 혈류 증가를 통해 인지 기능의 저하를 억제하고, 고혈압과 당뇨병 등의 생활 습관병을 예방한다.

노화가 기억력에 미치는 영향

사람의 기억은 새로운 정보를 지각하고 뇌에 새기는 '기명(記銘)', 기명한 것을 계속 유지하는 '보유(保持), 다시 보유된 것을 의식 위에 떠오르게 하는 '추상 · 상기' 세 가지 요소로 구성되어 있다.

노화로 영향을 받는 것은, 새로운 정보를 기억하는 기명(단기기억)이다. 보유(장기 기억)는 비교적 영향을 받지 않는다. 치매라도 옛날에 배운 노래를 부르고, 어렸을 때 몸에 익은 실뜨기나 공기놀이는 척척 할 수 있는 것이 그것을 증명한다. 기명을 중심으로 한 기억력은 20세를 정점으로 하여 노화와 함께 감퇴하는데, 60세 정도가 되면, 기억력을 시작으로 지능의 주위 기능도 쇠약해지기 시작하여 판단력과 적응력이 약해지고 지능의 노화가 시작되게 된다.

뇌의 노화를 예방하기 위해서, 다음과 같은 것을 들 수 있다.

1. 즐거운 것과 좋아하는 것을 한다.
2. 좌뇌와 우뇌를 균형 있게 사용한다.
3. 호기심을 왕성하게 한다.
4. 스트레스를 떠안고 있지 않도록 한다.
5. 야간형보다 아침형으로 바꾼다.
6. 정기적으로 걷고, 집안은 맨발로 걷는다.

생리적 건망증과 치매 건망증의 차이

생리적인 건망증으로 물건을 가지러 2층에 올라왔는데, 무엇을 가지러 왔는지 생각이 나지 않거나, 자주 안경 둔 장소를 몰라서 소란을 피운다거나, 얼굴은 알고 있는데 이름이 안 떠오르는 것과 같은 예를 수 있다.

이런 체험을 호소하는 대부분의 사람들은 건망증 때문에 실수한 쓴 경험을 전부 기억하고 있다. 즉 자신에게 최근에 벌어진 사건을 자세하게 기억하고 있다는 것은 기본적으로 치매는 아니다. 노화와 함께 기억력이 저하되고, 생리적인 건망증의 빈도는 잦아지지만, 치매의 건망증으로 진행되지 않는다. 만약 지금 식사를 한 것도 잊어버리거나, 자신의 가족을 잊어버린다면 치매를 의심할 수 있지만, 이처럼 기억의 일부만을 잊는 일은 노화에 따른 정상적인 건망증이라 할 수 있다.

치매의 건망증은 자신의 체험 전부를 잊어버리기 때문에 자신의 건망증 에피소드를 자세하게 설명할 수는 없다. 대부분 건망증에 대한 자각이 없기 때문에, 치매를 걱정하여 병원에 가서 진단을 받으려고 생각 자체를 하지 않는다. 건망증이 점점 진행되면 은행에 가서 금전 관리를 하고, 혼자서 전철을 타고 멀리 나가거나, 약을 정해진 시간에 정해진 양을 복용하는 일상생활의 행위를 제대로 할 수 없게 된다.

고령자 중에는 치매까지는 이르지 않았지만, 극히 평범한 건망증을 앓는 사람과 비교해서 그 빈도나 정도가 조금 진행되어 있는 사람이 있다. 이러한 사람을 경도인지장애 (mild cognitive Impairment, MCI)라고 하며, 자타 공히 건망증이 있다는 것을 인식하고 기억에 관한 심리 테스트를 해보면 정상적인 사람보다 월등히 기억력이 저하되어 있긴 하지만, 일상생활에는 큰 문제가 없다.

일반 고령자가 알츠하이머형 치매에 걸릴 확률은 연간 1~2%인 것에 반해, 경도인지장애를 갖고 있는 사람이 알츠하이머형 치매에 걸릴 확률은 연간 10~15% 정도로 그 비율이 꽤 높으며, 이 수치는 일반 고령자보다도 대개 10배 정도 알츠하이머형 치매에 걸릴 가능성이 높은 것을 말한다.

치매의 다양한 종류와 상태

사물을 기억하고, 생각하고, 판단하고, 이야기하는 등의 일상생활을 영위하는 데에 필요한 인지기능 장애가 발생하는 것을 치매라고 말한다.

치매의 종류

① 알츠하이머형 치매 (치매 중 약 50%)

단백질의 일종인 아미로이드 β단백이 뇌의 신경 세포에 얽혀 섬유화 시켜, 뇌 신경세포가 감소하고 위축됨으로써 뇌의 활동이 저하된다. 뇌에 변화가 있어도 발병하지 않는 사람이 있기도 해서 아직 수수께끼가 많은 병이다. 특히 여성 고령자에게 많이 발병하며 아주 서서히 수년에 걸쳐 진행되고, 초기에는 드물게 증상이 나타나는데 건망증, 인격의 변화, 물건을 빼앗기는 환상, 병식(병 또는 병적임을 자각)이 없는 특징을 보인다. 중기에는 일시, 계절감, 장소의 짐작이 가지 않고, 일상생활의 혼란이나 배회하며, 후기에는 실어, 실금(대소변을 참지 못하고 쌈), 보행 곤란, 와병(병으로 자리에 누움), 연하 곤란(cysphagia), 오연성 폐렴(aspiration pneumonia)의 위험이 있다.

② 뇌 혈관성 치매 (치매 중 약 20%)

뇌경색 등의 뇌혈관 장애에 의해 뇌 신경이 방해받아 인지 기능이 저하되어, 뇌 안에서 미세한 뇌경색과 출혈이 발생할 때마다 그 증상이 진행된다. 알츠하이머형과 같은 증상도 나오는데, 인격의 변화는 비교적 적고, 병식이 비교적 있으므로 불안증 혹은 감정의 격화가 보이는데 남성 고령자에게 많이 보인다.

③ 레비 소체형 치매 (치매 중 약 20%)

신경세포의 변화(레비 소체)에 의해 발생하는 치매이다. 알츠하이머형의 병변을 동반한 '통상형'과 레비 소체만이 손상을 주는 '순수형'이 있다. 인격은 유지되기 쉽지만, 생생한 환각이나 환시, 근육의 굳어짐과 손의 떨림 등의 파킨슨 증상, 기립성 저혈압, 배뇨 장애, 변비, 부종(浮腫), 침 흐름 등 자율 신경 실조, 약제에의 과민성이 보인다.

④ 전두측두형(前頭側頭型) 치매 (치매 중 약 10%)

뇌의 전두부와 측두 전방이 위축하여 발생하는 것으로, 피크 병도 이런 타입의 치매이다. 상황에 맞지 않는 제멋대로의 행동, 억제되지 않는 반사회적 행동, 의욕 감퇴, 무관심, 시각 표적 행동이 반복되고, 행위, 말의 장애나 음식에의 집착, 선호하는 것의 변화가 보인다.

4장

산업화 관점에서 본
치매의 예방과 관리

**치매 예방 관련
비즈니스 기회**

앞으로 치매 예방에 큰 산업의 기회가 있을 것으로 내다보는데, 누구든 치매에 걸리고 싶은 사람은 없지만, 일단 치매에 걸리게 되면, 스스로 대처하기 어렵기 때문에 예방할 수만 있다면 어떠한 방법이라도 하고 싶다고 생각하기 때문이다.

요즘 실제로 건망증과 치매 예방을 위한 컴퓨터 교실이나 게임이 개발되고 있으며, 미국에서는 예방을 위한 식재료로 개발되고 있다. 이렇듯 다방면에 걸쳐 예방 방법을 제공해서, 되도록 증상이 나타나지 않도록 돕는 사회적 장치들이 많이 마련되어야 한다.

일본의 경우에는 치매 예방을 위한 컴퓨터 교실이 인기가 많은데, 스마트폰이나 태블릿PC의 사용이 치매 예방의 효과적인 수단이 된다고 검증이 되었다. 현재의 60대 남성이나 여성 모두 컴퓨터, 휴대폰이 보편화된 세대여서 치매 예방을 위한 게임 산업도 가능성이 있다.

일본의 단카이 세대는 30세 전후에 인베더 게임(invader + game)을 했던 게임 제1세대로 컴퓨터 게임에 대한 거부감이 없어서, 뇌에 긍정적인 자극을 주는데에 게임을 활용할 수 있다. 또한 게임은 그들에게 치매를 예방할 수 있는 좋은 도구가 되므로, 게임 개발자들이 시니어 특화 게임을 개발해서 시장에 내놓는다면 사업성이 있을 것이다.

치매 환자를 위한 추적 시스템 개발

간호에서 특히 대응하기가 어려운 것은 치매이다. 대부분의 치매 환자들이 신체가 건강한 경우가 많아 치매를 간호하는 사람들은 정신적 고통에 육체적 소모가 커서 그만큼 더욱 힘들다고 호소한다. 현재 고령층인 베이비 붐 세대는 스스로가 치매를 예방하기 위해 여러 가지 방법을 찾고 노력하고 있다.

하지만, 치매는 예고 없이 누군가에게 갑자기 오는 것이기 때문에 대처하기가 상당히 까다롭다. 치매 예방을 위한 간호 예방 항목에 '신문이나 서적을 읽는다.'라는 지침은 있을 뿐 확실한 치매 예방 방법에 대해서는 아직 명쾌한 답을 얻지 못한 상태이다.

사회적으로 치매 환자의 보호를 위해서 우선 대응해야 할 것은 '배회'일 것이다. 배회 증상이 있는 사람은 매일 어딘가로 나가버리는 성향이 있으며, 길을 헤매면서도 자신이 누군지 모른다는 것이 자신과 가족에게 큰 고통이다. 먼저 사회 전체의 분위기가 어딘가에 배회 고령자가 길거리를 배회하고 있다는 것을 전제로 설정할 필요가 있다. 그래서 만일 어떤 사람이 배회하는 고령자를 만났다면, 신속하게 가족이 부착한 명찰 등을 확인하거나 파출소에 연락하는 것이 아주 자연스러운 일이 될 수 있도록 하는 것이 중요하다. 그리고 IoT환경(유비쿼터스 환경)이라면, 치매 노인 몸에 수신기를 부착하여 그 전파를 와이파이 장치가 수신해 치매 노인의 위치와 이동 시간 등을 가족의 휴대폰에 자동적으로 전송하는 시스템, 치매 노인을 위한 GPS 등과 같이 배회하는 치매 노인들을 위한 제품 개발이 필요하다.

배회 고령자를 위한 '행위 추적 기술' 응용 산업

U-Health는 유비쿼터스 헬스(ubiquitous health)의 약자로 정보 통신과 보건 의료를 연결하여 언제 어디서나 예방, 진단, 치료, 사후 관리의 보건 의료 서비스를 제공하는 것을 의미한다. 즉, 환자가 병원 안에서 뿐만 아니라 병원 밖에서도 실시간으로 원격 자가 진단, 치료, 상담, 예약 등을 받을 수 있는 이상적인 환경을 제공하는 것이다. U-Health 산업이 의료 서비스와 첨단 산업의 컨버전스 사업임을 고려할 때, 이를 신성장 동력으로 육성하기 위해서는 의료 서비스 인프라에 대한 지원이 필요하다.

초고령화로 인한 고령자의 증가와 함께 만성 질환자의 수가 늘어나는 것이 국가적 의료 현안으로 나타나고 있는데, 이러한 문제를 유비쿼터스-IT로 해결하려고 하는 사업이 시행되고 있다. 그 해결책 중 하나로 '행위 추적 기술'을 지원함으로써 일상에서 일어나는 다양한 인간의 행위를 자동으로 추적하여 필요에 따라 시스템이 자동적으로 개입해서 대상자를 지원하도록 할 수 있도록 한다. 이 기술은 실내에서 다중 센서를 활용해 개인의 기본적인 행위로부터 일상적인 생활 행위까지를 추론하는 기술들을 다 포함하고 있다.

예를 들어, 어떤 한 고령자의 일상을 관찰하여 주요 생리 신호인 혈압, 맥박, 혈당, 체온, 산소 포화도, 호흡으로 건강 상태를 진단할 수 있으며, 규칙적인 취침, 기상, 식사, 휴식, 운동, 배변 등의 일상생활을 모니터링 할 수 있고, 고령자의 질환과 관련된 위급 상황들에 대한 대처까지 지원 가능한 기술이다. 이렇듯 개인 일상에서 추론된 행위 데이터를 기반으로 일상행위를 모니터링하여 이상 징후가 포착되거나, 위급 상황이 발생할 경우 바로 감지할 수 있고, 행위 지원도 하는 U-Health는 건강한 생활을 유도하는 응용 서비스로 이용될 수 있다.

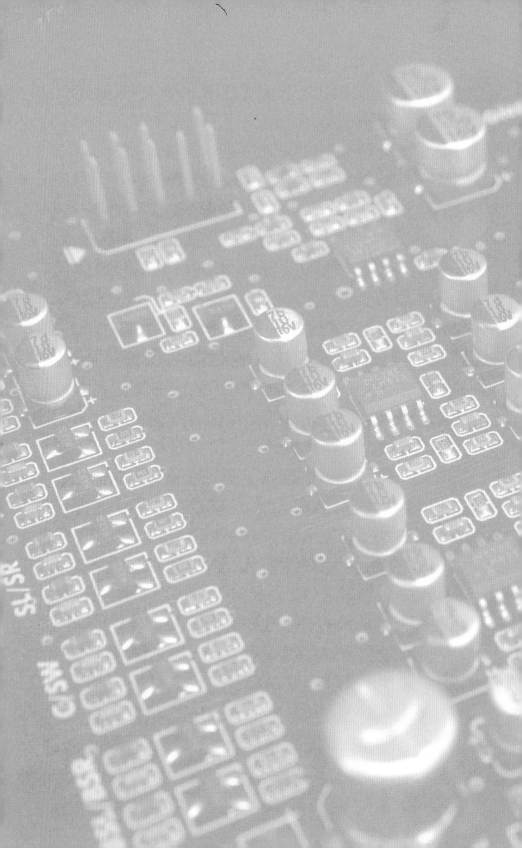

Chapter **5**

제4차 산업혁명과
시니어 산업

1장

제4차 산업혁명에서 본
시니어 산업

제4차 산업혁명의
시대

모든 사물의 지능화와 초연결을 통해 삶의 방식이 근본적으로 바뀌는 시대, 오늘날 인류는 제4차 산업혁명의 시대를 살고 있다. 1차 산업혁명은 영국을 중심으로 한 석탄 또는 증기기관에 의한 에너지 혁명이었으며, 2차 산업혁명은 20세기 미국의 주도하에 석유의 발견과 에디슨의 전구나 전력 시스템의 발명 그리고 자동차, 비행기, 가전제품 등을 포함한 새롭고 다양한 것들이 생겨나는 산업혁명이었다. 3차 산업혁명은 퍼스컴과 인터넷의 등장에 의한 산업혁명이라 할 수 있다. 요약하면 1차 산업혁명은 증기기관 등의 동력을 획득한 혁명, 2차 산업혁명은 전력·모타 등에 의해 동력이 혁신된 혁명, 3차 산업혁명은 컴퓨터에 의해 인터넷이 정착한 혁명이라고 정리할 수 있다. 과거 산업혁명에서 산업의 패권이 영국에서 미국으로, 다시 미국에서 일본으로 넘어갔고, 한때 우리나라도 반도체, 스마트폰 등에서 일부 패권 형성에 성공한 경험이 있지만, 이제 4차 산업혁명은 이전과는 사뭇 다른 새로운 흐름을 가지며 기회와 위기가 공존하는 특징이 있다. 이러한 흐름은 제조업 현장에 국한되지 않고 기획에서 판매까지 기존의 비즈니스 모델을 완전히 바꾸어 놓고 있다.

4차 산업혁명의 혜택도 엄청 많지만, 그만큼 충격도 크고 후폭풍도 우려된다. 고도의 자동화 때문에 숙련 노동과 굴뚝형 제조업의 가치는 곤두박질할 것으로 예측된다. 대다수 사물과 산업이 인터넷으로 묶이면서 전산망과 고급 소프트웨어를 통제할 수 있는 소수만이 경제적 수익을 독차지할 가능성이 커지고 있다. 반면 기술적 기반이 없는 많은 시민과 소상공인은 저급 노동이나 헐값 하도급의 늪에 빠지게 되는 소득의 불평등 문제가 극심해질 수 있다. 세계적으로도 AI 등 첨단 기술을 보유한 선진국과, 그렇지 못한 나라 사이의 격차가 엄청난 수준으로 벌어질 것으로 전망하고 있다.

사물인터넷의 확산

4차 산업혁명의 핵심은 사물에 센서를 부착해 실시간으로 데이터를 인터넷으로 주고받는 기술인 사물인터넷(Internet of Things, IoT)이다. 센서와 통신 칩을 탑재한 사물이 사람의 개입 없이 자동적으로 실시간 데이터를 주고받을 수 있는 물리적 네트워크라고 이해할 수 있으며, 사물과 사물간의 인터넷 대화라고 할 수 있다. IoT 기술이 범용화되면 인류는 더욱 편리하게 사물을 조종할 수 있고, 또 정교한 정보를 수집하고 활용할 수 있게 되는데, 세계적인 경제지 「포브스」는 'IoT의 가치는 데이터에 있다'고 규정한다.

이는 더 빨리 데이터 분석을 할 수 있는 기업이 더 많은 비즈니스 가치를 가져 갈 수 있다는 것을 의미하는 것으로, 4차 산업혁명의 핵심은 결국 IoT, 빅데이터 그리고 인공지능 기술의 융합으로 IoT를 활용한 데이터 수집, 빅데이터 기술을 이용한 실시간 데이터 저장, 그리고 인공지능 기술을 활용한 분석, 분류를 통한 예측 기반의 지능형 시스템을 구축하는 것이다.

일상 기기들이 인터넷과 연결되는 사물인터넷은 빠른 속도로 확산되고 있다. 얼마 전까지만 해도 휴대전화와 TV 등 일부 기기만 인터넷과 연결됐지만, 이제 전자제품 대부분이 유무선 네트워크를 통해 인터넷과 접속이 가능해지고 있다. 이 기술은 십여 년 전부터 유비쿼터스라는 용어로 널리 알려졌던 기술이기도하며, 유비쿼터스 환경이란 시간과 장소에 구애받지 않고, 언제 어디서나 정보 통신망에 접속하여 다양한 정보 통신 서비스를 활용할 수 있는 환경을 의미한다. 사물이 인터넷 망을 통하여 시간과 장소에 구애받지 않고 사용자에게 제어나 정보 전달 서비스를 한다는 점에서, 사물인터넷이나 유비쿼터스라는 이 두 가지 기술 용어는 동일하다고 볼 수 있다.

사물인터넷 환경에서는 센서나 통신 기능이 내장된 기기(사물)들이 인터넷으로 연결되어 주변의 정보를 수집하고, 이 정보를 다른 기기와 주고받으며 적절한 결정까지 내릴 수 있게 되어 있으며, 이러한 사물인터넷은 블루투스나 근거리 무선통신(NFC), 센서데이터, 네트워크 등을 기반으로 하고 있다. IT업계는 사물인터넷이 인터넷 혁명과 모바일 혁명에 이어 새로운 정보 혁명을 불러올 것으로 예측하고 있다. 사물인터넷의 원동력은 시스템 반도체로 사물인터넷 시대가 도래하면서 시스템 반도체는 센서(sensor), 통신(communication), 프로세서(processor)를 중심으로 동반성장 하고 있다.

예를 들어, 집안에 있는 전자 기기들을 보면 세탁기, 냉장고, TV, 라디오, 전화, 스마트폰, 시계 등이 구동되고 가스, 등, 보일러, 자동차 등이 와이파이나 블루투스 또는 인터넷으로 연결되어 사물의 온도, 습도, 열, 가스, 조도, 초음파, 원격, 레이더, 위치, 모션, 영상센서, 적외선 등으로 센서 정보를 가지고 주위 환경을 공유하며 사물간 대화가 이루어지게 된다. 이러한 사물간의 대화는 각종 가전제품 및 생활형 전기 기기는 물

론이고, 헬스 케어 등 거의 모든 기기에 적용할 수 있다. 또한 도시 주변의 밝기에 따라 가로등 밝기가 자동 조절되고, 교통 상황, 주변 상황을 실시간으로 확인해 무인 주행이 가능한 자동차나 길거리 주차 공간도 알려줄 수 있게 된다.

4차 산업혁명과 인공지능

4차 산업혁명은 초연결, 초융합, 초지능화 특성을 가지고 있으며, 아울러 사물인터넷, 빅데이터, 인공지능, 로봇공학, 3D프린팅 등이 4차 산업혁명의 핵심 원동력으로 부각되고 있다. 사물인터넷, 클라우드 등 정보 통신 기술의 급진적 발전과 확산으로 인간과 인간, 인간과 사물, 사물과 사물간의 연결성이 기하급수적으로 확대되고 이를 통해 초연결성이 강화되고 있다. 4차 산업혁명에 대한 중요성이 인식됨에 따라 데이터 수집, 처리, 분석을 통해 의미 있는 정보와 지식을 생성하는 빅데이터 기술이 기업의 새로운 경쟁 우위로 부각되고 있다.

신성장 동력에 대한 필요성이 대두되면서 인공지능, 빅데이터, 사물인터넷, 생명 공학 기술 등 다양한 부문의 신기술들이 융합되면서 4차 산업혁명을 주도할 주요 기술로 인식되고 있다. 인공지능 기술은 단일 기술만으로 발전한 기술이 아니라, 여러 가지 기술의 융복합에 따른 제반 기술이 성숙하면서 최근 들어 결과를 나타내기 시작한 것이다.

4차 산업혁명 시기의 산업 생태계는 초연결 네트워크를 통해 방대한 빅데이터를 생성하고 인공지능이 빅데이터에 대한 딥 러닝(deep learning) 기술을 토대로 적절한 판단과 자율 제어를 수행함으로써 초지능적인 제품 생산과 서비스를 제공한다. 결국 사물인터넷, 빅데이터, 그리고 인공지능 기술은 서로 독립적인 것이 아니라 유기적으로 연관된 하나의 생태계 현상으로 볼 수 있다. 또한 이론적으로도 신경망 이론, 퍼지 이론, 기계 학습 등의 이론이 도입되면서 지능화의 상승 작용을 하게 되어 앞으로 사물인터넷 데이터도 방대한 양의 데이터가 모이게 되면, 이를 기반으로 인공지능 기술을 활용하여 다양한 지능형 시스템으로 진화하게 될 것으로 보고 있다.

4차 산업혁명의 두 얼굴 기회와 위기

20세기 후반에 시작된 3차 산업혁명의 동력은 반도체와 소프트웨어를 기반으로 하는 인터넷과 디지털 기술이며, 4차 산업혁명은 이 디지털 기술에 인공지능(AI)과 로봇, 바이오 기술이 융합된 형태로 전개되고 있다. 이러한 변화로 인류는 지금까지 겪어보지 못한 빠른 속도로 세상을 바꾸어 가는 중이며, 기존 노동 집약적 산업은 자동화 시스템의 발전으로 인해 육체 노동자들의 고용은 줄어들 것으로 예상된다. 그러나 자동화를 통한 생산성 향상은 국제적인 상품 및 서비스 수요 증가로 이어지게 되고, 이러한 과정에서 새로운 고용이 창출되기도 한다.

자동화 시대를 거치면서 세계 전체의 제조업 생산이 이미 충분한 수준에 와 있기 때문에 과거에 익숙했던 고용 선순환 구조는 더 이상 기대하기는 어렵다. 이런 이유로 4차 산업혁명은 개인에겐 기회가 아니라 거대한 위기일 수 있다. 기업 역시 쉽지 않은 도전에 직면하게 되는데, 지금까지의 기업은 좋은 상품을 값싸게 많이 만들어 유통과 물류를 통해 시장에 판매하여 왔다. 앞으로는 제조업의 서비스화로 인해 제조와 서비스가 일체화되거나 이를 병행하는 사례가 늘어날 것으로 보고 있다. 이미 자동차 회사들은 차량에 유비쿼터스 환경을 구현하는 정보 기술(IT) 서비스를 제공하고 있는 것처럼, 기업은 물건이나 상품을 파는 차원을 넘어 기술과 정보, 서비스를 포함한 일체화된 융합의 상품으로 도전해야 한다.

2장

인공지능과 시니어 산업

최근에는 인공지능에 의해 제어
되는 무인 자동차, 로봇, 드론 등 디
지털 기술이 전통적인 기술과 전통
적인 산업의 개념을 송두리째 바꾸는 4차 산업혁명, 즉 디지털 패러다임
의 2차 사이클이 시작되었다. 인공지능의 대대적인 혁신이 가능해진 딥
러닝의 등장으로 기계학습과 초지능에 관심이 높아져 가고 있다. 딥 러
닝을 시작으로 인공지능 기술이 다시 발전기를 맞이하고 있다. 인공지
능과 빅 데이터의 출현으로 기존 산업 구조는 물론 그 경계까지도 파괴
되고 있다.

인공지능을 간단히 정의하면, 보고(see), 듣고(hear), 말하고

(speak), 이해하고(understand), 사고하는(think) 등, 인간의 지적인 행동을 컴퓨터에서 실현하려고 하는 것이다.

인공지능 기술 발전을 가능하게 하는 딥 러닝은 하드웨어의 발전과 함께 더욱 날개를 펴고 있다. 최근에는 GPU를 이용한 병렬처리 연산의 발달과 함께 딥 러닝을 위한 미래 하드웨어 디자인도 고안되고 있어, 그 처리 속도가 더욱더 빨라지고 있다. 또한 클라우드 컴퓨팅을 이용하여 많은 양의 연산을 디바이스가 아닌 서버에서 처리하도록 함으로써, 딥 러닝의 혜택을 모바일로도 가져오고 있다. 바야흐로 딥 러닝이 점점 우리의 생활 속에 침투하고 있다고 해도 과언이 아니다.

딥 러닝의 또 다른 장점 중 하나는, 다양한 분야에서 공통적으로 활용될 수 있다는 것이다. 예를 들어, 이미지 인식과 자연어 처리는 과거에는 전혀 다른 방법들이 적용되었지만, 딥 러닝은 이 두 가지 문제를 같은 방법으로 해결할 수 있다. 이를 이용하면 더욱 흥미로운 상상들을 할 수 있는데, 그 대표적인 예가 딥 러닝을 이용해 이미지를 분석하고 이에 대한 자막을 자동으로 달아주는 것이다. 이 방법이 보편화된다면, 미래에는 시각장애인도 컴퓨터로부터 눈앞의 상황에 대한 설명을 들을 수 있는 날이 올 것이다. IoT, 빅데이터, 인공지능은 기반기술이다. 따라서 어떤 분야에서도 활용될 가능성이 있고 그 대표적 기술은 다음과 같이 열거할 수 있다.

- 자동주행기술에 따라 이동 환경이 변화한다.
- 커스터마이즈 의료 건강 서비스에 의한 시니어 사회

- 스마트하우스가 실현되는 쾌적하고 편리한 생활
- 교육도 커스터마이즈화 한다.
- IoT에 따라 제조업이 변화한다.
- IoT가 농업(식료)을 지탱한다.

빅데이터 분석을 자동으로 실시하는 인공 지능

앞에서 설명한 바와 같이, 인공 지능이란 인간이 갖고 있는 추론 인식 판단 학습 등의 사고 기능을, 컴퓨터에 의해 모델화하여 인간의 사고 활동을 정보 처리의 관점에서 규명하려고 하는 것이다. 동시에 컴퓨터상에서 인간의 사고 과정 일부를 실현하려고 하는 것으로, 컴퓨터의 새로운 응용 분야를 개척하는 것을 목적으로 하고 있다. 우리가 상상하고 있는것과 같이 사람처럼 생각하고, 말을 하는 로봇을 실현시키는 인공지능은 아직까지 생기지 않았다. 인공지능의 역사는 기술적 발전에 대한 기대에 의한 붐과, 그 한계에 부닥쳐 오랜 침체기를 반복하며 지금까지 오게 되었다.

그 전까지의 인공지능 기술은 간단히 말해 인간이 컴퓨터에 대하여 미리 가르친 규칙 속에서는 기능을 발휘하였지만, 돌발적 상황에서 발생할 수 있는 문제에는 대응할 수 없다는 과제를 떠안고 있었다. 그러나 여기에 기계학습(machine learning)이라는 기술 발전이 발생한다. 이는 인간이 학습하는 것과 마찬가지로, 컴퓨터가 방대한 데이터를 처리하는 과정에서 자동적으로 규칙과 지식을 학습하는 기능을 실현하는 것이다. 예를 들어, 스팸메일을 분류할 때 몇 가지 스팸메일의 특징을 컴퓨터에 입력하여 분류하는 방법이다. 딥 러닝이란 사물이나 데이터를 분류하거나 군집하는 데 사용하는 기술을 말한다. 사람의 뇌가 사물을 구분하는 것처럼 컴퓨터가 사물을 분류하도록 훈련시키는 기계학습의 일종이다.

기존의 기계학습으로는 자동적으로 규칙과 지식을 학습한다고는 하지만, 의미 있는 교사 데이터(스팸메일의 특징을 나타내는 데이터)를 인간이 직접 입력해야 했다. 그러나 딥 러닝이라 하는 기술적 난관 돌파로써, 의미 있는 교사 데이터를 직접 입력할 필요가 없어져버렸다. 기술적인 부분까지 여기서 설명하기에는 한계가 있지만, 기계학습의 방법 중 하나인 딥 러닝으로 종래의 기계학습에서 과제였던 '특징을 찾는' 작업조차 컴퓨터가 자동적으로 실행할 수 있게 되었다

예를 들면 딥 러닝에 대하여 관심 있는 독자는, 미국의 구글(Google)이 실행한 '고양이'의 화상 인식에 대한 실험을 알고 있을지도 모른다. 유튜브(Youtube)에서 유출된 1,000만 건에 이르는 영상을 바탕으로, 미리 '이것이 고양이다'라는 것을 학습하지 않은 채 고양이의 화상 인식이 가능한 프로그램을 개발하는 데 성공한 것이다. 물론 고양이라는 개념 자체를 컴퓨터는 모르기 때문에 컴퓨터가 추출한 특정 개념에 대하여 고양이라는 라벨을 붙여줄 필요는 있다. 다만 방대한 화상데이터를 학습시킴으로써 자동적으로 고양이라는 개념을 컴퓨터가 터득하고 새롭게 고양이의 이미지를 보여주면, 그것이 고양이인지 아닌지를 판단할 수 있게 되었다. 중요한 사실은 인공지능이 자율적으로 학습할 수 있는 길이 열렸다는 점이며, 인공지능이 스스로 학습하여 점차 스마트해 갈 가능성을 시사하고 있다는 점이다.

또한 딥 러닝과는 조금 다른 방식이지만, 마찬가지로 인공지능기술을 활용한 일본 히타치(日立)에서는, 두 다리를 가진 로봇이 그네 모형을 타는 실험을 하고 있다. 처음에는 발을 닥치는 대로 마구 움직여 그네가 전혀 움직이지 않는데도 불구하고, 점점 요령을 자동으로 터득하기 시작하면, 우리 인간이 그네를 탈 때 무릎을 사용하는 것과 마찬가지로 학습하면서 점차 숙달되어 갔다. 또 다른 예로, 일본의 대표적인 AI 기술 업체인 프리퍼드 네트웍스(Preferred Networks)는 도요타자동차 등과 협력하여 이 딥 러닝 기술을 자동보행 대상으로 활용하려 하고 있다. 그 실험에서 실제로 그것을 점차 학습해 가는 과정에서 다른 사물과 부딪치지 않는 것이 가능해지고 있다. 인공지능 기술은 IoT에 의한 데이터양과 제어 가능한 기기의 증대와 함께 이것들을 지탱하는 기술로서 4차 산업혁명의 기반이 될 것으로 보고 있다.

커스터마이즈
의료 · 건강 서비스 사회

앞에서도 언급하였지만, 4차 산업혁명 기술은 의료 분야에서도 크게 변화가 예상된다. IoT 기술의 진전에 따라 일상생활의 활동량이나 심박 등의 계측이 가능한 웨어러블 단말기 보급이 진척되고 있다. 지속적으로 건강 관련 데이터를 취득하고 관리 분석함에 따라 개개인의 건강 상태에 커스터마이즈 서비스 제공이 가능해지는 것이다.

기존의 의료 · 건강 서비스는, 증상이 나타나고 나서 그것을 치료하는 패턴이나, 건강에 관심이 있는 계층이 헬스장이나 러닝(running) 등으로 평소에 건강 유지에 신경 쓰는 경우가 중심이었다. IoT 기술의 활용에 따라 이러한 상황이 변하고 있다.

예를 들어, 건강에 유의하지 않는 생활의 결과로 당뇨병 등의 성인병이라는 진단을 받는 경우가 있다고 가정한다. 그 치료를 위해 사후에 대책을 강구해갈 수밖에 없다. 물론 이러한 경우는 정기적인 건강 진단에 따라 사전에 그 경향을 파악하고 예방책을 마련할 수도 있다. 그러나 과거에는 지금과 같이 생활을 계속하면 당뇨병에 걸릴 우려가 있다는 말을 들어도, 지도를 받아 식생활을 개선하거나 운동을 하는 정도로, 결과는 1년 후의 건강 진단 때 알 수 있을 뿐이었다. 자신의 행동만을 계속해서 규칙적으로 하는 것은 인내가 필요하고, 그 결과로써 증상이 개선되

고 있는지, 어떤지도 모르기 때문에 언제까지 하면 좋은지도 알 수 없다. 이렇게 되면 결국 포기해 버리고, 증상은 더욱 악화될 뿐이다.

이러한 상황과 달리, IoT 단말기에 의해 자신의 건강 상태를 매일 파악할 수 있다면, 체중이나 혈압, 보행 수 등의 활동량을 매일 계측할 수 있게 된다. 이것을 정기적으로 전문가에게 보임으로써 증상이 악화되고 있는 경우에는 경고를 받을 수도 있고, 스스로의 노력이 가시화되기 때문에 지속할 동기 부여도 솟아나게 된다. 즉 정기적인 모니터링에 의하여 필요한 예방책을 적절히 강구할 수 있게 된다. 또 실제로 성인병에 걸려, 치료가 필요해지면 그만큼 의료비도 줄일 수도 있게 된다.

뿐만 아니라 성인병 관련 사항을 사전에 검사하고, 적절한 조치를 취할 수만 있으면 이를 예방할 수 있게 된다. 모든 질병은 병의 진행을 빠른 타이밍에 알고 미리미리 치료해야만 한다. 그렇게 하여 궁극적으로 병에 걸리기 전에 병의 진행 상태를 파악하고 예방책을 펼칠 수 있으면 사회전체가 보다 건강해지고, 의료비 절감으로도 이어질 수 있다.

인공지능의 관심을 조성한 알파고

지금까지 인공지능 시스템은 주로 인간 전문가들의 결정을 따라하도록 만들어진 지도학습 시스템 (supervised learning system) 이었다. 즉 인간이 인공지능의 훈련을 감독하는 시스템이다. 그러나 인간 전문가의 결정에 대한 데이터를 구하는 데 비용이 많이 들거나, 데이터를 믿을 수 없거나, 그러한 데이터가 없는 경우도 있다. 신뢰할만한 데이터가 있더라도 인공지능 시스템이 인간이 만든 데이터에 의한 지도하에 훈련을 받을 경우에는, 인간의 한계를 뛰어넘지 못할 수도 있다. 이러한 한계를 극복하기 위해 최근에는 강화학습 시스템(reinforcement learning system)에 대한 연구가 이루어지고 있다. 인공지능이 인간으로부터 배우지 않고, 스스로 수많은 시행착오를 통해 요령을 터득하도록 하는 방법이다. 강화학습 방식으로 만들어진 알파고 제로는 지금까지 나온 알파고 버전들 중 가장 강력하다.

조금 상세히 살펴보면, 얼마 전까지만해도 알파고 바둑 프로그램은 유럽 챔피언 판후이를 꺾은 알파고 판(Fan), 이세돌을 꺾은 알파고 리(Lee), 이후 세계 랭킹 1위인 중국의 커제 9단을 정식 대국에서 3대0으로 꺾은 알파고 마스터(Master) 등 3가지였다. 그런데 최근 이들 알파고를 꺾은 새로운 인공지능 바둑 프로그램이 알파고 제로(Zero)이다. 알파고 제로는 기존 알파고와 달리 인간의 학습지도 없이 스스로 기보를 학습하고, 실력을 키우는 자기 강화학습을 통해 바둑 기술을 습득했다고 한다.

기존 최강 버전인 알파고 마스터와 이를 능가하는 알파고 제로의 기본 알고리즘과 설계 구조는 똑같다. 그 차이는 인간으로부터 배운 것인가 아닌가이고, 인간으로부터 배우지 않은 후자가 더욱 뛰어난 실력을 갖게 된 것이다. 알파고 마스터는 그전 버전들과 마찬가지로 인간의 대국 기보 데이터로 훈련을 받았고, 바둑을 두는 전략의 일부도 인간으로부터 입력받은 후에 이를 바탕으로 강화학습을 했다.

이와 달리 알파고 제로는 바둑의 기본 규칙만 아는 상태로 혼자 바둑을 두는 강화학습 방식만으로도 인간으로부터의 가르침 없이 바둑의 이치를 깨우쳤다. 제로(Zero)라는 이름 그대로 무(無)에서 시작해 유(有)를 만들었다.

3장

인공지능과
시니어 건강 산업

**시니어 신체 간호에 다양한
역할을 담당하는 인공지능 로봇**

고령화가 가속화되면서 고령자의 육체적 문제를 해결하기 위해 인공지능과 신체 간호 로봇 기술이 빠르게 속도를 내고 있다. 특히 고령자들의 신체 간호를 위해 지능 로봇의 가능성이 확대되고 있는데, 침대나 휠체어의 로봇화, 보행 지원 로봇 그리고 근력 보조 로봇과 같은 인공지능 로봇의 등장으로 고령자들의 불편한 신체 움직임을 훨씬 경감시킬 수 있을 뿐만 아니라 곁에서 간호하는 자녀들이나, 부부 혹은 전문 간호사들의 심리적 육체적 부담도 상당 부분 감소시킬 수 있게 되었다.

인공지능이 탑재된 침대와 휠체어의 로봇화와 실용화에 가장 가까운 보행 지원 로봇과 같이 혼자서 화장실에 가고, 욕실에 가고, 부엌에 갈 수 있도록 돕는 기본 동작을 지원하는 로봇이 우선적으로 필요하다. 또한 실용형 근력 보조 로봇인 '머슬 슈트(muscle suit)'라 불리는 로봇도 간호 대상자나 간호자의 부담을 경감시키는 데 효과적이다. '배설지원 로봇'이나 '입욕지원 로봇'도 중요한데, 그 이유는 간호하는 사람에게 가장 괴로운 처리가 배설 처리이기 때문에 '배설지원 로봇'이 중요하다. '입욕지원'은 육체적인 수고가 크기 때문에 간호 대상자와 간호자 쌍방 간의 육체적 부담과 정신적 부담을 경감시키기 위해서 '입욕지원 로봇'이 필요하다. 로봇이 고가여서 간호 시설에서도 쉽게 도입할 수 없는 단점도 있지만, 향후 정부가 간호 시설에 대하여 검토할 필요가 있다.

더 나아가 '대화용 로봇'도 앞으로는 큰 역할을 수행할 수 있을 것이며, 이것은 간호뿐만 아니라 '독거노인' 문제를 해결할 하나의 큰 열쇠가 될 수 있다.

이 로봇의 가장 큰 장점은 '사람과 유사한 대화'가 가능하다는 점이다. 외출에서 돌아 와서 만지면 "외로웠어요"라고 말하고, 아기처럼 빙그레 웃기도 한다. 대화의 핵심을 잘 파악하여 프로그래밍 되어 있으며, '대화용 로봇'의 인기는 전적으로 다양한 주제의 대화를 자연스럽게 할 수 있는 그 기능에 달려 있다.

독거노인 가운데서 특히 고령 남성이 가장 괴로움을 많이 호소하는데, 대개 고집 불통 할아버지라고 여겨지는 사회적 통념으로 찾아주는 사람이 별로 없다고 한다. 이런 이유로 고독으로 많은 스트레스도 받고 외로움과 병약함, 제대로 잘 차려 먹지 못하는 삶의 악순환으로 이어지기 쉽다. 건강한 베이비부머 남성도 70대가 넘어 예상치 못한 곳에서 감정이 폭발할 위험성도 잠재되어 있다. 이런 사람들을 위한 '대화용 로봇'을 친구로 만들어 줌으로써 대화를 통해 고독함을 줄일 수 있다.

예를 들어, 로봇에게 "너 바보구나"하고 말을 건네면, "네, 저는 여러 가지로 서툴러서 죄송해요"하면서 대화가 이루어지게 된다. 가까이에 친구나 친척이 없어도 대화만으로도 상당히 기분이 풀어지게 되며, 곁에 누군가가 있다는 마음의 안식을 느낄 수 있게 된다. 게다가 이 로봇이 통신과 연결되어 있어 지킴이 기능까지 갖추고 있다, 또한 만일의 경우에 알람이 울릴 수 있는 기능까지 있어서 고독사를 방지할 수도 있는 장점이 있다.

그러나 간호 로봇의 단점은 가격이 비싸다는 것이다. 현재 다양한 곳에서 '대화용 로봇'의 대중화를 위한 실험을 하고 있으며, 조금이라도 비용을 낮추려는 노력을 하고 있으므로, 앞으로 독거노인들을 위한 '대화용 로봇' 상용화의 가능성은 더욱 커지게 될 것이다.

전 세계적으로 간호 로봇에 관한 관심은 매우 높다. 우리나라도 세계에서 가장 빠른 속도로 고령화되어 가고 있는 중에 있으므로 첨단기술을 활용한 시니어(로봇) 산업에 지원을 집중할 필요가 있다. 간호 로봇뿐만이 아니라 간호 인력, 간호 예방이 전 세계적으로 중요한 요소가 될 가능성이 있으므로, 글로벌 산업으로 육성해야 미래를 잘 대비할 수 있다.

센서와 인공지능이 탑재된 심리 치료 로봇

센서와 인공지능이 탑재된 로봇은 초고령사회인 일본에서는 이미 가시적 성과를 내고 있다. 일본 산업기술종합연구소(AIST)가 개발한 물범 인형 형태의 심리치료 로봇 '파로'는 노인들의 외로움을 달래는 심리치료 로봇으로 일본 내 요양원에서 가장 많이 사용되고 있다. '파로'는 몸 전체에 촉각 센서와 인공지능이 탑재되어 있어 머리를 쓰다듬으면 몸을 부르르 떨고, 또 눈과 몸 동작으로 감정을 풍부하게 표현해 노인 우울증 치료와 치매 예방을 돕고 있다.

아기 바다표범 모양의 동물형 치유 로봇 '파로'는 기네스북에서 가장 효과적인 치유 로봇으로 인정받았으며, 미국에서는 FDA(식품의약품국)에서 의료 기기로 승인이 되었다. 인간의 감성을 자극하는 풍부한 감정 표현이 가능하기 때문에 동물 치료 요법과 동일한 효과를 기대할 수 있어서 의료 시설이나 간호 복지 시설에서 사용된다.

IoT와 인공지능을 활용한 시니어 타운 의료 서비스

세계 시니어 산업에 기업들도 IoT 기술을 활용한 새로운 서비스 개발에 주목하고 있다. 특히 우리나라도 대학과 산업체, 연구소가 함께 공동연구 프로젝트를 진행중에 있으며, 미국과 일본 등 선진국들도 시니어 타운에 IoT 기술을 바탕으로 한 의료 서비스 혁신에 도전장을 내밀고 있는 상태이다.

미국의 대형 시니어 타운의 한 임원은 한 매체와의 인터뷰에서 "시니어 타운 관련 기업들이 IoT나 인공지능(AI)과 같은 디지털 분야의 역량 강화 계획을 갖고 있다. 올해부터 디지털 서비스로 연결된 시니어 타운의 새로운 생태계의 실체를 볼 수 있을 것"이라고 말했다. IoT 기술이 시니어 타운에 도입되면 언제 어디서든 시니어의 생체 데이터를 수집할 수 있고, 이를 바탕으로 시니어 개개인의 상태에 맞는 정확한 의료 서비스 제공이 가능해진다. 또한 질병 및 사고를 유발하는 위험인자를 사전에 제거하는 시스템도 구축할 수 있다.

　일본 파나소닉은 노인 요양 시설에 AI를 활용한 'AI 낙상 방지 시스템'을 2019년 상용화를 목표로 개발하고 있다. 낙상 방지를 위한 AI수면 캐어도 수면이 부족할수록 노인들은 넘어지기 쉽다는 점을 고려하

여 침대 밑에 생체 인식 센서를 설치해 노인들의 심박동 수와 호흡 데이터를 읽어 수면 상태를 분석하고, AI는 입주자 개개인의 축적된 데이터를 분석해 수면과 낙상의 관계를 파악한다. 또 센서가 부착된 신발을 통해 수집한 걸음 데이터와 낙상 등 시니어 세대에 위험한 사고의 상관 관계를 파악해 예방하는 것을 목적으로 하고 있다. AI 나 IoT 등의 첨단 정보 기술이 요양·간병 현장에서 제대로 활용된다면, 간병 인력난 해소와 서비스 질 향상에 크게 기여할 수 있을 것으로 업계 관계자들은 기대하고 있다.

〈적용 사례〉 스마트 시니어 타운의 미래 모습

• 기상 및 오전 일정 : S 시니어 타운에 입주하고 있는 H씨는 헬스케어 침대에서 일어나면 침대와 베개에 있는 센서에 의해 호흡, 맥박, 혈압 등의 신체 정보를 수집하고, 로봇 AI 주치의가 모든 내용을 분석하여 알려준 오늘의 가장 알맞은 운동과 식사 요법을 듣고 참고한다. 그리고 늘 그림자처럼 따라다니는 비서 로봇 "토비"를 찾는다. 토비에게 어제 스마트슈즈(센서가 부착된 신발로 센서를 통해 수집한 운동 정보와 낙상 등 시니어에게 위험한 사고의 상관 관계를 분석하여 사고를 사전에 예방할 목적으로 개발한 신발)를 신고 만보걷기를 한 정보에 대한 분석 결과를 알려 달라고 하자 운동한 시간, 거리, 빠른 걸음, 느린 걸음 속도, 고도, 소모된 칼로리, 걸어간 위치와 지도 등을 알려준다.

아침 식사 후 토비와 함께 AI 주치의가 일러준 오늘의 추천 운동과 운동량을 확인한 뒤 스마트슈즈를 신고, 공원에서 걷기운동을 1시간 30분하고 피트니스 센터에서 개별 맞춤 운동과 샤워를 한다.

•점심 및 오후 일정 : 점심 약속이 있어 외출할 때는 가상 피팅 드레스 룸에서 가장 적절한 옷을 추천해 달라고 하면 된다. 가상 피팅 드레스 룸은 일상복, 운동복, 파티복, 등산복 등 외출 목적에 어울리는 옷을 자신의 모습을 한 아바타에게 입혀 보고, 날씨나 모임 등의 성격에 따라 스타일, 콘셉 등을 제안받는다.

•저녁 및 취침 : 저녁 식사는 토비와 마주보고 대화하며 즐겁게 식사한다. 비록 사람은 혼자이지만 토비를 가족으로 여기기 때문에 가족과 대화의 시간을 가질 수 있어 외롭지 않다. 침대에 누워 토비에게 취침 모드를 부탁하자 모든 조명이 꺼지면서 수면에 가장 적합한 온도와 습도를 맞추어 준다. 그리고 토비가 들려주는 내가 좋아하는 잔잔한 클래식 음악을 들으며 잠이 들기 시작한다.

이것이 첨단 기술의 혜택을 누릴 수 있는 우리 미래의 시니어 타운의 모습으로, H씨는 매일매일 평범한 일상생활을 영위할 뿐이지만, 그 안에서 건강검진이 가능하고 또 예방 및 치료를 할 수도 있다.

건강 산업화의 기회, 시니어 제품과 IT융(복)합 기술

국내는 물론이고 세계적으로 시니어 인구 증가 추세를 보았을 때, 시니어 제품이 미래 수출 주력 산업으로 발전할 잠재력을 충분히 갖추고 있다. 내수적인 측면에 있어서도 경쟁력이 있으며, 시니어 제품과 IT와의 융(복)합 산업은 비교적 IT 선진국에 속하는 우리나라에 큰 기회로 활용할 수 있는 가능성이 있다.

사물인터넷은 센서와 통신 칩을 탑재한 사물이 사람의 개입 없이 자동적으로 실시간 데이터를 주고받을 수 있는 물리적 네트워크로 사물인터넷 환경에서는 센서나 통신기능이 내장된 기기들이 인터넷으로 연결되어 주변의 정보를 수집하고, 이 정보를 다른 기기와 주고받으며 적절한 결정까지 내릴 수 있다. 이런 지적인 처리 능력이 가능하기 때문에 사람이 일일이 조작하거나 지시하지 않더라도 기계가 스스로 일을 처리해 주는 큰 장점이 있다.

사물인터넷은 블루투스나 근거리 무선통신(NFC), 센서 데이터, 네트워크 등을 기반으로 하고 있어서 각종 가전제품, 생활형 전기 기기는 물론이고 헬스 케어 등, 거의 모든 기기에 적용 가능한 편리성이 있다.

의료·헬스케어 서비스에서 현재 웨어러블 단말기로써 안경이나 손목시계, 팔찌 등에 센서를 부착하여 몸의 체온, 심박수, 호흡수 등의 데이터를 송신할 수 있다. 그리고 이것이 PC나 모바일 단말기를 사이에 두고 인터넷에 의해 건강관리 시스템에 접속됨으로써 실시간으로 신체 상황이 확인 가능해지고, 이로 하여금 적절한 어드바이스나 경고를 전달할 수 있게 된다. 나아가서는 환자에게 IoT로 채워진 세탁상태를 체크하는 센서를 몸에 부착하여 상시 감시하고, AI에 진단시켜 필요한 조치를 취할 수 있는 시스템도 구축할 수 있다.

의료와 IoT의 융합인 스마트 헬스케어는 의료 서비스를 넘어 스포츠 활동 기록, 개인 식생활 등으로 서비스와 생태계 범위가 확대되고 있으며, 웨어러블 컴퓨터와 같은 헬스케어에 적합한 기술의 발전과 함께 지속적으로 성장할 것으로 전망된다. 또 스마트폰과 연동한 건강 측정 및 관리용 제품과 거동이 불편한 시니어가 위기 상황시 긴급 구조를 요청할 수 있는 웨어러블 기기 등 각종 제품을 개발할 필요가 있다. 경제력 있는 베이비부머 부상과 시니어 제품에 정보기술이 결합되고 있는 추세 역시 우리나라에 큰 기회 요인이 될 수 있다.

4차 산업혁명에 기초한 시니어 비즈니스

고령인구는 지속적으로 증가하고 있는 반면 생산가능 인구는 점차 감소하고 있다. 앞으로도 이런 추세는 계속될 것이기 때문에 시니어의 건강과 생활을 도울 수 있는 인력은 부족해질 수밖에 없다. 이런 사회적 환경 가운데 최근 인공지능을 탑재한 스피커가 발 빠르게 일상생활 속으로 들어오면서 인공지능과 대화하기도 하고, 인공지능이 시니어 돌봄 서비스에도 활용되기 시작하고 있다. 4차 산업혁명이라는 이름으로 빅 데이터, 인공지능, 사물인터넷 등이 산업계 전반에 걸쳐 활용되고 있는 기술이 확대되어 시니어 비즈니스에도 적극 이용되고 있다.

세계 최초로 음성 인식 인공지능을 시니어 돌봄 서비스에 접목한 것이 미국의 케어 엔젤(Care Angel)이다. 케어 엔젤의 음성 인식 인공지능은 매일 아침, 점심, 저녁에 시니어의 집으로 전화를 하고 취침 상태, 건강 상태, 약복용, 안부 등에 관한 다양한 질문을 하고, 이에 대답하는 시니어의 목소리를 인식해 그 결과를 자동적으로 가족이나 의사의 스마트폰으로 전달한다. 게다가 지난 일주일 또한 한 달간 약을 복용하지 않은 기간과 혈압이 정상치를 벗어난 날과 같은 정보를 알려 준다. 나아가 시니어가 응답한 내용을 분석하여 위험에 처하거나, 특별한 주의가 필요하다고 인식되면 응급 알람 메시지를 보내기도 한다.

오늘날 산업계 전반에 걸쳐 사물인터넷과 빅 데이터는 지대한 영향을 끼치고 있는 기술이다. 이러한 기술이 접목된 한 예로 '스마트 팩토리'는 불량률을 획기적으로 줄여 공장의 효율성을 올리고 있다. 그렇다면 시니어 산업에서 이러한 기술을 어떻게 적용할 수 있을까? 많은 기업들이 고민을 했고, 그 결과로 탄생한 이스라엘의 에코케어테크놀로지스에 대해 알아보겠다.

2015년에 설립된 에코케어테크놀로지스는 시니어가 집에서 안전하게 거주하는지를 모니터링해 응급 상황 발생시, 자동적으로 가족이나 의료진에게 알려 주는 응급 안전 서비스를 제공하고 있다. 이 서비스를 받기 위해서는 에코케어시스템이라고 하는 센서를 집안에 설치해야 하는데, 거실, 침실, 욕실 등 한 공간마다 센서 한 개를 천장에 설치해야 한다. 이렇게 부착된 센서는 고령층의 자세, 위치, 움직임, 호흡 등 4개 분야를 주로 모니터링하고 다양한 형태의 자료들을 분석한다. 만약 거실에 시니어가 불안정한 호흡으로 긴 시간 누워 있는 것이 포착되면 낙상으로 판단하고, 자동적으로 응급 상황을 가족이나 의료진에게 알려 주게 된다. 만약 시니어가 누워 있는 공간이 침실이라면 인공지능은 이런 판단을 내리지 않는데, 침실은 누워서 쉬는 공간으로 인식하고 있기 때문이다.

이와 같이 사물인터넷과 빅 데이터를 활용한 시니어케어는 시니어의 안전 확인 모니터링 기능을 뛰어넘어 위험 상태를 분석해 주는 단계로까지 발전하였다.

또 다른 하나의 예로, 2013년에 설립된 ITR 다이아그노스틱스(ITR Diagnostics)는 파킨슨병과 같은 신경계 질병을 판별하고, 시니어의 건강 상태를 모니터링하는 회사이다. 사실 파킨슨병과 같은 신경계 질병은 MRI나 CT로도 쉽게 발견되지 않아 진단하기가 어려운데, ITR다이아그노스틱스는 파킨슨병 환자에게서 가장 처음 발생하는 문제점인 눈동자 움직임을 측정해 파킨슨병을 진단하고 예측한다.

이 검사 장비는 클라우드 시스템을 이용하기 때문에 인터넷만 연결되어 있다면, 어디서든 사용이 가능하며, 환자들의 검진 자료는 크라우드시스템에 자동적으로 저장, 분석되며, 검진 결과 자료는 바로 의료진에게 제공된다고 한다.

이와 같이 기술의 발전은 시니어 관련 정보를 수집하고, 처리, 대응하는 방법을 세분화, 개별화시켜 시니어의 삶을 향상시키고 있다. 고령화를 기회로 볼 수 있는 안목을 가진 기업들은 최신 기술을 바탕으로 시니어비즈니스를 새로운 차원의 산업으로 개척할 수 있는 가능성이 무궁하다는 것을 발견할 것이다.

4장

시니어 제품과 IT의
융(복)합 산업

**시니어 제품과 IT 융(복)합
건강 산업의 기회**

현재 고령화 사회로 이미 진입한 많은 선진국들이 시니어 산업에 관련된 많은 부분에 인공지능 기술을 적용하는 연구를 지속적으로 하고 있다. 우리나라 역시 시니어 인구가 빠른 속도로 증가되고 있는 상황이므로 시니어 제품이 미래 수출 주력 산업으로 발전할 잠재력을 충분히 갖추고 있다. 특히 우리나라는 IT 선진국에 속하는 나라로 시니어 제품에 IT 기술과의 융(복)합 산업은 내수적인 측면에 있어서도 경쟁력이 있으며 기업 성장의 큰 기회로 활용할 수 있는 가능성 또한 크다고 할 수 있다.

의료 분야에도 디지털화가 진전되어 X선 카메라, CT 스캔 등의 화상

데이터와 병의 상태와 진단 결과를 기록하는 진료 기록카드도 전자화되고 있다. 웨어러블 단말기의 보급과 더불어 IoT 데이터와 그 분석된 자료를 토대로 정확한 진단과 치료를 위한 처방을 할 수 있게 되었다. 의료와 IoT의 융합인 스마트 헬스케어는 의료 서비스를 넘어 스포츠 활동 기록, 개인 식생활 등으로 서비스와 그 개념 범위가 확대되고 있으며, 웨어러블 컴퓨터와 같은 헬스케어에 적합한 기술의 발전과 함께 지속적으로 성장할 것으로 전망되고 있다.

그리고 스마트폰과 연동한 건강 측정 및 관리용 제품과, 거동이 불편한 시니어가 위기 상황시에 긴급구조를 요청할 수 있는 웨어러블 기기 등 시니어들의 관심사나 필요를 제대로 파악한 제품들을 연구 개발한다면, 이미 고령층에 진입한 경제적으로 여유 있는 소비자인 베이비부머들에게 매력적인 상품으로 다가갈 수 있다. 디자인 면에서도 세련되며 IT 기술이 융(복)합된 다양한 시니어 제품을 개발할 필요가 있다.

ICT 기술을 이용한 고령층의 건강 관리와 질병 예방

저출산 · 고령화 사회에서는 의료 기술을 향한 기대가 크다. 특히 과거와는 달리 불임이나 난임 부부의 비율이 증가됨에 따라 의료 기술의 힘으로 새 생명을 기다리는 부부들이 많아졌다. 그리고 초산 연령도 높아져서 엄마와 아이의 건강한 출산을 위해서도 의료 기술의 발전은 얼마든지 환영할 수 있지만, 오히려 이런 의료 기술의 발달이 IQ가 높고 우수한 자녀를 갖고 싶어 하는 부모의 욕심으로 유전자 염색체를 조작해서 생명을 잉태시키는 기술로 변질될 우려가 있다. 이러한 부도덕한 기대에 부응하기 위하여 기술개발이 이루어져서는 안 될 것이다. 신의 영역인 생명 창조에 도전하는 이러한 일은, 결국 인간이 인간을 실험 대상으로 조작하는 행위일 뿐이며 인간으로서의 존엄성을 무너뜨리는 것이다.

부상이나 병으로 기능을 잃은 인체 기관을 재생시키고 부활시키려는 재생 의료 기술도 진보하고 있다. IPS 세포의 발견을 시작으로, 그 활용에 따라 인체의 다양한 부위와 기관을 만들어 내고, 그 기능을 부활시키려는 시도도 이루어지고 있다. 이 재생 의료 기술은 지금까지 신체 장애로 고통받아 왔던 사람들에게는 한줄기 희망의 빛이라고 할 수 있다.

시력·청력·보행 능력 등은 나이가 들어가면서 점차 저하되기 시작하는데, 이를 재생 의료로 그 기능을 부활시킬 수만 있다면, 고령자들에게는 있어 매우 고마운 일이다.

앞으로 다가올 의료는, 질병에 대한 사후 처치라는 개념을 넘어 어떤 한 사람이 연령을 거듭해감에 따라 발생하기 쉬운 성인병에 대한 예방과 대처 방법에 이르기까지 확대된다. 성인에 이르게까지 몸에 배인 생활 습관을, 어떠한 방향으로 이끌어가면 건강 수명을 연장할 수 있을지 심도 있는 연구를 지속적으로 해 나가야 한다. 평소 생활 속에서 의식하지 않더라도 건강 상태를 파악하여, 필요에 따라 의료 전문가의 조언이나 경고, 지도를 받을 수 있는 구조를 실현할 수 있는 ICT 기술과의 융합으로 구축될 필요가 있다.

웨어러블 단말센서는 몸에 차고 있는 것조차 느끼지 못할 정도로 편하게 착용 할 수 있는 장점이 있다. 이 센서는 체온, 맥박, 호흡수, 혈압 등을 계측하여 그 데이터를 정기적으로 관리 시스템에 송신하고 축적해서, 그 기록을 인공지능 기술에 따른 자동 해석으로 진단 가능하며 필요한 경고나 조언 등을 본인이나 관리 의사에게 통지하는 구조로 되어 있다. 이러한 체계가 지구대 정도의 커뮤니티 단위로 실현되기만 한다면 고령층의 건강 관리와 질병 예방에 공헌할 수 있다.

첨단 의료 기술

연령과 함께 사망 요인이 높아지는 암에 대해서도 이것과 싸워 암세포를 배제시켜 줄 수 있는 항암 세포를 만들 수 있다면 큰 발명이 될 것이다. 이는 재생의료와 유전자공학이 상호 협력에 의해 가능해질 수 있을 것이다. 특히 사망률이 높은 백혈병에도 효과가 있다고 생각된다. 기존의 의료 기술은 질병 발생 후의 사후 대처로 약 투여, 수술에 의한 원인 제거, 증상 경감 등의 치료를 실시해 왔다. 물론 병원균에 대해서는 소독약, 예방약, 백신 개발에 의하여 미연에 감염으로부터 인체를 방어해 왔다.

앞으로의 의료는 연령을 거듭해감에 따라 발생하기 쉬운 성인병의 대처 방법이 조속히 강구되어야 한다. 성인에 이르기까지 성인후의 생활습관을 어떠한 방향으로 이끌어 가면 건강 수명을 연장할 수 있을지를 보다 진지하게 연구하면서 실증해가야 할 것이다.

향후 ICT기술을 이용한 의료 활동에 대해서는 의료 법인이 구축 가능한 의사와 약사라는 어플리케이션을 구축하는 것이 비즈니스 기회가 될 수도 있다. 병에 걸린 사람이 인터넷 어플을 통하여 먼저 상담하고, 그 어드바이스에 따라 소개받은 의료 기관에 방문하는 것을 시작으로 진료, 기록, 처방전, 재활치료, 애프터케어까지 받을 수 있게 되면 병원, 보건진료소, 재활치료시설, 약국, 제약회사 등으로부터 수입을 얻을 수도 있다.

새로운 패러다임
매스 커스터마이제이션

매스 커스터마이제이션(mass-customization)은 대량생산(mass production)과 고객화(customization)의 합성어로 기업 경영 혁신의 새로운 패러다임이다.

이러한 매스커스터마이제이션은 IoT에 의하여 다양한 것이 네트워크에 접속되고, 여기서 취득된 데이터가 빅데이터로 축적되어 인공지능에 의해 고도의 분석이 더해짐으로써 개인의 요구에 맞는 제품 서비스를 간단히 만들어 편리하게 제공해 줄 수 있다.

18세기 영국에서 시작된 1차 산업혁명은 그전까지 수작업으로 행해지던 수많은 제품 제조를 기계화하여 대량생산 대량 소비 사회로의 길을 열었다. 대량의 물건을 제조할 수 있게 됨에 따라 제품 가격이 훨씬 저렴하게 되자 우리의 생활은 눈에 띄게 풍요로워졌다.

이러한 대량생산 대량 소비는 어디까지나 '대중=매스'를 대상으로 한 제품 서비스가 중심이지만, 특히 섬세하고 미세한 기술이 요구되는 장인의 손길이 닿아야 하는 오더메이드(order made) 제품과 서비스는 비용이 높아질 수밖에 없다.

그러나 4차 산업혁명에 의해 초래된 것은 이와는 정반대의 세계이다. 즉, '대중=매스'를 대상으로 하면서도 개인에게 커스터마이즈된 제품·서비스를 제공하는 것이 가능해졌다. '매스'와 '커스터마이즈'라는 본래 양립하지 않았던 것이 동시에 성립할 수 있게 되었으며, 이것은 바로 대량 소비 사회의 종언을 의미한다. 대중사회에서 개인 중심 사회로 변하고 있는 것이다.

Chapter 6

초고령 시대의
한방 산업

1장

한방 바이오 산업

**한약 자원
소중한 자연의 혜택**

우리는 풍부한 자연환경의 혜택을 보고 있기 때문에 언제나 손쉽게 자연으로부터 필요한 것을 얻을 수 있을 거라고 생각한다. 우리나라에서 생산되지 않는 귀한 약재라도 필요하다면 외국에서 수입하면 얼마든지 구할 수 있다고 믿고 있다.

그러나 자연이 주는 혜택에 감사한 마음 없이 자연을 보호하지 않거나, 가꾸지 않는다면 언젠가 정작 필요할 때 자연으로부터 아무것도 얻지 못할 상황이 올지도 모른다.

오늘날 바이오테크놀로지 시대의 기술적인 진보로 한약의 복재 내지 유사한 효능을 가진 것을 얼마든지 만들 수 있다고 생각할 수 있다.

그렇지만 이렇게 만들어진 것은 한약과는 비슷할 수 있을지 모르지만, 자연에서 얻어진 한약과는 분명한 차이가 있다. 한약재는 살아 있는 것으로 충분한 시간을 들여 토양 속에 있는 영양분을 흡수해서 햇빛의 영향을 받아 양질의 약재로 성장하는 것이다. 실험실 안에서 혹은 공장 안에서 대량생산 가능한 것이 아니기 때문에, 아직까지 현대과학으로 밝혀지지 않은 효능면에서 차이가 있을 수 있다.

과학 기술의 진보에 의한 역기능으로 급속도로 환경이 파괴되어 가고 있으며, 그 결과로 야생 동식물은 점점 지구상에서 사라지고 있다. 한약 자원은 조상으로부터 우리들에게 전승되어 온 소중한 자연의 혜택이다. 수백 년 후의 후손들도 우리와 마찬가지로 한약의 혜택을 향유할 수 있도록 관련 국가들과 함께 자연환경의 보호와 한약 자원의 보호를 위해 노력할 필요가 있다.

초고령 시대의 한방 바이오 산업

한방 바이오 산업은 초고령 시대에 국민 건강을 보장할 뿐만 아니라 어려움을 겪고 있는 우리나라의 농업·농촌에도 새로운 활력을 줄 수 있고 친환경, 고부가 가치의 경쟁력 있는 산업으로 우리나라에는 매우 적합한 산업이라 할 수 있다. 특히 우리나라는 지형적으로 고랭지로부터 평지에 이르기까지 재배 지형이 고르게 분포되어 한약 재배에 적합한 환경을 갖고 있으며, 필요에 따라 일반 작물에서 약용 작물 재배로의 작목 전환도 비교적 용이하다.

최근 세계적으로 약초 산업은 기능성 식품, 한방 화장품, 생활용품, 천연 소재, 신약 개발에 이르기까지 확대되고 있으므로 우리 농가가 약용작물을 재배한다면 소득 향상에 많은 도움을 줄 수 있을 뿐더러 여성 인력, 고령 인력을 영농 인력으로 확보 활용할 수 있고, 유휴 인력을 줄일 수 있는 효과가 있다. 일상생활과 연계시킨 한방 상품이 부가가치를 높이고 있는데, 특히 국내 한방 화장품 산업은 한류의 영향으로 중국을 비롯한 세계로 진출하고 있으며, 한의학과 결합된 관광 상품ㆍ축제 상품 등이 출시되고 인기리에 판매되고 있다.

무엇보다 한방 산업의 특성상 기술 개발이 중요하므로, 산업체와 대학 그리고 연구소간에 상호 협력 시스템을 견고하게 구축할 필요가 있다. 대학과 연구자 간의 연결 시스템을 구축하여 분업화하고 전문화하는 통로를 우선 갖추어야 한다.

특화작목과 연계하여 신물질을 개발하고 건강 보조 식품의 개발과 생산을 통한 친환경적, 친건강적 산업이 제대로 형성되기 위해서 다음과 같은 고려해야 할 사항을 살펴보겠다.

• 한약재(약초의 생산)의 경쟁력 상실 : 유통 및 판매 정보 부족 등으로 경쟁력이 상실되어, 약초 재배 포기와 재배 품목이 감소하여 지역경제 침체로 이어지며, 결국 외국산 수입에 의존하는 형태로 변모하고 있다.

• 한약재의 새로운 활로 모색 : 환경 농업 육성을 통한 약용작물 농업입지 확보, 특용 및 약용작물의 품종 개발 및 자연 농법을 이용한 재배를 통해 기존 약용작물의 고부가 가치화가 요구된다.

• 한약재, 자연환경, 동양 전통 생활양식의 한방 산업화 : 한방 바이오산업의 기반인 한방 자원을 가지고 있으면서도 생물 자원 산업으로만 이용할 뿐, 제대로 한방 자원으로까지 연결시키지 못하고 있어 한방 자원의 개발방향을 제시하고 추진하는 연구가 필요하다.

• 한방 산업의 비전 제시 : 한방 산업 발전의 방향성이 명확하지 않고 애매모호해지거나 발전 자원의 연계 부족으로 시너지 창출이 미약하게 될 수 있다.

• 한방테마 관광객 유치 : 지역 자연환경의 특색을 차별화함으로써 경제 활성화에 기여할 수 있는 테마 관광 프로그램의 필요성이 제기되고 있다.

한방 산업의 정의와 분류

한방 산업이란 한방과 관련된 모든 생산 활동을 일컫는 것으로, 한방 상품의 기획, 개발, 생산, 제조, 유통, 소비 등과 이와 관련된 서비스를 행하는 산업을 말한다. 한방과 관련된 모든 생산 활동이라고 할 수 있으며, 물적 재화인 한약재, 한약재를 원료로 하여 만든 제품, 한의학적 원리에 의한 의료 용구 및 지적 재화인 한방 의료 서비스와 한방 관련 정보 서비스를 통한 생산 활동을 한방 산업으로 정의하고 있다.

한방 산업의 1차 산업은 한약 생산(재배) 산업, 2차 산업은 한방 음식 · 식료품 제조업, 한약 원료 의약품 · 한약 제제 제조업, 한방 의료기기 · 건강 보조기기 제조업, 3차 산업으로는 한약 도 · 소매업, 한의약 연구 및 개발업, 한의약 교육 서비스업, 한방 보건업, 한방 건강관광 분야, 한방 사회 복지업 등으로 분류할 수 있다.

한방 산업의 분류

- 한약재 재배 및 생산
- 한약재 유통 및 판매
- 한방 제조업
- 한방 의료 서비스 분야
- 한방 의료 기기 개발(한방 의료 시스템 포함)
- 한방 자원 산업의 육성
- 한방 그린투어리즘 개발(한방 의료 관광)
- 천연물 신약 개발
- 신성장 동력인 U–헬스 한방 산업

첨단 융(복)합 기술에 기초한 한방 산업의 육성

전통 한의약 기술만 고집할 것이 아니라 오랜 전통의 기술에 첨단 과학(공학)기술과 지식(무형자산)을 접목시켜 한방 산업의 경쟁력을 높일 수 있고, 게다가 부가가치도 함께 높일 수 있다면, 세계적으로 통용되는 한방 산업으로 발전할 가능성이 충분히 있다.

기존의 전통 한의학 기술을 정보기술(IT), 생명공학 기술(BT), 문화기술(CT) 등 첨단기술과의 융(복)합 산업으로 육성한다면, 세계인도 함께 혜택을 받을 수 있는 의학 산업으로 성장할 수 있게 될 것이다.

신 한방 바이오 산업 =
전통 한의약 기술 +
첨단 공학(과학)기술 + 지식

21세기를 주도할 유망 신기술로, 정보기술(IT)을 중심으로 생명공학 기술(BT), 나노 기술(NT), 우주항공 기술(ST), 환경 기술(ET), 문화 기술(CT), 로봇 기술(RT) 등을 꼽고 있다. 신기술의 발전은 과학은 물론 경제 · 산업 · 문화 등 사회 전반에 대변혁을 가져오고, IT와 6T를 결합하여 전 산업의 기

술 혁신을 주도함으로써 경제의 성장 동력을 제공하고 있다.

이러한 기술은 기존 기술(전통기술)의 연장선상에 있기 때문에 전통 기술과 접목되어 전통 기술의 첨단화 및 경쟁력 유지를 위하여 매우 중요하다.

제4차 산업혁명에 기초한 한방 산업

4차 산업혁명에 대한 중요성이 인식됨에 따라 데이터 수집, 처리, 분석을 통해 의미 있는 정보와 지식을 생성하는 빅 데이터 기술이 기업의 새로운 경쟁 우위로 부각되고 있다. 한의학이 과학적인 의료 기술임을 적극적으로 증명하고, 대응 한의학의 우수성을 과학적으로 입증함으로써 동양 의학을 비롯한 한방 산업 또한 국민 건강을 위한 첨단 의료 분야에서 성장할 수 있게 된다.

한방 의료 서비스를 향상시키기 위해 한의학의 전통 지식을 정보화, 객관화 및 선진화해 나가야 한다. 한의학의 임상 진료를 정보화함으로써 세계 의료시장 선점을 위한 미래 성장 동력으로 충분한 가치가 있으며, 한의약 임상 자료를 수치화, 객관화시킴으로써 의료 서비스의 선진화를 선도할 수 있다.

그러므로 한의학 전통 지식을 정보화하고, 한의 진료를 객관화하고, 의학 수치화로 한의 진료의 선진화 및 인식 개선이 필요하다. 그리하여 보건 의료 서비스 향상과 개선을 기대할 수 있고, 자가 치유에 대한 정보 제공이나 한의 신약 개발을 기대할 수 있다.

환자들의 임상 진료에 의해 수집된 방대한 양의 데이터는 빅 데이터 분석으로 진료, 의료 품질 관리 등에 활용될 수 있다. 또한 한의 임상 진료에 관한 많은 지식을 이용하여 지식 베이스(knowledge base)가 구축되면, 추론 장치에 의해 원하는 정보를 추론할 수 있는 한의 임상 진료 전문가 시스템을 구축하여 활용할 수 있게 된다. 한의 임상 진료 전문가 시스템을 한의사들에게 제공하여 국민들의 의료 서비스 향상과 다양한 연구 분야에도 활용할 수 있다.

2장

한방 시니어
융(복)합 산업

**한방 자원 산업의
활성화 방안**

산업화 관점에서의 한방 자원 산업은 한방 건강 관련 산업에 뒷받침되는 자원을 생산하고 개발하는 산업이다. 자연물 그 자체가 가지고 있는 기능과 정보를 활용하여 사람의 건강에 필요로 하는 제품이나 환경을 상업적으로 생산하는 산업군이라 설명될 수 있으며, 기존의 전통적인 1차 산업 제품에 한의학 기술을 적용하여 개량하거나 신제품을 창출하는 것을 말한다.

흔히 한방 자원하면 한약재로 한정시키는 경향이 있으나, 한의학의 원리에 따라 질병을 치료하고 예방하는 것을 포함하고 있으며, 직접적으론 질병을 치료하는 한약재뿐만 아니라 간접적으로 질병 치료와 건강을 관리하는 양생적 의미도 포함한 자원으로 보는 것이 바람직하다.

그러므로 한방 자원이란 한약재와 더불어 주거 환경에 영향을 주는 자연환경, 식생활에 영향을 주는 농축수산물, 운동 생활에 영향을 주는 생활 의식 등이 이에 속한다고 볼 수 있다.

한방 자원 산업은 농어촌 지역적 특성이 사회적 경쟁력으로 평가되는 지역 특화산업으로 적합하며, 미래의 삶의 질을 보장하는 지식 정보 산업으로 큰 투자없이 고부가 가치를 얻을 수 있는 산업이다. 순수 국내 기술에 의해 개발 가능한 산업으로 글로벌 시장을 향한 국제 경쟁력이 있고, 독립적인 산업으로 안정된 시장을 형성할 수 있다.

한방 자원 산업의 특성

위에서 말한 한방 자원 산업은 다음과 특성을 가지고 있다.

• 서양의 양적 가치에 중점을 둔 종래의 기술, 제품, 산업에 대한 평가 관점과는 다른 특성을 가진 산업으로 동양의 질적 가치에 중점을 둔 기술, 제품, 산업 체계의 확립을 이념으로 하고 있다.

• 친환경을 강조하는 현대의 새로운 요구를 충족시킬 수 있는 가장 적합한 산업이며, 원료의 재생 가능성, 제조 과정의 단순성, 인체와 환경에 대한 제품의 적합성, 폐기물 처리의 우수성과 같은 특징을 보유하고 있다.

• 개발 주체가 생산자가 되어 1차 산업 지역에서 산업 형태가 만들어지는 형태를 가지고 있다.

〈예〉 한방 건강 관련 산업 종합

구분	내용
한방 건강의료산업	• 한방 의료산업 – 한의원, 한약방, 침술원 • 한방 가정요법산업 – 수지침, 서암뜸, 민간요법 • 한방 요양원
한방 건강식품산업	• 한방 보양식품산업 – 건강원, 건강 음식점 • 한방 건강 보조식품산업 – 알로에 전문점, 죽염 전문점, 달팽이 전문점, 다시마 전문점, 양봉원, 인삼전문점, 누에 전문점 • 한방 건강 음료산업 – 한방 인스턴트 음료 식품, 전통다실 • 한방 건강식생활관리산업 – 단식원, 생식원, 선식원, 체질식원
한방 건강운동산업	• 한방 건강 무예산업 – 18기, 택견, 수벽치기, 검도, 불교 무술, 뫼한뭐루, 태극권, 원화도, 정도술 • 한방 건강정신운동관리산업 – 단학선원, 국선도, 천도선법, 연정원, 기천협회, 금선학회, 불교선방, 요가
한방 건강 여가생활산업	• 한방 건강 레저산업 – 휴양림, 약수터, 해수찜질방, 온천장 • 한방 건강 서비스산업 – 찜질방, 한방사우나, 한증막, 안마 지압 마사지 시술소 • 한방 건강 취미산업 – 국악, 서예, 바둑, 궁도, 다도
한방 건강생활 보조산업	• 한방 건강 생활시설산업 – 기 문화 주택건설, 황토방주택, 온돌 황토 맥반석 옥돌 침대 • 한방 건강생활용품산업 – 한방 화장품, 한방 치약, 한방 비누, 한방 쑥패드 • 한방 건강 생활기구산업 – 건강지압기, 건강반지, 건강팔찌
한방 건강 종합관리산업	• 한방 건강교육원, • 한방 건강수련원, • 한방 건강레저원, • 한방 건강생활원, • 한방 요양원

한방 자원 산업의 전망

세계적으로 질병치료보다는 삶의 질을 향상 시키는 분야로 관심이 더 모아지고 있다. 치료보다는 예방적 관점의 관심이 증대되고 있으며, 의료계의 일방적 건강 관리 지배에서 벗어나 스스로 선택하려는 움직임으로 변화하고 있다.

자연성 회귀를 원하는 사회적 움직임과 자연 농업을 선호하는 이러한 변화는 결국 건강한 삶의 질을 추구하고자 하는 요구에서 나온 것이다. 천연 자연이 그나마 잘 보존되어 있는 동북아시아에 세계인들의 많은 관심이 집중되면서 동시에 한의학이 점차 그 가치를 인정받고 있다. 이러한 움직임에 따라 세계적으로 한방 관련 산업은 미국의 보완대체의학, 천연물 건강 관련시장, 동양의 건강관리 산업 등의 큰 시장으로 세계적으로 확장되어 가고 있다. 이에 기반이 되는 한방 자원산업 역시 세계적인 이목을 받고 있으며, 국제적으로 통용될 수 있을 정도의 체계적인 시장 형태를 갖추면 구체적인 산업 형태로 발전 가능성이 크다.

하지만 현재는 국제적 수요에도 불구하고, 실제 지방도시의 한방 자원에 대한 정체성 인식 부족으로 인해 한방 자원의 운영이 단지 생물 산업에 국한되어 있다는 점에서 아쉬운 점이 많다.

한방 시니어 융(복)합 관광 산업

21세기 관광 산업의 패러다임은 힐 투어리즘 (heal-tourism)이라고 한다. 치유와 관광이라는 개념을 지역 자원과 연계하여 다양한 유형의 적합한 모델을 만들어 볼 수 있다. 지역에 있는 관광 자원(역사 · 문화 · 자연), 건강 · 의료(헬스케어)와 전통 음식 문화와 체험 등을 연계시켜 새로운 시니어 서비스 산업과 휴양, 치유, 건강에 관한 다양한 유형의 창의적 융(복)합 서비스 산업을 개발하여야 한다.

웰빙과 힐링이라는 키워드는 시니어들이 가장 관심 있어 하고 좋아하는 단어로, 시니어들이 의식적으로 생각을 하든 하지 않든 일상생활에서 사용하는 제품이나, 먹고 마시는 음식, 운동 등의 삶 전체에 영향을 끼친다. 그 중에서도 특히 보완 및 대체 의료, 자연 물질 및 한방을 이용한 치료와 이를 응용한 기능성 건강 보조식품, 허브 등에 대한 관심과 수요가 증가하고 있다.

시간적으로 여유가 있는 시니어들을 대상으로 약화된 체력을 보조해 줄 수 있는 상품 개발과 시니어들이 인생의 추억을 다시 느껴볼 수 있는 관광 상품, 또는 건강 관리를 할 수 있는 관광 상품을 특화시킨 상품 개발이 필요하다.

한방 시니어 융(복)합 관광 산업 모델

우리나라는 비교적으로 선진국보다 앞서 가는 분야가 한방 분야이다. 예방, 진단, 치료, 사후 관리의 보건 의료 서비스를 4차 산업혁명과의 융(복)합 기술을 바탕으로 새로운 패러다임으로 변화를 모색해야 한다.

한방 관광산업(Industry of Health Tourism with Oriental Medicine)도 한방 관광 상품의 개발 및 공급과 더불어 한방산업을 활성화할 수 있는 다양한 기업이나 벤처 기업도 육성해야 한다. 워킹 테라피 등과 같은 다양한 힐 투어리즘을 접목한 휴양형(체류형) 힐링 관광 상품 외에도 지역의 자원을 활용하는 휴양, 치유 등 다양한 시니어 건강 서비스 프로그램을 개발할 필요가 있다.

다양한 형태의 한방 상품의 개발

- 자연 생태 보존적 측면이 아닌, 활용적 측면에서의 한방 상품 개발
- 자연 휴양림과 연계된 한방 상품
- 약수터와 연계된 한방 상품

- 온천장과 연계된 한방 상품

- 지속 가능한 생태 마을 농업과 연계된 마을 형태

- 지역 특산 약용작물, 한방 체험, 전통 문화 체험, 주민 약용농원

한방 시니어 융(복)합 관광 산업 모델 제시

시니어 웰니스 건강 융(복)합 관광 모델을 목적에 따라 역사 · 문화, 영성 문화, 건강, 음식 등과 다양하게 연계할 수 있으며, 다음과 같은 유형을 제시할 수 있다.

[적용가능 모델 1] 한방 시니어 건강 융(복)합 비즈니스 모델

한방 의료 관광 + 산림 치유 + 한방 음식(약선식품)

한방 의료 관광의 경우, 한방 건강 레저 산업(휴양림), 한방 건강 서비스산업(찜질방, 한방 사우나, 한승막, 안마, 지압, 마사지 시술소), 한방 가정 요법 산업(수지침, 서암뜸) 등 용도와 목적에 따라 선택할 수 있다.

[적용가능 모델 2] 정신 육체 휴양 건강 증진 모델

역사 · 문화 관광 + 웰빙 음식(산채요리) + 산림 치유

웰빙 음식의 경우에 음식을 통한 질병의 예방과 치료 및 해독의 기능을 더 부각시켜서, 웰빙 음식, 건강 음식(health-food), 치유 음식(healing-food), 디톡스 음식(detox-food) 등 목적에 따라 다양하게 선택할 수 있다.

따라서 다음과 같이 관광 목적에 따라 다양한 모델을 구성할 수 있다.

- 역사 · 문화 · 한방 융(복)합 관광 비즈니스 모델

- 시니어 한방 영성 문화 융(복)합 관광 비즈니스 모델

- 시니어 6차 산업 융(복)합 비즈니스 모델

- 한방 의료 관광의 융(복)합 프로그램 사례

3장

양·한방 통합 의료,
글로벌 의료 관광산업 기회

**양·한방 통합 의료의
필요성**

많은 수의 고령자는 백내장이나 이명이 있을 수 있고 혈압도 높을 위험이 있다. 어떤 사람은 변형성 요추증이 있어서 허리가 아프고, 전립선 비대증으로 비뇨 이상이 있는 등 개인마다 다른 질환을 가지고 있으며 대부분은 만성 질환이다.

서양 의료술인 일반 병원에서 치료를 받게 되면 안과, 이비인후과, 정형외과, 비뇨기과, 순환기내과와 같이 각각 다른 전문과를 찾아가야 하고, 어떤 때는 거의 매일 통원 치료를 받아야 되는 상황이 생길 수도 있으며, 질환 별로 다른 종류의 약을 처방받게 된다. 고령자에게 있어서 각기 다른 진료 과를 다니며 여러 종류의 약을 복용해야 하는 것 자체가 정신적·육체적, 그리고 경제적으로 부담이 된다.

한편, 한방에서는 이러한 환자를 치료하는 경우에 한방 전문인 한 진료과에서 치료가 가능하다. 처방도 2~3가지이며 적은 약 처방으로 치료할 수 있다. 물론 집중 치료실에 들어갈 정도로 긴급한 상황과 외과 치료가 필요한 경우에는 한방에서 치료할 것이 아니라 당연히 전문 병원에서 수술과 치료를 받아야 한다. 이런 경우를 제외하고는 대다수의 고령자들은 지병이나 질환으로 오랜 기간 약을 복용하고 있는 경우가 많은데, 간장에서 약을 대사하는 기능이 저하되어 약의 축적에 의한 부작용이 발생할 우려가 있다. 그러나 한방 치료를 적절한 때에 올바르게 받으면, 많은 약을 장기간 복용하지 않더라도 거의 부작용 없이 호전되는 효과가 있다고 알려져 있다.

이와 같이 고령자의 만성 질환의 치료에 있어서는 한방 치료가 서양 의학 치료에 비해 안전하며 적응력이 뛰어나다고 알려져 있다. 고령자의 질환의 대부분은 만성이기 때문에 완전한 치유를 기대하기는 어렵다. 그래서 증상을 개선하여 삶의 질을 향상시키는 것에 중점을 두고 있다. 더욱이 초고령자를 위해서는 치유(cure)보다 케어(care)가 더 중요한데, 삶의 질의 개선이나 케어에 한방 치료는 우수한 효과를 발휘한다. 고령자뿐만 아니라 어떤 질환에 고통을 당하고 있는 환자가 느끼는 고통을 경감시키는 것은 치료 과정 중에서 매우 중요한 부분을 차지한다. 비록 병이 낫지 않더라도 투병 중인 환자가 고통을 덜 느끼도록 케어한다면 삶의 질은 비약적으로 향상될 수 있다.

고령자 치료에 있어서 기본을 한방 치료에 두고 부족한 부분을 서양

의학 치료에서 보충하는 의료 시스템을 도입하면 만성 질환을 갖고 있는 고령자들의 건강과 삶의 질이 크게 향상될 것으로 본다. 고령자 치료의 경우, 한방의 '기(생명을 유지하고 활성화시켜가는 에너지)'의 개념을 도입하여 그것을 치료에 응용해 가는 것도 바람직하다. '기' 에너지의 근원을 '원기'라고 하는데, 이것은 식물을 소화하여 신체에 흡수되고, 또 호흡 작용에 의해 신체로 흡수되는 것을 뜻한다. 원기를 신체에 충실하게 하는 것을 '보기, 또는 양기'라고 부르며, 그 치료법을 '보법', 그때 이용되는 약물을 '보제'라고 부른다.

고령자 치료의 경우에 이 보제를 능숙하게 다루어 신체에 원기를 충족시켜가는 것이 중요하며, 보제를 잘 활용하여 고령자의 원기를 돋우어주고 활력 있는 신체와 정신을 유지하도록 도울 수 있다면 고령화 사회에 아주 적절한 의료 서비스라고 할 수 있다.

양·한방 통합 의료의 진화

통합진료센터에서는 양의사와 한의사 간의 협업 체계를 통하여 노인·재활·종양·통증 클리닉에서 함께 진료를 하고 있다. 동양 의학과 서양 의학이 각각 독립된 길을 걸어오다 2010년 양·한방 협진제도가 도입되어 시행되고 있다.

대체·보완 의학의 등장이 양·한방 협진으로 발전해 왔으며, 양·한방 협진에서 한걸음 더 나아가 양·한방 통합 의료라는 새로운 의료 분야가 탄생되었다.

예컨대, 통합의료진흥원은 국내 통합 의료 전문 의료기관인 전인병원(대구)을 운영하고 있다. 만성·난치성 질환을 서양 의학과 한방으로 통합하여 치료함으로써 환자 중심의 협진 체계를 확산시켜 나가고 있다. 대구의 양·한방 통합 의료병원에서 우리나라는 세계에서 유례없는 서양의학과 한의학의 높은 기술적, 물적, 인적 인프라를 갖추고 있으면서도 제도적 미비로 보다 효율적이고 극대화된 통합 의료로 나아가지 못하고 있다.

치료·연구하는 병원인 (재)통합의료진흥원 전인병원이 통합 검사 센터와 진료 센터, 치유 센터를 갖추고 본격적인 진료를 하고 있다.

예를 들어, 갑상선 암환자를 치료할 때 일반 병원과는 달리 대구 양·한방 통합의료병원에서는 암 치료 이후에 나타날 수 있는 식욕 부진 증상이나 혹은 불면 증상 완화를 위해 환자에게 서양 의학적 치료와 함께 발반사 요법이나 향기 요법 등, 한방적 치료를 병행하여 빠른 쾌유를 할 수 있도록 한다.

계속적으로 양의사와 한의사들이 서로의 의학 성과를 인정하고 환자의 건강 회복을 위해 협력하는 진료 문화가 더 필요하고, 이에 따른 제도 개선과 행·재정 지원을 강화하여 의료 관광 산업을 육성해야 한다. 서양의학은 외과 수술, 감염병, 백신 분야에서 이미 큰 성공을 이뤘지만 동양의학(한의학)과의 융합을 통해 더 큰 성과를 낼 수 있다.

우리나라를 세계 최초의 양·한방 통합의료 관광 국가로

세계의 의료 투어리즘을 보면, 질병에 대한 치료도 있지만 사실 미용 성형이 큰 부분을 차지하고 있다. 한동안은 중국, 일본 등지에서 수많은 여성들이 미용 성형을 받기 위해 우리나라 성형외과를 찾아오는 붐이 일기도 했었다.

이미 우리나라 성형 의술은 세계에서 인정을 받았으며, 심장 질환, 뇌 질환, 외상센터 등과 같은 전문 분야의 의술도 세계적 수준의 의료 서비스를 제공하는 병원도 많이 있다. 특정 질병 치료를 목적으로 의료 관광을 위해 오는 사람들도 물론 많지만, 시니어들을 위한 의료 관광 상품을 개발하는 데 있어서 관광과 의료 서비스를 연계하는 '힐 투어리즘' 개념으로 상품화시킨다면 좋은 반응을 기대해 볼 수 있다. 세계인을 대상으로 글로벌 의료관광산업에 양·한방 통합의료 서비스를 함께 한다면, 힐링과 휴양을 함께 누리며 의료 서비스를 받기 원하는 해외 여행자들에게는 아주 매력적인 관광 상품이 될 것이다.

우리나라 50+세대 시니어들 역시 지금보다 더 국내 여행을 선호할 수 있게 되는 기회를 갖게 되며, 전 세계 시니어들도 의료 관광을 위하여 우리나라에 오고 싶어질 수 있다. 의료 관광은 특성상 정기적으로 치료를 요하는 사람들이 있기 때문에 일회성에 그치지 않고, 연속성이 있으므로 사업 측면에도 큰 의미가 있다.

한류 붐과 글로벌
양·한방 의료 관광 비즈니스

우리나라는 세계 최초의 양·한방 통합의료 서비스가 시험 단계에 와 있으며, 통합 의료 서비스 관광을 주도하는 국가로서의 위치를 확고히 할 필요가 있다. 한류 스타를 좋아하고 한류 문화에 관심 많은 일본, 중국, 동남아, 유럽, 미국 관광객을 대상으로 한류 스타들과 함께 하는 이벤트나 음식, 쇼핑과 더불어 양·한방 통합 의료 서비스와 연결시킬 수 있는 다양한 프로그램을 개발하여 비즈니스로 연결시킬 수 있다.

예를 들어, 일본의 경우 전업주부의 비율이 높은 편인데, 가사와 육아로 가정 일에 전념해 오면서 50대와 60대 들어서야 집안일과 양육으

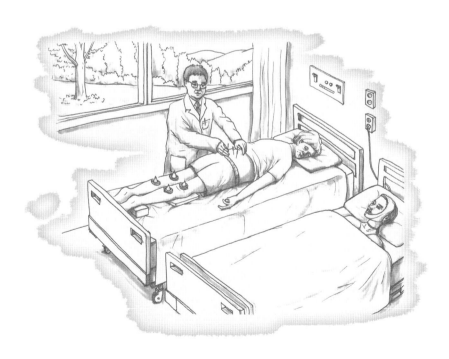

로부터 해방되어 자기만의 시간을 누릴 수 있게 된다. 의욕이 넘치는 여성들은 동창들을 만나거나, 같은 취미를 가진 친구들과 모임을 가지고 서로의 관심사를 나누면서 인기리에 방영된 '겨울연가'의 욘사마를 시작으로 한류의 열풍이 일어나게 되었다. 이런 현상은 이전에 볼 수 없던 한류에 대한 폭발적인 인기를 누렸고, 특히 50 · 60대 여성들의 인기를 한몸에 받으면서 오늘까지 이르게 되었다.

자녀가 독립한 후의 세대 또는 부부를 가리켜 엠티 네스트(empty nest, 자식이 자립해 나간 가정)라 부르는데 자녀가 독립하면서 부부만 있게 되는 쓸쓸한 가정을 뜻한다. 자녀가 장성해서 독립해 살아도 어머니와 딸은 사이좋은 친구로 지내며 함께 여행하며, 외출하며 소비하는 이른바 '모녀 소비'가 증가하는 추세이다.

일본에서 방영된 드라마 '겨울연가'가 세계적인 한류 붐을 일으킨 데는 가사와 육아로부터 자유로워진 중년의 엄마들과 성장한 딸의 의사소통이 확산되었기 때문이다. 이어 K POP에 대한 정보를 딸이 어머니에게 전해주고 서로 공유하며 즐기면서, 급기야는 동방신기 팬이 50 · 60대 여성으로 증가하는 현상이 일어나게 되었다.

4장

항노화 산업

항노화의 이해

사람이 늙어가는 것은 자연스러운 현상이며, 태어나는 그 순간부터 노화는 시작되는데, 그것은 인간의 힘으로는 어쩔 수 없는 불가항력적인 일이기도 하다. 그러나 한 가지 분명한 것은, 노화의 속도를 조절하는 것은 각자의 노력과 관심, 그리고 습관에 달려 있다는 사실이다. 항상 즐겁게 살고 미래 지향적인 삶을 산다면 노화를 늦추고 수명을 연장시킬 수 있다.

지금까지 에이징에 관해서는 나이스 에이징, 액티브 에이징 등 여러 가지 용어가 사용되어 왔지만, 가장 많이 사용되고 있는 용어는 앤티 에이징(항노화, anti-aging)이며, 그 다음은 에이징 케어로 어떻게든 젊음을 유지하려는 마음에서 생겨 나온 단어이다. 50대가 되어도 '청바지가 어울리는 멋진 어른이고 싶은가'라는 여론조사의 설문에서 대부분이 "그렇다"라고 대답한 것은 나이가 들어도 늘 젊음을 유지하고픈 마음을 대변한 것이다.

최근에 나온 앤티 에이징 화장품은 남녀 공용의 파운데이션 커버로 잔주름이나 검버섯 등을 가릴 수 있고, 매끈하고 건강한 피부 톤으로 젊어 보이는 효과가 있어 인기리에 판매되고 있다. 화장품과 마찬가지로 건강 보조식품 또한 인기몰이를 하고 있는데, 코엔자임 Q10을 비롯해 참깨, 식초, 태반(placenta) 등 다양한 보조 식품제가 개발되어 시중에 판매되고 있다. 특히 텔레비전의 홈쇼핑이나 온라인상의 인터넷에서의 판매량이 계속 증가하고 있고, 시니어 전문용품 시장에도 활기를 주고 있다.

항노화 산업 미래유망산업으로 부상

세계적인 고령화 추세와 소득 증가로 건강 증진, 헬스케어 및 항노화 산업이 미래 유망 산업으로 크게 부상하고 있다. 항노화 산업은 헬스케어 산업의 한 분야로서 노화 예방과 노화 과정에서 발생하는 질환의 진단, 억제, 치료, 재생을 통하여 건강한 삶과 관련되는 의료 및 제약과 화장품, 건강 기능식품 산업 등을 통칭하는 것으로 항노화 및 관련 산업은 새로운 고부가가치 산업으로 떠오르고 있다.

항노화는 성장기에 도달하는 육체적·정신적 인체 기능을 극대화하고, 이후 노화에 따른 기능 저하를 지연시킴으로써, 최적의 건강 상태를 최대한 오랫동안 유지하고자 하는 적극적인 건강 증진 행위라 할 수 있다.

미국에서는 이미 1990년 장수 의학(longevity medicine)과 함께 시작된 새로운 항노화 의학(anti-aging medicine)을 전문화된 분야로 분류하고 있다. 항노화를 의학적 관점에서 노화와 관련된 기능 저하, 질병 등을 조기 진단하고, 예방과 치료를 하기 위해 첨단 과학과 의학 기술을 적용하는 의학의 특수 분야로 보고 있다.

노화 원인에 관한 학설로는 자유래디컬설, 호르몬 분비감소설, 노폐물 축적설, 유전자 장애설 등 많은 학설이 존재하는데, 각 원인에 대한 치료로는 항산화요법, 호르몬 보충요법, 면역 강화요법 등이 주목을 받고 있다.

항노화 의학의 목적은 생활의 질을 향상시켜 수명을 연장시키는 것으로, 구체적으로는 근중량·골밀도·체력·활력 증가, 체지방 감소, 면역력 강화, 콜레스테롤 관련 데이터 개선, 피부 윤택 개선, 기분 개선, 수면 개선 등을 예로 들 수 있다.

항노화 효능을 평가하기 위해서 개발하고자 하는 제품 또는 기술이 수명 연장과 노화 지연에 얼마나 효과가 있는지 검증과 평가가 필요하다. 머지않아 대부분의 국가들은 고령자들이 이끌어가는 사회가 될 것이다. 사람이면 누구나 다 나이가 들어도, 아프지 않고 건강하게 살고 싶어 하기 때문에 항노화 관련 산업에 이미 수많은 소비자들이 상품을 기다리고 있다.

우리나라의 세계적인 수준의 ICT 기술과 의료 서비스가 융합된 신산업을 잘 육성시키고, 글로벌 성장이 본격화되고 있는 항노화 관련 산업을 적극 성장시킴으로써 기업의 성장과 더불어 양질의 일자리가 창출된다. 이에 정부 차원의 행정적 지원을 확대해서 항노화 사업이 세계를 향해 나아갈 수 있도록 해야 한다.

항노화 산업의 개념과 범주

항노화(노화 방지, 앤티에이징) 산업에 대한 관심이 높아지고 있긴 하지만, 학계, 산업계 및 사회적 측면에서 아직 통일된 개념이 정립되어 있지 않아 혼선을 일으킬 여지가 있다. 학계의 경우 항노화는 노화 과정을 지연, 예방하거나 노화 현상을 역전시키는 것으로 정의하고 있다. 한편, 사회적 측면에서의 항노화 제품 및 서비스와 관련해서 노화는 자연스러운 생명 현상이기 때문에 식이 조절이나 운동 외에는 노화 현상을 지연시키거나 역전시키는 제품이나 서비스가 검증된 경우는 거의 없다고 보고 있다.

그러나 산업계는 항노화에 대해 보다 적극적인 입장을 취하고 있는데, 항노화 제품 및 서비스의 개념을 노화로 인한 신체 기능의 저하나 노화 관련 질병을 조기에 탐지하여 예방하거나, 관리하고 치료하는 모든 것으로 규정하고 있다.

따라서 항노화 산업은 노화 속도를 늦추고, 노후에도 건강하고 아름

다운 삶을 영위하는 데 필요한 항노화와 관련된 제반 산업까지 포함한다. 산업적 측면의 항노화 산업 육성 방안은 노화 및 노인성 질환을 예방, 치료하거나 개선을 위한 의약품, 건강 프로그램 등의 제품이나 서비스와 관련된 산업(의약품, 의료기기, 식품, 화장품)으로 정의하고 제품 분야에 중점을 두고 있다.

〈노인성 질환에 따른 항노화 산업〉

• 인체의 노화 예방 및 개선 의료 기술

• 노인성 질환 치료 의료 기술

• 세포와 조직의 재생 기술

• 심혈관 노화 방지 기술

• 피부 노화 방지 기술

• 성 기능 재생 기술

• 면역 노화 방지 기술

• 내분비대사 노화 방지 기술

• 간기능 재생 기술 등.

〈젊음 유지를 위한 외모 관리와 제품 및 서비스〉

• 건강 유지를 위한 항노화 제품

• 건강 유지를 위한 의약품

• 노화 건강 유지를 위한 보조 식품

• 외모 향상을 위한 항노화 제품

- 모발 관리 제품

- 기타 외모 향상 관련 제품 등.

항노화 의료와 비즈니스 기회

전 세계에서 고령화가 진행되는 것은 의학 및 의료 기술에도 대 변혁이 있음을 의미한다. 항노화 의료에 거대한 비즈니스 기회가 있음은 너무나도 분명한 사실이다.

대개 항노화라 하면 화장품을 떠올리기 쉬운데, 의술을 통해 인간 신체의 본질적인 부분에서 크게 개선될 가능성이 높아진다. 이미 항노화를 위한 건강 검진(medical checkup, 표면상으로 명백한 질병의 증세 없이 평소 건강하게 일상생활을 영위하고 있는 사람에 대하여 실시하는 준정기적인 종합검진)도 진행되고 있다. 병에 걸리면 어떻게 할 것인가, 간호 대상자가 되면 어떻게 할 것인가로 걱정하는 것이 아니라, 앞으로는 예방 의료의 필요성이 강조될 것이다.

항노화 바이오 산업 분야를 살펴보면, 항노화에 효능이 있는 천연물을 고부가가치 제품으로 개발하게 되면 새로운 미래 항노화 먹거리 산업으로 농가 소득을 올릴 수 있다. 구체적으로 항노화 자원을 한방 기능성 식품과 화장품과 의약품 원료로 개발하거나 수출 전략 품목으로 육성하고, 관광과 결합한 6차 산업 비즈니스 모델로 개발할 수 있다.

평소 건강에 관심이 많은 시니어들을 위해 건강한 삶을 위한 레저(여가 활동, 힐링, 요가)와 같은 활동과 이에 관련된 용품 산업 그리고 항노화 식품 산업을 육성할 필요가 있다. 우리나라에서 항노화 산업의 연구 인프라가 일부 구축되어 있으나, 제품의 마케팅과 판로 개척 등 사업화 지원은 미흡한 실정이다.

항노화 산업의 발전과 확립은 건강한 노화(healthy or well aging)를 실현시킬 수 있으며, 국민의 건강 수명과 경제 활동 기간을 연장시켜 국가의 경제성장, 재정 효율화 및 국민 행복에 기여하는 데 도움이 되므로, 고령화 사회에서 국민이 건강을 유지하고 행복한 삶을 영위하기 위해서 항노화 사업을 국가적 차원의 사업으로 육성하는 방안도 모색할 필요가 있다.

1장

고령화 삼농
(농업 · 농촌 · 농민)의 혁신

농업 현실의 해결 방안

시니어 산업으로 굳이 삼농(농업 · 농촌 · 농민) 부분을 언급하는 이유는 65세 이상의 고령자들이 농업 · 농촌 인구의 약40%(39.1%) 정도를 차지하고 있을 정도로, 농업 인구는 이미 고령화되었다는 점이다. 현실적으로 아직까지 이 분들이 우리나라 농업을 유지시킬 수 있는 노동의 근원이기도 하며, 더욱이 농업은 우리 식량을 지탱하는 중요한 산업이기 때문에 농촌 산업 가운데 특별히 시니어와 관련된 삼농 부분에 대해 살펴보도록 한다.

오늘날 농업이 안고 있는 문제점을 해결하기 위한 정부의 대처 방안은 아직 그 해법을 제시하지 못하고 있는 것이 현실이다. 우리들이 살아

나가는 데 필요한 식량을 제대로 확보할 수 있느냐에 대한 것은, 국가 차원에서도 매우 중요한 과제임은 재론할 여지가 없다. 현재 우리나라 농촌의 대부분은 영농 규모가 영세하고, 농촌 인구의 격감과 고령화는 농업의 경쟁력을 약화시키고 있으며, 도시와 농촌간의 소득 격차는 더욱 심화되고 있다. 더구나 젊은 농업인의 도시로 이동함에 따라 영농 인구가 지속적으로 감소하고 있다.

농업은 과학 기술의 힘으로 품종 개량이나 병충해 대책 등과 같은 문제에 대해 어느 정도의 도움을 받을 수는 있으나, 농업 기술만으로 리스크를 피할 수는 없다. 농산물 수확량은 생산 입지와 기후에 크게 좌우되기 때문에 토양이 풍부한 장소에서 많은 농산물을 수확할 가능성이 있지만, 병충해 피해로 수량이 크게 감소하는 경우도 있다.

어떤 때는 정성들여 농작물을 돌보고 비료를 주어 풍작이 확실해 보였을지라도 태풍이나 폭풍우 또는 가뭄 등으로 인해 모든 노력이 수포로 돌아가는 경우도 발생할 수 있다.

이러한 여러 가지 상황, 날씨나 기후에 대처하기 위하여 품종 개량과 농약에 의한 병충해 대책, 홍수에 대한 치수 대책 등 전문가들이 끊임없는 연구를 계속함으로써 각각의 생산 입지에 적합한 품종을 재배할 수 있게 되고, 그 외 하천 개량과 제방 축조, 방풍림 등으로 어느 정도 수준의 자연 재해에는 대처할 수 있게 되었다.

이와 같이 오랜 기간에 걸친 농작업의 실천과 경험에 따라 축적된 노하우는 영농 후계자들에게 계승되어 농업 생산에 공헌하고 있다. 정부(지자체) · 대학 · 연구소 등이 농업 기술을 개량하고, 새로운 품종을 개발하여 각지의 농업 관련 기관이나 농업기술센터, 농협 등을 통해 농가와 영농 단체들에게 각각의 정보가 제공되어 활용되고 있다.

농가와 영농 단체가 농작물을 재배하는 지역이나 계절에 따라, 무엇을 재배하면 효과적이고 효율적으로 좋은 성과를 얻을 수 있는지에 대해서도 지금까지의 그 지역의 재배 경험치가 활용되고 있다. 그러나 농업인에게 있어 설령 재배가 순조롭다 하더라도 소득(이윤)이 피땀 흘려 고생한 노동에 상응하는 것인지는 예상하기 어렵다. 그 이유는 생산물이 최종적인 소비자에게 가기 위해서는 공판장이나 농협 등을 통한 중간 도매업자의 경매로 비로소 가격이 결정되기 때문이다.

농산물을 생산함에 있어서 입지, 병충해, 기후, 자연 재해, 가격 결정 등에 위험 요소를 떠안고 있다. 농업 기술의 발달로 개선되고, 어느 정도의 수확에 대한 위험 요소가 감소 상태를 보이고 있다 해도, 여전히 기후의 변동이나 자연 재해의 리스크는 상당히 크다. 더구나 시장 수급에 따라 생산물 가격이 결정되기 때문에 안정적인 수입을 얻는 것이 상당히 어려운 사업이라고 볼 수 있다. 어떻게 하면 위험 부담을 줄이고, 안정적인 수입을 확보하기 위하여 어떻게 해야 할지를 검토할 필요가 있다.

4차 산업혁명 기술로 농업 리스크 극복

과거 우리나라의 산업화는 열악한 조건에서 주로 자본과 기술을 외국에서 수입하고, 여기에 국내의 저가 노동력을 결합하여 공장을 짓고 생산한 제품을 수출하는 방식으로 성장해 왔다. 이제 우리나라 농업 정책도 과거의 보호 정책에서 탈피해 성장 산업으로 전환시켜 나아가야 한다. 급변하는 시대에 걸맞은 패러다임으로 변화할 필요가 있으며, 무엇보다 변화를 주저하지 않는 정부의 의지와 정책적 연구가 선행되어야 한다.

제4차 산업혁명 기술을 이용하면, 농업의 리스크에 대처하기 훨씬 용이하고 농업 기술과의 결합으로 이전과는 다른 새로운 재배·생산 방식을 구축할 수 있게 된다. 제4차 산업혁명 기술을 적용한 사례로, 이미 식물공장에서는 채소·과일 재배가 이루어지고 있다. 하지만 곡물 재배는 큰 면적을 요하기 때문에, 공장 재배에는 적합하지 않아 채소·과일만 식물 공장에서 재배하고 있다. 이것은 종래의 온실 등에 의한 촉성 재배(forcing culture, 促成栽培) 공장화라고 볼 수 있다. 이 식물 공장은 토양을 사용하지 않고 수경 재배를 실시하므로 생육 상황에 따른 최적의 시설과 비료에 따라 재배가 가능하고, 병충해까지도 방지할 수 있다. 공장 내에 온도·습도·조명 등을 계측할 수 있는 센서를 설치하고, 재배 환경에 적합한 환경을 유지하기 위한 공조 설비, 조명 설비, 가습 설비 등을 가동시키는 것이다. 나아가서는 지금까지의 경험치를 빅 데이터화하고 인공지능기술에 따라 최적의 환경을 찾아 이를 실현함으로써 품질 좋은 생산물을 효과적이고 효율적으로 수확할 수 있게 된다.

그러므로 24시간 365일, 공장을 가동시킬 수 있게 되어 계절이나 기후에 좌우되지 않고, 재배할 수 있게 되어 계획한 대로 안정적인 수확을 얻을 수 있다.

ICT 기술, 고령사회의
농업·농촌의 힘

농가는 생산물을 그대로 판매하는 데 그치지 않고, 그것을 원재료로 한 가공품도 생산하여 인터넷 쇼핑몰을 통해 판매하게 되고, 생산물의 특징과 장점을 내세운 맛있는 가공품도 제공하고 있다. 이처럼 농업은 단순히 농산물을 재배·수확·출하하는 1차 산업만이 아닌, 그것을 가공하는 2차 산업의 역할은 물론, 나아가 인터넷을 통해 직접 소비자에게 판매하는 3차 산업까지도 담당하는 이른바 6차 산업으로까지 변모하고 있다.

생산 직매의 경우 전년도 실적을 바탕으로 올해의 생산을 얼마나 확대할 것인가, 그 생산량을 결정할 수 있다. 온실을 이용한 생산에서의 ICT 활용은 온도, 습도, 시비 등 상당한 부분을 제어할 수 있으나, 노지의 경작지 경우에는 자연에 맡겨서 일기예보와 경험 수치에 의존할 수밖에 없다. 수경재배는 공장에서 생산하는 것과 거의 같은 조건으로 ICT 활용이 가능하다.

유통에서도 ICT를 충분히 활용함으로써 기존 시장뿐만 아니라, 생산 직매, 물류회사 활용, 인터넷 판매업자 등 여러 가지의 판로를 확보할 수 있고, 실시간 시장 동향을 빠르게 파악할 수 있다. 유통 과정도 1차 산업에서 6차 산업으로의 변화를 내세우고 있는데, 생산자가 소비자에 대하여 가치 있는 농산물을 소비자에 정확히 공급할 수 있는 구조를 구축함에 따라 실현될 수 있다. SNS를 통하여 농산물에 대한 소비 동향을 파악하거나, 수급 상황을 교환하는 것도 충분히 가능하며, 나아가 생산물의 오너 제도에도 활용할 수 있다.

기업에서의 ICT는 인력으로 서비스를 제공하는 사업과 시스템이나 구조에 의한 서비스를 제공하는 사업에서도 활용 가능하다. 먼저 인력으로 서비스를 제공하는 사업에서의 예를 들어 보겠다.

ICT는 사람이 하는 일을 로봇이 대신하도록 하는데, 이런 경우 전문적이고 고도의 서비스를 제공할 수 있는 구조가 구축되어 있어야 하고, 무엇보다 그 업무를 담당하는 인재의 확보 · 육성이 중요하다. 시스템이나 구조에 의한 서비스를 제공하는 사업의 경우에는 ICT를 전제로 한 시스템 구축이 기업의 사업 기반이며, 소비자의 요구에 얼마나 잘 대응할 수 있는지가 관건이다. 언제든지, 어디서든지 간단히 저렴한 값으로 서비스를 제공받을 수 있는 인프라를 정비하여 끊임없이 개선 · 개혁해 나가야 되며, 소비자가 어떠한 서비스를 원하는지, 그것을 어떤 식으로 시스템으로 구축해 나갈지가 핵심이다.

1차 산업인 농업에서는 첨단 기술과는 거리가 먼 영역이라 생각되지만, 이 영역에서도 4차 산업혁명의 물결이 다가오고 있다. 예를 들어, 자동주행 기술은 농업 분야에도 적용이 가능하다. 사람이 직접 운전해온 트랙터 등의 농업 기계에 자동주행 기술을 적용시킴에 따라 작업을 자동으로 수행할 수 있게 된다. 이에 따라 경험이 없는 신규 농업자일지라도 작업 가능하며, 야간 작업도 할 수도 있게 된다. 물론 어느 정도의 정밀도로 활용 가능한지, 그리고 안정성 문제를 어떻게 해결할지 등에 대해서는 앞으로 검토해야 할 과제로 남아 있지만 농업의 고된 일을 덜어줄 기술로 가능성을 갖고 있다.

농작물 재배의 경우, 온도와 물의 관리가 필수적이다. 예를 들어, 비닐 하우스에서 재배할 때는, 바깥 기온의 변화와 일조량 등에 따라 실내를 일정 기온으로 유지하고, 물을 주는 것도 작물의 재배 상황에 맞추어 매일 바꾸어 주어야 한다. 게다가 같은 작물이라 하더라도 날씨나 토양 등에 따라 최적의 재배 방법이 다르기 때문에 일련의 농작업에 일일이 사람의 손을 거쳐 가야 했다. 그러나 이제 이러한 작업들이 IoT 인공지능을 활용하게 됨으로써 작업 환경이 크게 변화하고 있다.

제조업의 6차 산업화

6차 산업이란 농촌에 존재하는 모든 유무형의 자원을 바탕으로 농업과 식품, 특산품 제조 가공(2차 산업) 및 유통 판매, 문화, 체험, 관광, 서비스(3차 산업) 등을 연계함으로써 새로운 부가가치를 창출하는 활동을 의미한다. 농업 분야에서 1차 산업인 농업에 식품 가공업(2차 산업), 유통 판매업(3차 산업) 등을 연계함으로써 새로운 부가가치를 창출하는 구조이며, 이것을 6차 산업화나 농·상·공 연계라는 말로 표현한다.

이와 마찬가지로 2차 산업인 제조업도 인터넷을 사용하여 소위 IoT 등을 활용하여 3차 산업인 IT 서비스업과 조합하여 고부가가치를 제공하는 6차 산업으로 진화하고 있다. 디지털 데이터화에 의해 점점 가시화되고 있으며, IoT와 빅데이터, 인공지능 등을 활용하여 가는 구조로 바뀌어 가고 있다. 인공지능 시대에 살고 있는 우리가 그 기술을 활용하고 새로운 결합을 구축하게 되면, 사람이 하기에 위험한 일이나 강도가 높은 작업을 로봇이나 드론이 대신할 수 있게 만들 수 있다. 그러나 한편으로론 사람이 할 수 있는 일을 로봇이나 기계가 대신하게 되어 점차 우리의 일자리를 잃어갈 수 있다.

기업의 사업 기반이 ICT를 전제로 한 시스템 구축이 필수가 되어 버린 시대가 되었다. 이제 기업은 시시각각 변하는 소비자의 요구에 얼마나 신속히, 어떻게 대응해 나갈 것인지 많은 고민과 연구를 해야 될 것이다. 언제든지, 어디서든지 간단히 저렴한 값으로 서비스를 제공받을 수 있도록 인프라를 정비하여 끊임없이 개선하고 개혁해 나가야만 기업이 생존할 수 있다. 아울러 소비자가 어떠한 서비스를 원하는지, 그것을 어떤 식으로 시스템으로 구축해 나갈지도 기업의 핵심이다.

1차 산업(농업) × 2차 산업(제조업) × 3차 산업(서비스업)
= 6차 산업화

2차 산업(제조업) × 3차 산업(서비스업, 특히 인터넷 관련 비즈니스) = 6차 산업화(IoT, AI, 빅데이터 등)

농업 분야의 6차 산업화의 전망

지금까지 농업 분야에서는 경험과 감에 많이 의지하였고, 또한 그 수확이 기후에 크게 영향을 받는다는 생각을 당연시 했었다. 게다가 생산과 유통 구조가 농협과 공판장, 전통 시장 등으로 분리되어 소비자의 요구를 반영하기 어려웠다.

그러나 요즘 인터넷을 통하여 직접 소비자로부터 주문을 받고, IoT 기술을 활용하여 생산 환경을 통제할 수 있는 공장에서 작물을 재배하게 되고, 필요에 따라 가공을 더해 택배 시스템을 활용하여 자택으로 보내는 시스템으로 변화되고 있다. 1차 산업에서 탈피하여 2차 산업이, 그리고 배송 물류와 소매라는 3차 산업으로 반복되는 과정에서 그 종합적인 6차 산업으로의 방향 전환이 빠르게 이뤄지고 있다.

영농 기업이나 영농 단체들도 재빠르게 6차 산업화를 함으로써 농산물 재배, 가공생산, 물류, 판매 등 소비자의 손에 이르기까지의 모든 프로세스를 파악하여 주문과 신상품의 소개로 판매의 폭과 기회도 대폭 증가하고 있다. 또한, 이러한 모든 과정에 관련된 데이터를 수집, 분석함으로써 앞으로의 생산과 판매 계획에 큰 도움을 받고 있다. 이러한 구조를 제대로 구축하면 농가와 가공업자, 택배업자를 연계시켜서 생산·가공·택배를 위탁하여 판매 업무만 담당할 수도 있다.

농업을 6차 산업화함으로써 큰 비즈니스의 기회가 열릴 수 있지만, 그 모든 과정에 있어서 다양한 리스크를 미리 예측하고 관리하는 측면도 고려해야 한다. 예를 들어, 식물 공장에서 농산물 재배를 자동화하는 경우에 공장을 제어하는 시스템 고장이나 사이버 공격에 따른 정지 상태가 계속되면 기후 악화와 같은 상태로 전락하게 될 수 있다.

2장

인공지능과 ICT 기술로
새롭게 진화하는 농업

ICT 기술기반 AI시대의 농업

농업은 자연과 시장을 상대로 가장 오랜 역사를 갖고 있는 산업이지만, 다른 산업에 비해 비교적 ICT 신기술의 활용이 적게 이용되고 있는 분야이다. 그 이유로는 생산 방식, 유통 경로, 시장, 행정 등에서 아직 ICT의 장점을 이용하지 못하고 있기 때문이다. 일반 생산자들은 농작업의 기계화를 어느 정도 실현하고 있고, 이에 따른 생산성은 높아지고 있으나, 농업에 ICT를 이용하는 농업인들은 아직까지 매우 적은 수에 한정되어 있다.

농산물 생산에 있어서 어려운 점은 많이 있지만, 그 중에 생산자가 수급 상황을 파악하기 어렵기 때문에, 어떻게 하면 소득이 보다 증가될 수 있는지 파악하기가 어렵다. 또한 생산할 작물을 결정하더라도 그 생육이나 결실은 기후에 크게 좌우되기 쉽기 때문에 심한 악천후의 경우에는 작황을 망칠 위험도 있다.

이에 반하여 ICT 신기술을 활용한 온실이나 수경 재배 공장에서의 생산은 비용이 많이 들기는 하지만, 생육 환경을 제어할 수 있어서 계획한 대로 어느 정도의 성과를 올릴 수 있다.

일반적으로 농산물 유통은 농협을 경유하여 일반 시장에서 판매되고 있으며, 물류는 저온 · 냉장 운송 · 보관 등으로 잘 정비되어 있다. 농산물의 가격 형성은 시장에서 중간 도매업자의 경매에 따라 결정되며, 이후 그 가격에 근거하여 소매업자가 매입하고, 소매 가격을 결정하여 일반 소비자에게 판매된다. 이런 구조는 생산자와 소비자 간의 간격이 너무나 커서 생산자는 소비 동향을 정확히 파악하는 것이 상당히 어렵기 때문에 농협이나 중간 상인에 의존할 수밖에 없다.

이와 같은 농업 생산물의 생산 · 유통 · 소매 · 소비를 어떻게 연결시키면 소비자가 필요로 하는, 혹은 원하고 있는 농산물을 생산자가 효율적 · 효과적으로 공급할 수 있을지에 대해 충분히 검토해야 한다. ICT를 활용하여 생산 · 유통 · 소비를 연결시키는 방법을 생각할 수 있는데, 그중 한 가지가 생산 품목의 수요 예측이다. 이를테면, 슈퍼마켓과 같은 소매업자의 POS 데이터를 빅데이터로 분석함으로써 수요와 그 경향을 예측해서 만들 수 있다.

생산에 있어서 ICT 활용의 예로 수경 재배가 있으며 온실을 이용할 경우 온도와 습도, 시비 등 많은 부분에서 제어가 가능하다. 생산 수단으로 농기구에 대해서는 공동 이용, 렌탈업자 · 리스업자를 활용하는 방법이 있는데, 거의 비슷한 시기에 같은 종류의 농기구가 많이 필요하기 때문에 국가 전체를 인터넷으로 연결함으로 분산시킬 수 있다.

농지의 취득과 임대가 쉬워지면서 농업 규모의 확대와 농기구에 의한 영농의 자동화에 따라 생산성 향상과 경쟁력 있는 농산물 재배, 수출 가능한 환경으로 정비되어가고 있다. 또한 농작물의 공장 생산, AI기술을 활용한 재배환경 정비등에 의해 농업도 고도화되어 가고 있다.

4차 산업혁명과 농업의 혁신 기업

지금까지의 전통적인 농업기술의 형태는 영농인들이 수년 간 축적해 온 경험과 기술을 바탕으로 어떤 작물을 얼마만큼 파종하고, 언제 수확해야 하는지 결정된다. 이제는 그 암묵적인 기술과 지식이 데이터로 축적되어 인공지능과 빅데이터 기술로 결합하면서 다양한 서비스를 창출하는 혁신의 원천으로 등장하고 있다. 그 대표적인 사례로 세계 스마트팜 기술 시장을 주도하는 네덜란드 프리바(Priva)를 들 수 있다. 이 기업은 데이터 기반의 정밀 농업을 선도하며, 시설 원예 분야에서 인공지능 기반의 스마트 팜 솔루션으로 세계 시장의 70% 이상을 점유하고 있다. 네덜란드 프리바 같은 기업들은 모두 영세 규모에서 출발했으나, 사회적 대 타협을 통해 대 규모화와 첨단화에 성공하면서 세계 시장을 선도하게 되었다.

우리나라에도 LG CNS가 새만금 산업단지에 대규모 '스마트 팜

(Smart Farm)' 단지를 구축하려는 계획을 세운적이 있고, 지난 2012년 동부그룹 계열사인 동부팜한농이 수출용 토마토를 재배할 온실을 지었다가 각종 농민단체들과의 갈등으로 인해 중단된 사례도 있었다.

다른 한편으론, 벤처 기업인 만나 CEA는 농업을 디지털로 전환시켜 성공한 사례를 남겼는데, 만나 CEA는 소프트웨어 기술과 아쿠아포닉스라는 수경 재배 기술을 결합하고, 시중에 유통되지 않던 특수 채소를 선별해서 시장을 차별화하며 혁신을 이루어낸 대표적 기업으로 성장했다. 처음 이 기업을 설립한 사람들은 농업이 아닌 공학을 전공한 학생들로서 직접 농장을 건설하고, 운영하면서 축적한 데이터를 바탕으로 스마트팜을 제어하는 센서기기와 소프트웨어 솔루션을 개발하고, 최근에는 융(복)합 기술의 대표적인 기업이 되었다.

그러나 전반적으로 우리나라의 농업인 경우는, 농촌 인구의 고령화와 낮은 소프트웨어 기술 역량, 열악한 인프라와 높은 초기 투자 비용, 농가와의 갈등으로 인해 디지딜 전환에 여진히 어려움을 겪고 있다.

3장

농촌 시니어,
공유경제에서 답을 찾다

시니어의 다양한 지식, 경험, 재산 활용의 공유경제

공유경제(sharing economy)란 활용되지 않는 재화나 서비스, 지식, 경험, 시간 등의 무형자원을 대여하거나 빌려 사용하는 경제 방식으로 한 번 생산된 자원을 소유에 집착하기보다는 여럿이 함께 사용하는 것이다. 기존의 자원을 지속적으로 사용할 수 있도록 가치를 부여함으로써 '내 것'이라는 소유 경제로 인해 대량 생산과 소비로 자원이 낭비되고 환경 오염이 가속화되는 사회 문제를 고민하는 사람들이 함께 실천해 나가는 개념으로도 이해할 수 있다. 결국 공유경제는 필요한 기간만큼 대여하여 자원의 유휴 시간을 최소화함으로써 불필요한 자원의 낭비를 막고 환경 문제를 방지하는 일거양득의 효과를 누릴 수 있으므로 많은 사람들이 공유경제에 동참하고 있다. 한편 시니어들도 한창 때의 과거 생산 현장에서 경험한 지식, 노하우, 정보, 인격 등을 공유할 수 있는 새로운 '시니어 공유경제 활동' 방안에 대해서도 연구하며 실현해 나갈 수 있는 것에 대해 살펴볼 필요가 있다.

시니어의 경우, 오랜 사회경험으로 축적된 자신만의 기술 또는 재산을 필요로 하는 다른 사람과 공유함으로써 새로운 가치를 창출하고 협력적 소비를 할 수 있게 되는 긍정적인 측면이 있다. 인터넷상의 숙박 공유 업체의 등장으로 시니어들 소유의 빈 집이나, 비는 방, 별장 등을 임대할 수 있게 되어 노후의 경제를 해결할 수 있는 방안이 될 수 있다.

우리나라의 고령자 중에는 직접 거주하는 주택 이외의 부동산(토지, 임야, 기타 건축물 등)을 보유한 경우가 많이 있다. 특히 지방도시일수록 고령가구들은 유동성이 낮은 토지나 임야를 소유한 비중은 높으나 이에 반해 임대소득은 너무나 적어서 보유세조차 내기 어려운 고령자들이 많다. 이들은 표면적으로 자신이 있어서 정부로부터 각종 지원이나 보조금을 받기도 어렵고, 자산은 있지만 현금 소득이 없어 각종 지원 대상에서도 제외되어 '고 자산 빈곤층'이 되어 버린다. 조상 대대로 내려오는 농가 주택조차 자녀들이 1가구 2주택이라는 부담으로 소유나 관리자체를 꺼려 더 농촌의 폐허를 부추기고 있다. 고령화가 계속될수록 농어촌에서 이러한 현상은 더욱 심화될 것이며, 이것을 해결하기 위한 방안으로 공유경제 서비스를 검토할 필요가 있다.

그러나 주의해야 할 것은 새로운 경제 모델로서 관련법 및 제도가 미흡하여 거래에서 발생할 수 있는 분쟁을 거래 참여자가 스스로 해결해야 되는 위험성도 있고, 공유할 때 자원의 가치 하락 정도를 상호 합의하기에 어려운 점이 있어서 분쟁이 생길 가능성도 배제할 수 없다.

공유경제의 전망

스마트폰의 보급과 IoT · 빅데이터, 인공지능 기술의 발전, 페이스북이나 트위터 등 SNS 계정을 활용한 간편한 본인 확인 방법, 저렴한 가격으로 안전한 결제 수단과 전자 머니의 보급, 물류 시스템의 개선 등, 정보 통신 기술의 진전이 모든 공유 경제의 급속한 성장을 불러오고 있다.

스마트 폰의 보급으로 이전에도 상상할 수 없었던 서비스를 제공할 수 있게 되었다. 그 예로 미국의 우버(Uber)라는 라이드셰어(rideshare) 서비스는 스마트 폰을 사용하여 자신이 있는 장소와 목적지를 지정하면 근처에 있는 드라이버가 자기가 있는 곳까지 와 주는 서비스로 GPS 기능과 맵 기능을 갖추고, 고속 인터넷망에 연결할 수 있는 스마트폰의 보급으로 가능해진 서비스이다. 이 외에도 에어비앤비(aIrbnb)라는 민박 서비스는 에어비앤비 어카운트와 페이스북 어카운트를 서로 연계시킬 수 있다. 그래서 페이스북으로 연결되어 있는 사람들이 에어비앤비 상에 표시되게 되므로, 소유주는 차용인이 어떠한 커뮤니티에 속해 있고, 어떤 사람들과 이어져 있는지를 확인할 수 있어서 방을 빌려 줄 것인지, 아닌지의 의사 결정에 도움이 된다.

다양한 정보 통신 기술의 보급으로 세상에 존재하는 다양한 자산을 공유의 대상으로 만드는 것이 가능해지고 있다. 실제로 2010년 전후로 각종 정보 통신 기술이 발달되기 시작했고, 다양한 분야에서 새로운 서비스가 등장하였다. 이 시장 규모는 영국의 PWC사의 조사에 따르면 공유경제에 속하는 5개 분야(금융, 인재, 숙박시설, 자동차, 음악·비디오 배포)의 세계 전체에서의 시장 규모는 2013년의 약 150억 달러에서 2025년에는 약 3,350억 달러 규모로 성장할 것으로 전망하고 있다.

각 개인이 물건을 단독으로 소유하는 소유경제(own economy)형 사회에서, 물건을 공동으로 이용하는 공유경제형 사회로 이행함으로써, 소유주의 빈 방이나 이용하지 않는 자동차, 빈 회의실 등과 같이 평상시에 사용되지 않는 자산(유휴자산)으로부터 수익을 얻을 수 있는 장점이 있다. 그리고 차용인은 실제로 무언가를 소유하지 않더라도 필요할 때 필요한 만큼만 물건이나 서비스를 이용할 수 있어서 비용을 절약할 수 있다는 장점이 있다.

주위에서 활용되고 있지 않은 유휴자산을 플랫폼을 통하여 개인의 요구와 연결시켜 활용하는 것은, 사회 전체의 자산 이용률 향상으로 이어진다. 사람, 물건, 공간 이라는 한정된 자원을 최대한 활용하는 것은 지역 경제 활성화의 실현에도 이바지하는 일이다.

또 한 가지는 물건이나 공간을 공유하고, 효율적으로 이용함에 따라 지구 환경에 좋은 영향을 기대할 수 있다. 예를 들어 어느 장소까지 4명이 이동한다고 가정했을 때, 4명이 4대의 차로 각각 목적지로 향하는 것보다, '라이드 셰어'를 해서 1대의 차로 이동하는 편이 훨씬 에너지 절약과 교통 체증의 해소에 도움이 된다.

공유경제 시장의 급성장

공유경제의 구체적인 서비스로는 자동차를 빌려주고 싶은 사람과, 빌리고 싶은 사람을 연결해 주는 서비스를 예로 들 수 있다. 주말밖에 이용하지 않는 자가용차가 평일엔 주차장에 그냥 방치되어 있어 아까워하는 소유주와, 평일에 몇 번 장보러 갈 때 잠깐 차를 이용하고 싶은 차용인을 연결하는 서비스를 제공하는 사업자(플랫폼 사업자)가 등장하고 있다.

이 외에 자연 경관이 좋은 시골의 여유 있는 방을 여행자들에게 빌려주어 약간의 수입을 얻고 싶은 소유주와 호텔이나 여관과는 다른 현지 사람들이 거주하고 있는 개인 집에 숙박해 보고 싶어 하는 여행자(차용인)를 연결시켜 주는 서비스도 나왔다. 이밖에도 회의실이나 주차장 등의 공간을 공유하는 서비스, 지식 · 스킬을 공유하는 서비스 등 다양한 곳으로 서비스가 확대되며, 이와 같은 시장 역시 급성장하고 있다.

[예1] 공유경제 적용 가능 분야 – 스킬 공유 서비스

스킬 공유 서비스란 어떤 사람이 무엇인가를 하고 싶지만, 지식과 능력 · 시간이 부족해서 알고자 하는 요구와, 자신의 지식과 능력을 활용하여 비어 있는 시간에 수입을 얻고 싶은 사람의 요구를 연결하는 서비스이다.

여기서는 간단히 스킬이라는 용어로 정리하였지만, 연결의 대상이 되는 스킬은 여러 가지가 있다. 회계나 법률, IT 등의 전문적인 스킬을 연결하는 서비스로부터, 육아와 요리, 식료품 장보기 등의 가사 대행, 애완

동물 돌보기 등에 대한 요구를 연결하는 서비스에 이르기까지 모두 다 스킬 공유 서비스로 분류할 수 있다.

[예2] 공유경제 적용 가능 분야 – 공간 공유 서비스

일반적으로 유휴 공간이라 부르는, 평소에는 사용되지 않는 공간이 많이 있다. 예를 들어, 야간이나 토요일의 회의실, 평일의 결혼식장, 폐점 시간 중의 레스토랑, 휴교일의 학교 체육관과 교정, 여행 중의 자택 주차장, 유휴 농지 등 수없이 많이 있다.

공간을 필요로 하는 사람과 그 유휴 공간을 대여하고자 하는 사람을 연결할 수 있는 플랫폼을 개발하고 제공하는 사업자들의 등장으로, 서로의 필요를 채움으로써 유휴 공간의 가동률이 향상됨은 물론, 소유주는 수입도 올릴 수가 있어서 경제의 선순환이 되는 긍정적인 효과를 불러 일으킨다.

요즘 스포츠 붐을 타고 스포츠 대회를 위하여 학교 운동장이나 기업의 구장을 빌리고 싶거나, 해카톤(Hackathon, 프로그래머 등이 단기간 집중해서 개발하는 이벤트)의 회의장으로 야간의 회의실을 빌리고 싶은 요구가 증가하고 있다. 이렇듯 다양한 요구에 서로를 연결시키는 플랫폼이 개발되어 유휴 공간의 활용이 더 활발해짐으로써 공간 활용이 대폭 커지게 되었다.

4장

시니어 고객을 위한
핀테크

**핀테크
기술의 정의**

핀테크(fintech)란 금융(finance)과 정보 통신 기술(technology)이 합쳐진 신조어로 금융 기술 서비스 및 산업의 변화를 의미하는 것이다. 은행과 증권회사, 보험회사 등의 금융기관이 제공하고 있는 다양한 금융 서비스에 정보 통신 기술을 더한 것이다.

핀테크를 금융과 IT의 융합 혹은 금융의 IT화라고 할 정도로 폭넓은 금융 서비스 전반에 영향을 미치고 있다. 핀테크에 관련된 의미로는 인터넷과 클라우드 컴퓨팅, 스마트폰 등 IT 기술이며, 최근 화제가 되고 있는 인공지능과 빅데이터의 활용 등도 여기에 포함된다. 이러한 IT 기술을 이용하여 새롭고 편리한 금융 서비스가 생겨나는 현상을 핀테크라 부른다.

핀테크는 다른 IT 분야와 마찬가지로 미국의 실리콘밸리를 중심으로 다양한 기업이 탄생하고 있다. 이와 더불어 과거부터 금융의 중심지였던 미국 뉴욕과 영국 런던, 아시아의 홍콩과 싱가포르도 핀테크가 왕성한 지역으로 알려지고 있다. 구미(歐美)에서는 기존의 대기업 금융기관이 벤처 기업과 연계하거나, 혹은 매수하여 자사에 흡수시켜 버리는 등, 기존 금융 기관이 핀테크를 활용하는 움직임이 활발하다.

모바일, SNS, 빅데이터 등 새로운 IT 기술 등을 활용하여 기존 금융 기법과 차별화된 금융 서비스를 제공하는 금융 서비스 혁신으로 모바일 뱅킹과 앱 카드 등이 있다. 최근에는 고객의 개인 정보 · 신용도, 금융 사고 여부 등을 빅데이터 분석으로 정확하게 파악하는 알고리즘 기술까지 등장하여 개인 자산 관리 서비스까지 그 영역을 확대하고 있다.

핀테크를 활용한 비즈니스 서비스의 장점은, 수수료를 절감할 수 있고, 서비스의 이용성이 증대되며, 빠르고 간편한 서비스를 제공할 수 있기 때문에 성장 가능성과 기회는 충분하다고 볼 수 있다.

시니어(중장년)를 위한 핀테크 전용 서비스

핀테크가 빠른 속도로 일상 생활에 흡수되면서, 금융 소외 계층으로 전락하고 있는 시니어(중장년)들의 전용 서비스를 구축하여 세대 간 혜택 불균형을 해소하고 있다.

핀테크는 인터넷 · 모바일 환경에서 결제 · 송금 · 이체, 인터넷 전문 은행, 크라우드 펀딩, 디지털 화폐 등 각종 금융 서비스를 제공하여 간편하게 금융 업무를 처리할 수 있게 해주기 때문에, 전 세계의 금융 혁신에 새 바람을 불러일으키고 있다.

인구 고령화와 관련하여 이러한 새로운 금융 서비스 트렌드는 고령층이 적응하기가 그리 쉽지만은 않다. 디지털 기술 혁신이 오히려 금융 소외 계층을 양산할 우려가 있어 핀테크 등 금융 거래에 첨단기술을 접목할 때, 소외 계층의 접근성을 높일 수 있는 방안을 연구해야 한다.

금융업 권마다 세대 간 금융 서비스 격차를 줄이기 위해 중장년 대상 핀테크 서비스 구축에 나서고 있다. 간편 조회 · 이체나, 대표 상품 소개, 여행, 쇼핑, 시니어 관광 등 시니어 고객에게 특화된 서비스를 제공하거나, 이용률이 높은 조회, 이체 메뉴는 전면 배치하고 화면 글씨체를 확대하는 등, 시니어 고객에게 적합한 모바일 환경을 구축하고 있다. 특별히 시니어 고객을 위한 금융과 비금융 솔루션을 제공하는 등, 고객이 서로 공감하고 소통하는 방식의 변화를 도모하고 있다.

핀테크 서비스의 분야

핀테크가 주목받고 있는 이유는 인터넷 거래의 증대, 스마트폰의 보급, 기존 금융기관에 대한 불신 등을 들 수 있다. 주요 핀테크 서비스에 대하여 국내외의 사례를 중심으로 결제 · 송금, 자산 관리 · 운용, 자금 조달(투자 · 융자), 보험의 4영역으로 나누어 알아보자.

1. 결제 · 송금 분야에서의 핀테크

결제와 송금에 관한 핀테크 사례의 하나로 결제 서비스의 도입 · 이용을 편리하게 하는 결제 대행 서비스를 들 수 있다. 독자적인 온라인 결제 소프트를 인터넷 쇼핑몰과 기업에 제공하고 있음은 물론 국제 결제 서비스에도 대응할 수 있다.

이에 기업은 손쉽게 다양한 결제 수단을 받아들일 수 있게 되어 이용자의 편리성도 높아지게 되고, 또한 스마트폰과 태블릿을 활용함으로써 실제 점포에서도 신용카드 승인 결제 서비스를 저비용으로 간단히 할 수 있으며, 소규모 기업과 점포에서도 편리한 결제 수단으로 받아들일 수 있게 되었다.

2. 자산 관리 · 운용 분야에 있어서의 핀테크

자산 관리 서비스는 여러 개의 은행계좌의 잔고 정보와 신용카드 등의 이용 이력을 자동으로 취득하고, 일체적으로 분류, 표시함으로써 개인과 기업의 자산 관리를 편리하게 만드는 것이다. 이 서비스로 개인의 경우 가계부의 자동화, 기업의 경우 경리 사무나 회계 장부의 자동화가 가능해졌다.

또한 자산 운용에 관한 핀테크로는, 로보어드바이저라고 부르는 투자처의 선정이나 재편성, 운용을 인공지능을 활용하여 자동으로 수행하는 서비스가 등장하고 있다. 지금까지의 자산 운용은 전문가에게 일임하는 서비스(증권회사 등이 제공하는 위임계좌 등)로 그 비용이 높기 때문에 주로 부유층을 대상으로 해왔다. 로보어드바이저가 제공하는 서비스는 저비용으로 개인의 자산을 최적으로 운용해 줄 수 있으므로 부담 없이 양질의 자산 운용 서비스를 받을 수 있게 되었다.

3. 자금 조달(투자 · 융자) 분야에 있어서의 핀테크

자금 조달에 관한 핀테크의 한 예로, 인터넷을 통하여 자금을 내는 측과 받는 측을 직접 연결해 주는 클라우드펀딩이나 소셜랜딩이라 불리는 서비스를 들 수 있다.

클라우드펀딩은 자금의 성질에 따라 기부형, 구입형, 투자형 등으로 나누어질 수 있다. 소셜랜딩의 구조는 클라우드 펀딩과 비슷하지만, 기본적으로는 융자 형태를 취한다. 기본적으로 자금을 빌리는 측은 원금에 금리를 얹어 상환하는 형태를 취하며, 신용이 낮고 은행 등으로부터 돈을 빌리는 것이 어려운 개인이나 기업이 자금의 주요한 차용인이다.

핀테크가 제공하는 새로운 자금 조달 방법이 자금을 조달하기 어려웠던 지방 기업이나 소규모 사업자, 신생 기업, 스타트 업 기업 등에 원활한 자금 조달을 가능하게 하고, 이러한 자금의 흐름이 기업의 활성화와 사업의 확대에 공헌하게 될 것이라 기대하고 있다.

4. 보험 분야에서의 핀테크

장기적으로 보험 분야에서 핀테크의 영향이 가장 클 것이라 알려져 있다. 한 예로 손해보험 분야에서는 지금까지 그 수익의 대부분을 차지하고 있던 자동차보험의 형태가 자동 운전 기술의 진전에 따라 크게 변할 것으로 예측하고 있다.

또한 생명보험과 의료보험 분야에 있어서도 스마트폰이나 웨어러블 디바이스(손목시계형 단말기 등, 몸에 부착할 수 있는 IT단말기)를 통하여 개인의 건강 정보나 운동 이력 등을 취득할 수 있게 되면, 보다 개인의 상황에 적합한 보험료 설정이 가능하다. 처음부터 보험은 사고가 나거나, 병에 걸린 후에 그 손실을 금전적으로 채우기 위한 것이었다.

그러나 다양한 정보의 취득과 그에 대한 해석이 가능해지게 되면, 사고나 질병이 발생하기 이전의 단계에서 그것을 막는 것도 가능해질지 모른다. 때문에 보험업 그 자체가 사고나 질병의 리스크를 사전에 예방하는 서비스로 옮겨 가게 될지도 모른다.

5장

블록체인의 충격

블록체인의 이해

최근 4차 산업혁명과 함께 이슈로 떠오른 것이 가상화폐인 비트코인이다. 가상화폐로 거래할 때 해킹을 막기 위한 기술로 블록체인이 사용되고 있어, 비트코인 열풍 속에 블록체인 기술 전문가 수요도 크게 증가할 것이라는 전망이다.

그러나 블록체인은 아직 사회적으로 정착되지 않은 이론으로, 더구나 시니어 산업과 관련하여 설명하는 부분은 이 책에서 생략하였다. 단지 블록체인의 개념을 파악하기 위해 공유경제나 핀테크와 함께 설명하는 것이 이해하기가 용이하다. 이 기술의 자세한 내용은 전문 서적을 참고하고, 단지 여기서는 최근 텔레비전, 신문, 잡지 등에서 화두가 되고 있어 그 개념만을 소개하도록 한다.

블록체인(block chain)이란 비트코인을 지탱하는 기술을 말하며, 일종의 분산형 거래 장부라고 할 수 있다. 즉 온라인 금융 거래 정보를 블록으로 연결하여 P2P(peer to peer) 네트워크 분산 환경에서 중앙 관리 서버가 아닌 참여자(peer)들의 개인 컴퓨터에 분산·저장시켜 공동으로 관리하는 방식이다. 즉 거래 정보를 중앙 서버에 저장하는 것이 아니라, 여러 곳으로 분산하여 동시에 저장하는 기술을 뜻한다. 일정 시간 동안 확정된 거래 내역이 하나의 블록(block)이고, 블록들이 연결돼 블록체인을 이루게 된다. 정보가 한 번씩 최신 상태로 갱신되며 네트워크에 있는 모든 참여자가 사본을 갖기 때문에 위(변)조가 어렵다는 장점이 있다.

기술적으로 다양한 요소를 이용하여 구성되어 있으며, 현 시점에서 비트코인 등의 통화로 운용하는 데 성공하였다. 한편, 통화의 성질과는 별개로, 기존의 IT시스템에 비해 악의가 있는 자가 데이터 소작을 방시하고, 일부 장애에 의해 전체 시스템이 정지하는 일이 없는 IT시스템을 저렴한 가격에 구축 가능하다는 특성을 가지고 있기 때문에, IoT(사물의 인터넷)을 포함하는 매우 폭넓은 분야로의 응용이 기대되고 있다. 블록체인을 사용한 대표적인 예가 가상화폐인 비트코인(bitcoin)이다.

가상화폐 비트코인

비트코인이란 국가에서 발행한 통화가 아닌, 인터넷 상에서 규칙에 따라 자동으로 발행되고 있는 통화이며, 실제로 인터넷 상에서 많은 사람들이 이미 거래하고 있다. 일반적으로 가상화폐라 부르고 있고, 비트코인은 수많이 존재하는 가상화폐 중 가장 거래량이 많은 통화이며, 그 가상화폐를 지탱하는 기술이 블록체인이다.

비트코인 기술을 처음 고안한 사람은 사토시 나카모토 (Satoshi Nakamoto)라는 인물(현시점에서 자세한 것은 불명)이다. 암호 기술자인 그가 2008년 11월에 정보를 교환하는 미국의 메일링 리스트 (mailing list)에 한 편의 논문에 대하여 메일을 한 것이 비트코인의 시작이라 알려지고 있다. 이 메일링 리스트로 개발자 몇 명과 함께 공동으로 소프트웨어를 작성하고, 2009년 1월부터 비트코인 및 비트코인 블록체인 운용이 시작되었다.

비트코인은 소프트웨어에 따라 관리되는 데이터 그 자체에 가치를 찾아내어, 유통시키고 있는 것이라 해석할 수 있다. 말하자면 중앙은행인 한국은행이 발행하는 법정통화나, 특정 기업이 발행하는 전자머니와 같이 명확한 발행자가 존재하지 않고, 비트코인이라고 하는 시스템 그 자체에 대한 신뢰가 가치를 뒷받침한다는 점과, 법정통화나 전자머니와는 달리 통화의 거래 이력이 인터넷상으로 전 세계에 공개되고 있어, 이력의 추적이 가능하다는 것이 특징이다.

비트코인은 온라인에서 사용하는 전자화폐로 은행을 거치지 않고 당사자 간 직거래를 하므로 수수료가 적거나 없다. 다만 상대방을 신뢰할 수 없는 온라인 직거래의 특성상 화폐를 암호화하는 공개 키 암호 방식을 택하고 있다. 비트코인은 특정한 비밀 키를 가진 사용자만 정보를 확인할 수 있는 방식을 사용한다.

현재까지 비트코인의 시스템은 정지 상태가 된 적이 없고, 전 세계로 이용자가 확대되고 있다. 특정 운영 기관을 가지지 않아도 이와 같은 서비스 레벨을 유지할 수 있다는 것은, 블록체인 기술에 근거하는 부분이 크다고 본다. 2015년에 들어 금융과 테크놀로지가 융합한, 이른바 핀테크의 영향력이 높아짐과 함께, 블록체인에도 관심이 모이기 시작하고 있다. 특히 블록체인은 신용이 필요한 금융거래 등의 서비스를 중앙 집중적 시스템 없이 가능하게 했다는 점에서 높은 평가를 받는다. 이 기술로 비트코인 이외의 다른 온라인 금융거래에 활용될 가능성도 크다.

Chapter **8**

시니어 문화 산업과
영성 문화
융(복)합 산업

1장

문화가 경제다

**문화 기술과
문화의 산업화**

세계 각 나라별 민족 단위의 전통 문화가 정보 기술(IT, information technology)과 결합하여 새로운 문화 상품의 형태로 변신하여 주목받고 있다. 미국, 영국, 유럽연합 등은 정부의 지원으로 문화 컨텐츠 산업을 적극적으로 육성하고 있고, 다양한 문화 상품을 개발하여 미래의 부가가치를 창출하고, 자국의 문화 상품을 전 세계에 널리 홍보하기 위하여 노력하고 있다. 문화 산업은 문화적 가치와 경제적 가치의 결합을 통해 지역사회와 그 나라 경제 발전에도 크게 공헌할 수 있는 유망 산업이다.

문화 산업은 그 자체 효과뿐만 아니라 제조업과의 연계로 동반 발전 가능하며, 다른 산업과도 연관시킬 수 있고, 또한 도심 활성화 및 문화 예술(문화원형)과 접목함으로써 지역 브랜드 창출과 지역 주민의 정체성 형성, 의사 소통에도 크게 기여할 수 있다.

최근 인간의 문화와 생활 양식은 기존의 작업(業)공간에서 놀이(遊) 공간으로, 즉 일 중심의 생활 문화가 놀이 중심의 문화로 변화하고 있으며, 현실 세계에서의 모든 활동이 디지털 기술을 활용한 가상 세계(VR)로 표현되고 있다.

이와 같이 인간 문화를 과학 기술을 활용하여 상품화함으로써 경제적 부가가치를 창출하는 문화 산업이 각광을 받게 된 데는 과학 기술의 진보라는 시대적 변화가 있었기에 가능하다.

이미 선진국에서는 이른바 굴뚝 없는 산업이라고 부르는 미래의 산업인 문화 사업 육성에 심혈을 기울이고 있다. 마찬가지로 좁은 국토에 자원이 부족한 우리나라 역시 창의적인 문화 사업에 역점을 두고 잘 성장시켜야 한다. 이 산업의 장점은 삶을 즐기면서 여유를 가지고 생활을 유지할 수 있다는 데 있으며, 인생을 즐기며 편안한 눈으로 사물을 바라보고 영화 보기와 그림 감상, 소설 읽기 등으로 남녀노소를 불문하고 사람의 삶의 질을 향상시키는 데 있어서 더할 나위 없이 좋은 산업 형태라고 할 수 있다. 게다가 막대한 부가가치를 창출할 수 있는 것이 창의 문화 산업이며, 산업의 규모도 대기업에 못지않게 크다.

문화 기술(CT, culture technology)은 고부가가치를 창출하는 첨단 기술로 주목받고 있는 미래 산업으로 부상하고 있다. 본래 문화기술은 정보 기술에서 비롯되었으나, 문화 산업의 영역 내에 들어오면서 독특한 특성을 갖는 새로운 융(복)합적 개념으로 변화되어 사용되고 있으며, IT에 기반을 두고 문화 콘텐츠와 결합하는 기술을 의미하기도 한다. 문화 기술은 문화 예술, 인문 사회, 과학 기술이 융합하여 인간의 삶의 질을 향상시키고, 더 나은 방향으로 변화시키는 기술을 다루고 있으며, 바로 이 기술이 문화 산업의 인프라 중 가장 중요한 것으로 인식된다.

이러한 기술을 기반으로 하고 있는 문화 산업은 창작에 의해 만들어진 문화와 예술 작품을 기초로 한 인류의 유·무형적 생산물 전반을 지칭한다. 문화 산업의 영역으로 좁게는 영화, 에니메이션, 게임, 방송, 인터넷, 모바일, 음악에서 전통 문화(문화원형), 지식, 교육, 언론, 출판, 순수 예술 등에 이르기까지 거대한 산업으로 볼 수 있다.

문화 컨텐츠 산업의 새로운 인식

문화 산업은 문화 상품의 기획, 개발, 제작, 생산, 유통, 소비 등과 이에 관련된 서비스를 행하는 산업이다. 그리고 문화 상품이란 예술성·창의성·오락성·여가성·대중성이 체화(體化)되어 경제적 부가가치를 창출하는 유형·무형의 재화(문화 콘텐츠, 디지털 문화 콘텐츠 및 멀티미디어 문화 콘텐츠를 포함)와 서비스 및 이들의 복합체라고 정의할 수 있다. 또 문화 예술이란 문학, 미술(응용미술 포함), 음악, 무용, 연극, 영화, 연예, 국악, 사진, 건축, 어문 및 출판 등을 의미한다.

문화 콘텐츠(culture contents)란 문화적 요소가 체화된 콘텐츠를 의미하는 개념으로 정의할 수 있으며, 문화 컨텐츠 산업이란 창의력, 상상력을 원천으로 문화적 요소를 이용하여 경제적 가치를 산출하는 산업을 말한다. 이 산업은 영화, 애니메이션, 캐릭터, 만화, 음악, 공연, 방송, 게임, 인터넷(모바일콘텐츠, 방송 컨텐츠, 에듀테인먼트) 등을 포함하고 있다.

과거 문화 콘텐츠란 말이 생기기 이전에는 디지털 콘텐츠라는 용어가 일반적으로 많이 사용되었다. 급속도로 발전해 온 디지털 기술에 힘입어 콘텐츠의 디지털화가 이루어지면서 디지털 콘텐츠라는 말이 자연스럽게 정착되었다. 모든 것이 디지털화의 기반에서 이루어지는 정보 사회에서의 디지털 기술은 말할 것도 없이 가장 중요한 기술이 되었고, 기술의 발전과 함께 콘텐츠의 개발과 그 가치에 주목하기 시작했다.

이에 콘텐츠의 범위도 폭넓게 확장되어 과학 기술과 문화의 결합으로 탄생된 창조 문화 산업 분야의 문화 콘텐츠 산업은 미래 산업을 주도할 트렌드로 부각되었다.

현재 문화 콘텐츠에 대한 정의는 매우 다양하다. 학계의 일부 학자는 자신의 전문 분야를 디지털 데이터화하는 것을 문화 콘텐츠라 하고, 일부 현장의 기술자는 자신의 기술로 구체적인 상품을 만드는 것을 문화 콘텐츠라고 부른다. 또 한편에서의 일부 경영자는 오로지 대중에게 수익을 올릴 수 있는 문화를 지칭하는 말로 사용하고 있다.

그러나 일반적으로는 각자가 자신의 관점이나 자신의 학문적 편향에 따라 나름대로의 의미와 자기 중심적인 개념으로 문화 콘텐츠라는 용어를 사용하고 있다.

문화 유산의 관광 자원화의 영향

역사와 문화를 관광 자원으로 개발하여 방문객들에게 즐거움을 주는 것은 경제활동의 하나로 볼 수 있다. 문화의 경제적 가치의 중요성을 인식하여 문화를 상품화하기 위해 다양한 형태로 노력을 기울인 결과, 정책적으로 지역의 문화 유산을 관광자원으로 개발하려고 지원하고 있다.

문화 유산을 관광 자원으로 활용하는 것에 대해 문화의 상품화를 우려하는 사람들도 일부 있지만, 역사와 문화를 관광 자원으로 개발하여 방문객들에게 즐거움을 주는 경제활동으로 보고, 긍정적인 측면을 기대하는 사람들이 우세하다.

우리만의 고유의 문화가 세계적인 경쟁력이 있는 만큼 문화 유산의 관광 자원화는 국가의 격을 높일 수 있을 뿐만 아니라 지역 경제 성장에 기여하여 주민들의 생활 수준을 향상시킬 수 있으며, 미술 · 연극 · 공예 · 음악과 음식에 이르기까지 지역의 고유성을 깨닫게 하여 지역 문화 발전에도 많은 기여를 할 수 있다. 고유문화를 상업화한다고 해서 문화의 형태나 구조에 있어서 의미가 상실되는 것이 아니기 때문에 진정성 왜곡 또는 상실을 우려하여 문화를 관광 상업화로 보고, 배격하기보다는 관광에 의한 경제적 효과로 인해 전통문화를 더욱 잘 보존시키고 활성화할 수 있음을 이해하고 우려되는 문제에 대해 방안을 마련하는 것이 바람직하다.

한류 콘텐츠 산업의 기대와 효과

문화와 창조성이 산업화로 체계화되면서 문화 산업이 다른 산업과의 상호 공존과 작용이 가능하게 되었다. 세계 각국이 앞 다투어 국가나 민족 단위의 전통문화를 정보기술(IT)이나 문화 기술(CT) 등의 융(복)합인 ICT 기술을 활용하여 새로운 문화 상품으로 변형시켜 각광을 받고 있다.

특히 우리나라의 한류는 한국의 대중문화, 즉 한국에서 제작된 영화, 방송, 음악, 패션 등이 외국에서 인기리에 소비되는 문화적 현상이다. 넓은 의미로는 의·식·주 등 한국 문화 전체를 말하기도 하지만, 한국 대중문화 콘텐츠의 국외 소비를 지칭하는 경우가 많다.

초기의 한류의 붐은 드라마와 K-POP이라 부르는 한국의 가요가 중

심이 되어 퍼져 나가기 시작하다가, 현재는 한국 문화 전반에 걸쳐 한류가 형성되고 있다. 한 예로서, 아이돌 가수가 중심이 되어 불을 지핀 한류는 드라마, 영화, 음악, 만화, 게임, 캐릭터, 한식, 한글 등 K-Culture가 형성되어 아시아, 유럽, 미국, 중남미 등 전 세계 주요 국가로 전파되고 있다. 감성을 기반으로 한 문화 콘텐츠 산업은 취업 유발계수와 부가가치가 제조업의 2배에 달하고, 한국의 한류 때문에 다른 경제 분야의 다른 국가에 대한 상품 수출 유발 효과나 소비 현상이 엄청나게 늘어나고 있는 것은 이미 잘 알려진 사실이다.

또한 싸이의 강남 스타일은 기존의 문화 산업에서는 상상할 수 없었던 경제적 파생 효과를 초래하였으며, 그 외에 대표적인 일부 문화 상품의 사례로서는 한국을 대표하는 문화 상품〈난타〉, 창작 뮤지컬〈명성황후〉, 애니메이션〈마당을 나온 암탉〉, 방송 콘텐츠 산업인 드라마〈겨울연가〉,〈대장금〉,〈천국의 계단〉등을 들 수 있다.

한류에 ICT 기술을 적용한 창조 경세의 범위는 한국의 내중문화의 중심이라고 할 수 있는 가요, 영화, 드라마, 뷰티에서 점차 스포츠, 여행, 음식, 패션, 건축 등으로 그 범위가 확대되고 있으며 세계 시장의 흐름을 주도할 수 있도록 국가적 차원의 적극적인 육성 정책이 요구된다.

디지털 한류문화를 지속적으로 유지하고, 문화 경제를 국가의 경제 성장의 기회로 삼기 위해서, 우리는 문화 콘텐츠 정책에 대한 유연성, 혁신과 제도의 균형, 협업을 통한 디지털 생태계 조성을 위한 사회적 분위기의 조성이 절실히 필요한 시점이다.

앞으로 지속적으로 우리 고유의 신화, 전설, 민담이나 역사적 사건 등의 시나리오 소재, 캐릭터 소재, 전통 문양이나 회화 등의 미술 관련 소재, 음원이나 악기, 국악 연주 등의 음악 관련 소재, 전통 무예, 복식 등을 발굴하여 콘텐츠화해 나가야 한다. 문화 콘텐츠 산업에 거대한 세계 자본이 밀려오는 이때 다시 한 번 재기하여 국부를 창출하기를 기대해 본다.

2장

시니어 문화 산업

**시니어 문화 산업의
영역**

시니어 산업은 과학적 발명이나 기술 개발 등으로 인해 새롭게 태어난 산업 분야가 아니라 고령 인구가 증가함에 따른 고령자들의 일상생활과 관련된 여러 가지 산업 활동을 하나의 산업 영역으로 표현한 것이다. 그러므로 명확하게 어느 한 가지 개념으로 규정하는 데 어려움이 있다. 마찬가지로 시니어 문화 산업도 별도의 통일된 개념으로 해석하기에 무리가 있으므로, 다만 여기서는 문화 산업 전반을 시니어 관점에서 조명해 본 것을 시니어 문화 산업 영역으로 정의하였다.

고령 인구가 급증하고 생활 수준이 향상되면서 생활 전반에 있어서

양질의 서비스를 받으려는 고령자들의 요구가 증가하고 있다. 많은 분야 가운데 그 중 건강과 문화 · 예술에 관련된 분야에 한정하여 언급하고자 한다. 시니어들을 대상으로 한 문화 · 예술 프로그램은 지적이면서도 사회적 활동의 기회를 제공한다. 아울러 시니어들의 삶의 질을 높인다는 점에서 길어진 노년기의 지속 가능한 삶의 질, 삶의 만족을 돕는 영역으로 큰 관심을 끌고 있다.

댄스, 글쓰기, 음악(노래 배우기, 악기 연주), 연극, 영화 감상, 독서 클럽 등과 같은 시니어들을 대상으로 한 예술 · 문화 활동에 참여함으로써 정신력, 기억력의 향상은 물론 창의력, 문제 해결 능력, 일상생활 능력, 보행시 균형 감각 유지와 같은 신체적 · 정신적 건강을 유지하는 데

도움이 된다. 무엇보다 같은 취미를 공유하며, 타인과 더불어 활동에 참여하므로 정서적 안정감과 만족감을 느끼며, 노후의 삶을 즐길 수 있다. 시니어 문화 산업 영역의 프로그램은 노후의 삶의 질을 유지하는 데 중요한 역할을 한다.

시니어 문화 창출과 문화 산업

시니어들의 다양한 문화 활동과 참여는 건강과 행복한 삶의 만족을 향상시키는 데 있다. 예를 들어 댄스, 음악 배우기, 그림 그리기, 전시회 참여 활동 등은 노인들의 정신적 신체적 건강은 물론 사회 복지 차원에서 매우 긍정적으로 작용한다. 60+세대 시니어들에 대해 음악, 연극. 시각 예술, 스토리텔링, 축제 참여 등과 결합된 문화 예술 활동의 영향을 검토한 결과, 전반적으로 건강에 긍정적인 영향을 주었다. 저명한 학술지에 발표된 보고서에 따르면, 대체로 문화 예술 공간을 찾거나 문화 행사에 참여하는 고령자들 60%가 건강이 호전되었으며, 응용 예술 문화를 통해 치매, 우울증, 파킨스병 치료에도 긍정적인 결과를 얻었다. 문화 예술 행사 및 스포츠에 자주 참가하는 사람들은 그렇지 않은 사람들에 비해 사회적 배제와 고립을 싫어하며 지역사회 응집력에 도움을 준다고 한다.

특히 고령자들의 삶의 질을 결정하는 요인은 자기 의지대로 스스로 움직일 수 있는 신체적 활동인데, 고령자 활동을 지원하는 시니어 산업이 인기가 있다. 이 산업은 노년기 웰빙을 가름하는 비의학적 활동(치료, 간호 등의 의료 서비스를 제외한) 분야로서 헬스, 레크레이션, 그리고 개인들의 신체적 조건에 따라 요구되는 특정의 보조용품(보청기, 보행 보조기구, 휠체어, 도우미 로봇, 재활 훈련기)들이 모두가 포함된 것이다. 최근 시니어 커뮤니티 시설, 시니어 병원, 피트니스 센터, 복지 센터, 노인대학을 중심으로 계속 성장하고 있다.

이미 언급한 고령자들을 대상으로 한 의료 서비스, 노인 돌봄, 부양 기관(노인 전문병원, 요양원), 헬스 비즈니스, 복지 기기(노인용 보조 기구), 고령자 대상 마케팅, 고령자 여행, 고령자 커뮤니티 등 헬스 케어 산업이 꾸준한 성장세를 보이고 있고, 시니어 문화 · 예술 상품들 또한 시니어 구매를 당기는 새로운 상품의 등장으로 증가하고 있다. 이 모든 산업은 바로 액티브 시니어, 50+세대의 새로운 욕구, 건강 장수의 욕구를 채워 나가기를 원하는 시니어들이 소비의 중심 세력인 시니어 비지니스 분야이다. 이러한 과정 속에서 시니어 문화 산업도 시니어들의 요구에 따라 크게 변화 발전되고 있다.

인구 고령화에 따라 의료 기기 산업(바이오 진단 장비, 레이저 의료 기기 등)이 주요 산업으로 떠오르게 되고, 고령자 인구의 증가로 노인 주거 시설 관리(실버타운, 은퇴자 마을), 시니어 요양 서비스, 시니어 스포츠, 시니어 여가, 시니어 상담, 시니어 케어, 시니어 관광(여행도우미), 시니어 대학, 시니어 문화 센터와 같은 시니어를 대상으로 한 시니어 산업이 거대한 시장으로 형성되고 있다.

문화 산업의 다양성과 창의성

문화는 정신적 가치를 창조하는 인간의 활동이며, 산업은 상품 가치를 생산해 내고 판매하는 영역이다. 실상 문화와 산업이라는 의미가 대립되는 개념이지만, 사람들의 문화적 욕구가 커지면서 이 두 영역이 하나의 문화 산업으로 융합된 형태로 문화 예술의 대중화라는 상품을 의미하게 되었다.

문화를 하나의 상품으로 생산해 판매하는 것이 현대 사회의 특징이라고 할 수 있는데, 문화를 상품으로 만들어 시장에서 거래하는 문화 산업은 지속적인 발전을 거듭하며, 인간의 삶의 질을 높이는 영역으로 사회, 정치, 일상생활 등 여러 방면에서 문화의 다양성과 창의성에 많은 기여를 한다. 이와 더불어 문화 산업에서의 기술이나 경쟁력은 경제적 관점에서 부가가치를 창출해 낼 수 있다.

문화와 관련된 많은 문제들이 문화 산업의 성장과 발전만으로 해결되는 것이 아니라는 점을 유의해야 한다. 고급 문화와 대중 문화와의 차별성과 구별은 여전히 존재하고 있으며, 어떤 문화 상품이 점차 대중화하는데 성공을 한다고 해서, 그것이 사회를 항상 올바른 방향으로 이끌어 가는 것이 아님을 알아야 한다. 문화 산업의 발전이 반드시 문화의 대중화를 의미하는 것이 아니라는 점을 잊어서는 안 된다.

시니어 문화 산업 육성 방안

국가적으로도 국민들의 몸과 마음, 영혼을 위한 치유로 조화로운 삶과 건강을 위한 문화 예술의 필요성을 강조하고 있으며, 시니어를 위한 특화된 문화 예술 체험 프로그램을 개발하여 적극 참여하도록 권장하고 있다. 나이 들어 스스로 움직일 수 있다면, 지역의 도서관에서 책을 읽거나, 집 근처 주민센터나 문화 센터에서 시니어들을 위한 다양한 문화 예술 프로그램이 제공되고 있다. 주변에 다양하게 열려 있는 기회를 적극적으로 찾아 누린다면 신체적 · 정신적 · 사회적 · 영적 건강이 좋아지고 일상의 편안한 생활을 유지할 수 있다.

문화 산업의 핵심이라고 할 수 있는 창조성, 지속 가능성, 효용성, 과학 기술(IT)의 구축이 제대로 잘 되어 있으면, 문화 예술 활동과 그 활동에 참여하기 원하는 사람들을 연결시킬 수 있을 것이고, 긍정적으로 지역 사회의 정체성을 촉진하며 사회적으로 소속감을 갖게 할 것이다. 노인들이 자발적으로 지역 문화 예술 산업에 참여하는 것은 삶의 질을 높이는 훌륭한 방법이다.

결론적으로, 문화와 예술의 가치는 물리적으로 측정하기 어려운 무형의 자산이다. 이러한 문화 · 예술은 우리의 감정을 풍부하게 하며 내면을 정화시키는 힘이 있다. 문화 · 예술 산업의 발전은 부분의 총집합으로 이뤄진다는 점에서 국가, 사회 단체, 개인 차원에서 개발하고, 지원하며 키워 나가야 할 공공의 자원이다. 아울러 시니어들이 문화 · 예술 활동에 참여함을 통해 행복을 느끼며 사는 삶이 우리 사회를 더욱 밝게 만들며, 아울러 불필요한 사회적 비용을 절감할 수 있다.

3장

영성 문화 자원의
융(복)합 관광 산업화

**영성 문화 자원의
개념과 범위**

문화 경제(cultural economy) 시대에 부응하는 새로운 융(복)합 콘텐츠로 영성 문화 자원의 관광자원화를 정책적으로 추진할 필요가 있다고 생각한다. 오래 전부터 외국의 경우는, 종교나 명상에 관련된 영성 문화를 관광 자원화 해오고 있다.

우리도 국내뿐만 아니라 외국인 관광객의 관광 자원으로 영성 문화 자원을 관광으로 활용하는 방안을 검토할 때가 되었다.

현재 우리나라 대부분 지역의 관광 자원은 지역(향토) 문화 중심의 특색 없는 유사한 형태이며, 차별성이 없는 문화 자원이 관광 자원으로 활용되고 있다. 또한 영성 문화라는 범주에서 관광 자원을 활용하기보다는 인기 있는 단일 관광지로만 운영하고 있다. 따라서 새로운 형태의 관광 콘텐츠로 영성 문화 자원을 단일 관광 자원으로 활용하기보다는 융(복)합 형태의 관광 자원으로 활용하는 방안을 검토할 필요가 있다.

여기서 주의해야 할 점은, 영성이 각 종교의 본질이기 때문에 종교 색이 포함될 수밖에 없지만, 종교의 본질 자체의 신성성이나 특성보다는 영성을 향한 관광에 초점을 두도록 하여야 한다. 특히, 영성은 웰빙과 힐링 이후에 도래할 시대의 키워드로, 신체적 건강에서 마음ㆍ정신의 건강을 지향하며, 나아가 나 자신이라는 개인에서 우리라는 공동체적 의식으로 확산할 수 있는 의미의 용어로 종교적 특성보다는 개개인이 가지는 영적인 특성으로 볼 수도 있다. 이러한 명상, 웰빙, 웰니스, 힐링 은 영성의 실현 수단으로 비종교적 개념에 포함될 수 있다.

영성 문화 자원은 종교 문화 자원과 힐링 자원으로 구성되고, 종교 문화 자원은 불교, 개신교, 천주교, 유교 등을 열거할 수 있으며, 힐링 자 원은 명상, 웰빙, 웰니스, 힐링의 개념을 포함한다. 영성 문화 관광은 관 광의 관점에서 보면 성지 관광, 종교 관광, 치유 관광 등, 개념과 범위가 보다 더 넓다고 볼 수 있다.

영성 문화 관광의 개발과 전망

우리나라의 한국 불교는 템플스 테이를 개발하여 최근 세계적 브랜 드로 성장시켰고, 상대적으로 짧은 역사 속에서도 세계에서 두 번째로 많은 103위의 성인과 124위의 복자를 모시고 있는 한국 가톨릭과, 세계 선교 2위의 강국이면서 국제적 대형 교회(mega-church)를 다수 포함하고 있는 한국 기독교는 종주국보다 생활적 밀착도가 훨씬 높다. 이미 국책 사업으로 추진되었던 유교와 이외의 다양한 민족 종교를 기반으로 한 영성 문화를 고려해 볼 수 있다. 아직은 인기 있는 단일 관광지로 활용되거나 운영되고 있지만, 종합적인 관점에서 융(복)합 관광 자원으로 개발할 필요가 있다.

다른 나라에 비해 우리나라 국민의 53% 이상이 종교 활동을 하고 있고, 많은 종교적 유형 유산과 프로그램을 갖고 있기 때문에 관광 자원으로 개발할 자원들이 충분히 있다. 특히 종교 문화 자원의 경우, 우리나라의 세계적 위상과 다종교의 평화적 공존이라는 특징은 외국인 관광객에게 큰 매력으로 다가갈 수 있고, 이중에서도 무교는 다른 나라에서는 쉽게 체험할 수 없는 종교 문화라는 점에서 외국인 관광객을 유인할 수 있는 한국적인 콘텐츠가 될 수 있다.

따라서 외국 관광객(특히 중국, 일본 등)을 유치하기 위해서 우리나라만이 갖고 있는 다양한 영성 문화 자원을 이용하여 특색 있는 차별화된 다양한 프로그램을 개발할 필요가 있다.

힐링 관광 자원과 산업화 잠재력

영성 문화 관광의 활성화를 위해서는, 우선 지역에서 형성된 문화를 보존하면서 공간과 시설을 구축해야 하고, 자원의 특색을 활용한 특화된 프로그램을 개발하여야 한다.

우리나라에 있는 영성 문화 자원의 경우, 공간이나 시설·프로그램 자체의 역사가 길지 않고, 시장이 체계적으로 구축되어 있지도 않으며, 영성 문화 자원이 낮은 인지도를 형성하고 있지만, 자원 잠재력은 충분히 있다. 따라서 정책적 체계를 구축하고 시장의 형성을 통해 인지도를 상승시킨다면 향후 영성 문화 관광의 확대를 기대해 볼 수 있다.

최근 사회적 흐름에 따라 대두되는 힐링 관련 산업의 확대에 따른 명상, 요가, 산림 치유 관련 시설들도 개발 잠재력이 매우 높다. 이에 영성 문화 관광을 문화 관광의 한 범주로 보았을 때, 영성 문화 관광은 정신(영성) 문화를 동반하는 특수 목적 관광으로 종교, 명상(수행), 치유, 성찰에 특별한 관심을 가지고, 정신(마음)치유, 정신 고양, 자아 성찰을 관광을 통해 참여하는 행위라고 할 수 있다.

힐링 자원은 비종교 측면에서 현대적으로 영성을 실현하기 위한 수단으로 명상, 기 체조, 뇌 호흡, 웰빙, 웰니스, 힐링 등 정신 건강 활동을 통해 성찰과 치유를 도모하는 단체 및 기업, 시설 및 공간, 프로그램으로 구성된다. 예를 들면, 성찰 및 치유를 도모하는 단체 및 기업으로는 단월드, 수선재, 국선도 등이 있고, 명상 관련 기관 및 단체에는 힐리언스 선마을, 깊은 산속 옹달샘, 호두마을 명상센터 등이 있다.

치유와 관련하여 산림청에서는 산림 문화 체험 숲길 조성 계획에 따라 국가 사업으로 치유의 숲을 운영하고 있다. 그 외 국민의 정서 함양, 보건 휴양 및 산림 교육 등을 목적 산책 및 체력 단련 등을 할 수 있도록 조성한 자연 휴양림과 삼림욕장이 있다.

종교·힐링·명상·산림 치유와 관련해 정신 함양 및 자아 성찰 등을 목적으로 많은 프로그램이 진행되고 있는데, 종교 관련 프로그램은 대부분 종교적 목적이 강한 경우가 대부분이다. 힐링·명상을 활용한 프로그램의 경우는 비슷한 구성과 내용의 프로그램으로 진행되고 있으므로 향후 프로그램을 다양화하고 체계적으로 유형화할 필요가 있다.

최근 사회적 흐름에 따라 정신 건강과 관련한 힐링 산업이 지속적으로 확장되는 추세에 있는데, 이러한 산업들은 정신 문화를 활용하여 궁극적으로는 개인과 사회의 정신 건강 증진 및 치유를 도모하는 것을 목적으로 프로그램과 서비스를 제공한다는 점에서 공통점이 있다.

정부나 지자체를 비롯하여 종교계, 관광, 레져, 방송, 공연, 출판업 등에서 힐링, 명상, 스트레스 등과 관련한 사업을 진행하거나 상품을 출시되고 있으며, 이에 관련된 산업들은 힐링 산업, 명상 산업, 스트레스 산업, 릴렉세이션 산업, 웰니스 산업 등으로 구분된다.

우리나라에서는 웰빙 산업 및 웰니스 산업을 시작으로 최근에는 힐링 산업, 명상 산업, 스트레스 산업, 마음치유 산업 등으로 명칭을 새롭게 한 유사한 산업이 많이 생기고 있다. 이와 관련한 주요 상품으로는 힐링·명상 프로그램, 에스테틱 관련 상품, 요가 등이 있다.

외국의 경우 국내 산업에 앞서 정신 문화 및 정신 건강 관련 산업이 등장하였는데, 미국에는 스트레스 산업, 자기 계발 산업, 멘탈 헬스 산업, 보완 대체 의학 시장이 형성되어 있고, 일본에는 릴렉세이션 시장이 지속적으로 성장할 것으로 전망되고 있다.

영성 문화 융(복)합 관광 비즈니스 모델

문화 유산의 지역별 관광 자원화

문화 유산의 관광 자원화는 문화 경제 활동에 속하며, 문화 경제 관점에서 문화 상품화는 지역에 소재하고 있는 동식물, 경관, 사적지, 문학 작품, 드라마, 시각적 예술, 민속, 수공예품, 언어 등과 같은 문화적 요소를 적절한 방법으로 선정하여 관광 자원으로 활용하는 것을 의미한다.

점차적으로 문화의 경제적 가치에 대한 인식이 증가되고 있는 가운데 관광은 문화적 소비 행위에 있어서 중요한 역할을 하고 있다. 문화 자본 증가에 따라 관광 성향도 개별화와 차별화를 추구하는 현대의 관광 형태로 변화하고 있다. 이러한 시장 변화에 대응하기 위해서는 문화 유산의 관광 자원화의 필요성이 높아지고 있다.

정부가 문화의 경제적 가치의 중요성을 인식하여 문화 산업 육성 정책을 추진하고 있고, 지방자치단체에서는 문화 경제 관점에서 지방 문화 상품화를 위해 관광 자원 개발에 많은 노력을 기울이고 있다. 외래 방문객을 유치하기 위한 전략들에 대해서 진지하게 고민하고, 외래 방문객을 더욱더 많이 유치하기 위한 방안들에 대해서 검토해 보아야 한다.

〈예〉 영성 문화 관광의 개념

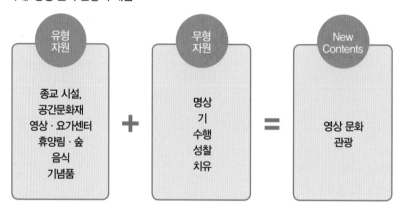

영성 문화 융(복)합 관광 산업의 활성 방안

우리나라 종교적 위상은 세계적이며 종교 문화 자원과 힐링 자원은 관광 자원으로서 높은 잠재력을 지니고 있다. 새로운 콘텐츠 대안으로 우리나라 고유의 정신 문화는 외국 관광객들의 시선을 끌만한 강점이 있다.

각 지자체들이 관광 활성화를 위한 노력을 기울이며, 관련 사업들을 추진하고 있고, 사회적 환경측면에서도 정신적 치유에 대한 필요성이 제기되면서 다양한 잠재 수요시장이 존재하고 있다.

아직까지는 영성 문화 자원에 대한 인식의 부족, 관광객을 수용할 수 있는 시설의 미비, 다양한 체험 및 교육 프로그램의 부족, 일회성의 프로그램 운영, 관련 기관들의 소통 및 연계 부족 등으로 인해 정책 체계의 구축이 초기 단계에 있으며, 향후 이에 대한 보완이 필요하다.

특히 종교 문화 자원 활용시, 종교적 분쟁이 야기될 가능성이 있으므로 신중한 접근이 필요하다. 그리고 관련 프로그램 및 상품이 대중화가 진행됨에 따라 자칫하면 본질보다는 상업화된 관광 상품으로 수행의 질 저하가 우려될 수 있으므로, 이를 방지할 수 있는 방안도 모색해야 한다.

외국인을 대상으로 한 한국적 문화 체험이 가능한 유교, 무교의 문화 체험 프로그램 및 상품 개발을 하는 데 있어 관광 프로그램의 질적 향상, 특화된 프로그램 개발, 전문 인력의 확보로 사업성이 있는 관광으로 사회에 기여할 수 있는 효과도 있다. 특히 치유가 필요한 소외 계층을 위한 지원 정책 방안을 찾아서 어려운 이웃과 함께 나누는 의미 있는 관광 상품으로, 그 가치를 더욱 높일 수 있는 방안도 생각해 볼 필요가 있다.

우리나라 융(복)합 관광은 1980년대 농촌 관광을 시작으로, 1990년 초반 컨벤션(MICE), 1990년대 후반 한류 관광, 2000년대 초반 의료 관광, 2000년대 후반 음식 관광, 2010년대 초반 쇼핑 관광, 산업 관광, 2013년 이후 레저 스포츠 관광, 크루즈 관광, 역사 · 전통 문화 체험 관광으로 진행되어 왔다.

특히 헬스케어, 숙박, 관광이 어우러지는 체류형 의료 관광 클러스터 조성, 고궁 · 고택 · 템플스테이 등을 활용한 역사 · 전통 문화 체험 관광과 한식 · 패션이 연계된 한류 관광 등은 경쟁력이 있다.

주요 융(복)합 정책인 농촌 관광, 한류 관광, 의료 관광의 정책 추진 과정에 있어서 관광 사업 모델의 한계에 부딪히게 되고, 관련 부처 간 소통 부재로 인한 연계 부족, 그리고 소프트웨어 인프라 취약 등의 문제점이 드러났고, 각각의 융(복)합 관광에서 큰 차별성 없는 관광 사업을 제안하는 경우가 허다하다.

이에 따른 낮은 관광 서비스 질로 일회성 관광에 그치게 되어 일반 관광 및 지역 연계 관광 연계도 원활히 이뤄지지 않고 있는 문제를 안고 있다. 융(복)합 관광은 특성상 다른 산업과 관광의 융합에 의해 진행되는 정책 과제이므로 관련 부처 간의 분명한 역할 분담과 지속적인 연계가 효율적인 정책 추진을 위해 매우 중요한데 긴밀한 협조 없이는 이 산업을 지속적으로 성장시키는 데 어려움이 있다.

우리나라의 잠재된 영성 문화 융(복)합 관광 산업의 모습을 거울에 비추듯 드러난 많은 문제점을 알게 되었고, 문제를 해결하기 위한 방안도 마련할 수 있게 되었다. 보석을 땅에 묻어 놓으면 아무런 가치가 없지만, 숙련된 기술공에 의해 잘 갈고 닦고 빛을 내면 그 가치는 따질 수 없을 정도로 값어치가 있다. 이와 마찬가지로 이미 우리나라가 역사적 유산으로 가지고 있는 독특한 종교 문화 자원을 영성 문화와 조화롭게 결부시켜 자연과 더불어 명상과 치유를 동시에 만끽할 수 있는 관광 상품으로 육성시킬 수 있도록 노력해야 할 것이다.

영성 문화 융(복)합 관광 산업화

시니어 인구 증가로 액티브 시니어가 관광 소비 계층으로 부상하고 있고, 다문화 인구의 증가로 다문화 가정이 새로운 관광 계층으로 떠오르고 있다. 세계 여러 국가들에서 이문화간의 접촉이 증가함에 따라 다문화주의의 필요성, 이에 적합한 정책수립의 필요성이 관광산업에도 급부상하고 있다.

이와 함께 시니어 관광 확대에 대비한 관광 상품 개발, 시니어 복지 관광 프로그램 개발, 은퇴 시니어 인력의 관광산업 활용 정책, 해외 시니어 관광객 유치 프로그램 개발 등 시니어 인구의 증가에 따라 다양한 방안을 연구할 필요가 있다.

최근 사회적 흐름에 따라 정신 건강과 관련한 힐링 산업이 지속적으로 확장되는 추세로, 이러한 산업들은 정신문화를 활용하여 궁극적으로 개인과 사회의 정신 건강 증진 및 치유를 도모하는 것을 목적으로 프로그램과 서비스를 제공할 필요가 있다. 힐링, 명상, 스트레스, 요가 등과 관련한 사업 진행 및 상품을 출시하고 있는데, 관련 산업을 통칭하는 용어를 정리하면 힐링 산업, 명상 산업, 스트레스 산업, 릴렉세이션 산업, 웰니스 산업 등과 같다.

게다가 2018년 평창 동계 올림픽을 계기로 한국에 대한 이미지나 열기가 높아지고 있어, 이를 계기로 영성문화와 연계된 글로벌 관광 상품 개발에 박차를 가할 필요가 있다. 올림픽 시설을 비롯한 각종 하드웨어를 활용하여 평창 동계올림픽 후에도 지속적인 관광 수요를 이끌어 내는 방안으로, 관광 소프트웨어 구축이 매우 중요하다.

초 고령 시대를 대비하여 시니어를 위한 영성 및 건강과 관련된 다양한 융(복)합 관광 프로그램을 개발한다면, 시니어들의 더욱더 큰 관심과 호응을 얻을 수 있다.

영성 문화 · 역사 · 건강 융(복)합 관광 비즈니스 모델 제안

영성 문화를 기반으로 한 전통적인 역사 · 문화와 건강 등을 융합하여, 새로운 가치를 창출하고, 새로운 사회 환경에 적합한 차별화된 관광 비즈니스 모델을 제안하는 데 우선 고려해야 할 사항에 대해 살펴보겠다.

21세기 관광 산업의 패러다임은 힐 투어리즘(heal-tourism)으로, 건강과 연계시킨 다양한 유형의 모델을 개발할 필요가 있다. 웰빙, 힐링, 웰니스 등 건강 문화의 확산과 열풍으로 건강에 대한 관심이 고조되고 있는 가운데, 자연 물질 및 한방을 이용한 치료와 이를 응용한 기능성 건강 보조 식품, 허브, 요양, 휴양, 치유 등의 시니어들의 관심을 살 수 있는 부분을 고려해야 한다.

지역별 전통적인 역사 · 문화 자원과 역사공원, 한옥 문화마을, 사적 명승지 등을 관광 자원화에 포함시켜 창의적 상상력을 기반으로 새로운 가치와 패러다임으로 포장된 상품화를 개발해야 한다. 해당 지역의 관광지나 휴양지를 문화 · 인문 · 과학 기술의 융 · 복합을 통해 연계한 다양한 관광 상품을 개발하여 경제적 파급 효과를 극대화하여야 한다.

지방자치단체의 문화 관광 수요의 충족은 지방자치단체의 경제 활성화를 통한 지역 경쟁력 강화를 도모하고, 지역 간 국가 간 문화 교류를 통한 지역사회 문화의 가교 역할을 담당하고 있다. 다양한 문화 양식을 경험할 수 있는 기회를 제공하며, 지역사회 구성원의 동질성 확보와 지역민으로서의 자긍심과 애향심을 고취할 수 있도록 할 필요가 있다.

액티브 시니어들은 건강과 환경에 대한 관심이 점차 증가하고 있다. 특히, 걷기(walking)를 통해 관광과 건강, 역사 · 문화 · 생태 체험 등 다양한 욕구를 동시에 충족시킬 수 있는 새로운 관광 자원의 발굴과 공급이 필요하다.

Chapter 9

시니어
노화에 대한
학문적 접근

1장

노화의 종합적 학문 분야
제론톨로지

고령사회의 제론톨로지

가령현상(加齡現象)은 시간의 경과와 함께 생체의 모든 부분, 곧 세포 조직과 장기에 일어나는 온갖 진행적인 변화를 뜻하는 말이다. 고령화(에이징, 노화)의 과제 해결을 위한 학문 분야를 제론톨로지(gerontology, 노년학)라고 한다. 앞에서 언급한 바와 같이, 노화에 따른 심신의 변화를 연구하고, 더 나아가 고령사회에서 발생하는 개인이나 사회의 여러 과제를 해결하는 것을 목적으로 하는 학문이다.

제론톨로지의 발상은 1903년 프랑스 파스퇴르 연구소의 매치니코프(Elie Metchnikoff)박사가 자신의 장수 연구에 대해 제론톨로지로 명명한 데서 비롯되었으며, 이후 1938년에 미국의 미시간대학에 IHA(Institute of Human Adjustment)가 설치되어 노화와 고령자에 관한 조직적인 연구가 시작되면서 더 발전하였다. 1965년에 'The Older Americans Act(고령자에 관한 법률)'이 제정된 이후에 제론톨로지에 대한 연구가 더욱 활발하게 이뤄졌으며, 그 결과 오늘날에 이르러 미국 전체 주에서 약 300개에 달하는 대학 · 연구 기관에서 제론톨로지의 교육 및 연구가 실시되고 있다. 국제연합에서도 1981년의 '세계고령사회회의'에서 각국 정부를 대상으로 제론톨로지의 교육 및 연구의 추진을 장려하는 권고가 행해져 왔으며 지금까지 이어져 오고 있다.

개체의 가령 과정을 성장기 · 성숙기 · 퇴축기로 크게 세 부분으로 나누고 있는데, 그 중에서도 특히 제3기인 퇴축기에 일어나는 노화에 대한 연구가 중심이 되는 분야를 노년학이라 명명한다.

이 학문은 노년생물학, 노년심리학, 노년경제학, 노년사회복지학, 노년의학 등에 이르기까지 그 분야가 다양하며, 고령학, 장수학 등으로도 해석된다. 이와 같이 노년학은 인간의 노화 현상을 종합적으로 연구하는 학문으로, 가속화되는 고령화로 인해 나타날 수 있는 다양한 문제를 해결하기 위한 연구라고 할 수 있다. 시니어에 관한 적정량, 적정성 정보는 물론, 구미(歐美)에서 이미 학문으로 정착된 제론톨러지에 대한 횡단적 학제적인 학문 등까지 도입하여, 객관적이고 복합적인 접근이 중요하다. 동일한 의미의 노년학과 제론톨로지라는 용어는 전문 분야나 학문적 성격에 따라 용어가 달리 사용되고 있다. 이 책에서는 이해를 돕기 위하여 동일한 의미의 두 용어를 혼용하고 있다.

제론톨로지 중심의
사회 시스템

앞에서 설명한 바와 같이 제론톨로지란 노년학 또는 장수학을 말하는데, 나이가 들어감에 따라 발생하는 문제에 대한 종합 학문적 연구를 말하며, 이를 산업에 응용한 것이 산업 제론톨로지(industrial gerontology)이다.

미국에서 시작된 산업 제론톨로지의 연구 대상은 장년·노년층의 고용과 정년 퇴직 등이며, 기본 이념은 장년·노년의 능력을 효과적으로 활용하는 데 있다. 이들의 적정한 평가 방법, 기술·지식의 진부함에 대비한 교육, 체력에 적합한 작업 내용, 환경 재편성, 정년 퇴직 이후의 인생 설계를 지원하는 방법 등이 구체적인 연구 주제이다.

노년학은 하나의 학문이라는 영역을 넘어 공통의 가치관을 가지고 협동하는 활동 기반을 형성하고 제공하기 위한 종합적인 학제적 학문이다. 고령사회의 여러 과제의 해결을 위한 기초적 지식을 제공하는 것으로, 노년학에 포함되는 가장 기본적인 부분을 체계화한 것이라 할 수 있다. 제론톨로지는 초고령사회·장수사회의 과제 해결을 지향하는 실천적인 성격이 강한 학문이기 때문에 지역사회와 산업계, 그리고 행정과의 밀접한 연계가 필요하다.

인구의 고령화에 따라 잠재된 여러 가지 과제를 해결해 나가면서 새로운 우리나라의 발전 가능성을 개척해 가는 일은 앞으로의 미래 그 자체를 구축해 가는 것이라고 해도 과언이 아니다. 국제사회와의 관계에서도 고령화의 변화에 성공한 모델 국가가 될 수 있을지, 아니면 실패 국가가 될지는 앞으로의 우리 모두의 노력에 달려 있다.

국민 개개인의 장수의 삶과 초고령사회에 걸맞은 사회 시스템의 재검토를 요구하는 과제는 그야말로 앞으로의 '우리나라의 미래를 어떤 식으로 창조할 것인가?'의 국가적 과업이라고 해도 틀린 말이 아니다. 그만큼 중요하고 큰 문제 해결에 지금을 사는 우리들이 진정한 노력을 기울여야만 한다는 것을 먼저 인식해 두어야 한다.

제론톨로지의 연구 범위

고령화를 다루는 대상 범위는 매우 광범위하며, 지금까지는 학제적 학문으로 연구되어 왔으며, 대부분 보건과 복지에 국한시켜 논의되어 왔다. 그러나 이제 종합적인 학문으로 연구할 필요가 있다. 제론톨로지를 연구, 교육하는 각 기관의 구조를 보면, 적극적으로 지역 및 산업계 등과 연계하며 여러 가지 과제 해결을 위한 구체적인 행동을 취하고 있다.

고령화에 관한 모든 학술적인 연구를 포함하여 다루어야 할 연구 범위는 매우 광범위하기 때문에 여러 가지 연구 과제를 열거할 수 있다.

노년학은 인간의 노화 현상을 종합적으로 연구하는 학문으로 가속화되는 고령화로 인해 나타날 수 있는 다양한 문제를 해결하기 위한 연구라고 할 수 있다.

고령화에 관한 다양한 과제를 해결하기 위해 공통적인 가치관을 가지고 상호 협동하는 것이 제론톨로지라는 학제적 학문이며, 고령화 사회에 대한 새로운 과제와 가능성을 제시하고 있다.

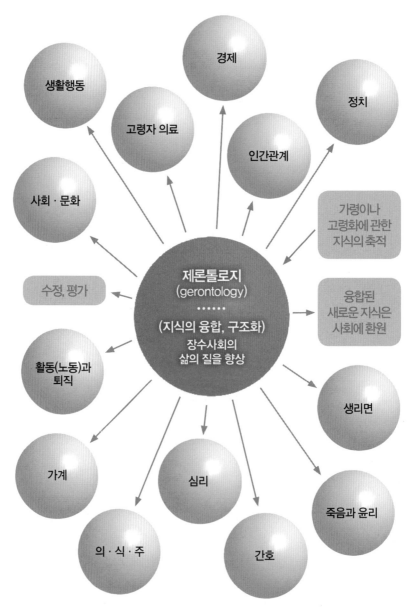

경제

생활행동

고령자 의료

정치

인간관계

사회·문화

가령이나
고령화에 관한
지식의 축적

수정, 평가

제론톨로지
(gerontology)
······
(지식의 융합, 구조화)
장수사회의
삶의 질을 향상

융합된
새로운 지식은
사회에 환원

활동(노동)과
퇴직

생리면

가계

심리

죽음과 윤리

의·식·주

간호

🔵 는 고령사회 각 분야별 연구테마를 의미하며
가령이나 고령화에 관한 각 연구테마로 부터 지식을 🔵 에서 종합하여
수정하고 평가한 새로운 지식을 사회에 환원하기도 한다.

〈초고령 미래 사회의 연구 과제〉

• 초고령 미래의 사회(형태, 과제, 가능성)

• 초고령화 및 저 출산과 인구 감소 문제

• 고령자의 사회 활동(취업, 사회 참여, 생애 학습 등)

• 고령기의 인간 관계나 생활 환경(고용 · 가계 · 거주 등)의 변화

• 고령기의 식생활

• 케어(돌봄)와 죽음과 관련된 여러 가지 과제

• 장해를 극복 · 대체하는 기술 개발

• 인구와 사회 보장

• 의료 · 간호 정책

• 고용 정책

• 고령자 주거 · 지역 환경

• 이동 문제(고령자의 이동 특성과 이동의 도구)

• 고령자에 관한 법과 논리

• 최후의 날까지 자신의 의사 결정, 교통 · 이동 시스템 등

    이외에도 정부에서는 초고령사회와 사회 보장, 의료 제도의 현상과 개선 부문, 간호 · 고령자 복지의 현상과 개선의 부문, 연금 정책의 현상과 개선 부문, 주택 정책 등, 다양한 분야에서 연구 · 검토하여 정책적으로 추진되어야 한다.

2장

성공적 노화의 개념

기존의 성공적 노화

성공적인 노화란 미국 노년학자인 존 로우(John W. Rowe)와 로버트 칸(Robert L. Kahn)이 제시한 이론에 기반을 둔 개념으로, 노인이 가족과 사회로부터 분리되지 않고 활발한 삶을 유지하며 사는 것이라고 정의한다. 이렇듯 성공적인 노화를 누리기 위해서는 먼저 노인(나 혹은 미래의 나)은 어디서, 누구와, 어떻게 살 것인가를 생각해 보는 것이 중요하며, 본인의 노력과 함께 지역사회가 앞장 서야 가능하다.

'자기답게 산다', '보다 잘 산다'의 의미를 이해하기 위해서 성공적 노화라는 개념을 제대로 이해하고 있어야 한다. 성공적 노화의 방식과 개념을 추구하는 것은 제론톨로지의 오랜 기간의 연구 과제이며 시대와 함께 그 인식도 변화해 가고 있다. 성공적 노화란 말이 행복한 노화 이외에 몇 가지 표현과 함께 사용되고 있지만, 실상 그 의미를 해석하는 데 있어서 다소 추상적이고 다의적이다.

노화는 시간이 지나면서 사람에게 일어나는 변화의 축적이며, 육체적·정신적 그리고 사회적 변화로 인한 다양한 과정의 자연스러운 결과이다. 나이가 들수록 세상일에 관한 지식이나 지혜는 확장되지만 반사작용 시간은 느려지게 된다. 마찬가지로 육체적·정신적 그리고 사회적 성장이나 발전도 노화와 함께 뒤쳐지게 된다.

노화의 구분

일반적 노화 (universal aging)	나이가 들어가면서 모든 사람이 누구나 갖는 것.
확률적 노화 (probabilitic aging)	당뇨병같이 나이가 들면서 생기는 질병 등의 이유로 발생하는 것.

생활연령으로 인한 노화
(chronological aging)
	• 사회적 노화(social aging)는 사회 문화적
	  활동을 기준으로 함.
	• 생물학적 노화(biological aging)는
	  육체의 상태를 기준으로 함.

몸 중심부 노화 (proximal aging)	최근의 문제로 인하여 발생한 효과를 기준으로 함.
원심의 노화 (distal aging)	척수성 소아마비와 같이 어린 시절 발생한 문제를 기준으로 함.

일반적으로 연령에 따른 노화의 구분을 65~74세(young old), 75~84세(middle old), 85세 이상(oldest old)으로 하고 있다. 생활 연령으로 인한 노화는 기능적인 노화와 연관성은 없는데, 그 이유는 두 사람이 나이가 같다고 해서 정신적·육체적 능력이 같다고 할 수 없기 때문이다.

노화의 구분 방법에 있어서는 각 나라마다 혹은 정부와 비정부 조직 간에도 조금씩 차이가 있다. 인구 노령화라는 의미가 그 사회에 노령 인구 수가 증가하는 것을 뜻하므로 나라마다 다를 수 있으며, 인구 노령화의 대표적 원인으로는 이주, 기대 수명 연장(사망률 감소), 출산율 감소 등을 들 수 있다.

오랫동안 고령자에 관한 연구는 의학과 생물학 등 이른바 생물 의학 (biomedicine) 분야에 국한되었다. 또한 노화에 동반하는 생물적 기능의 변화와 생활 습관병의 연구를 중심으로 발달해 왔다. 생리적 노화에 대한 원인의 해명과 생활 습관병의 극복을 지향하는 연구자들 사이에서는 인간의 수명을 어디까지 연장시킬 수 있는지가 공통된 관심사였다. 20세기 후반의 급속적인 과학적 진보로 의료 기술이 눈부시게 발전하면서 수명 혁명에 청신호가 켜지게 되었다. 오늘날 수명 연장이 어느 정도 달성되면서 인간은 오래 살게 되었지만, 그 이면에 몸이 아파 누워 지내는 고령자나 퇴직 후에 하는 일 없이 살아가는 사람도 많아지는 등 새로운 과제가 생겼다. 이 시점에서 이제 고령자 연구의 과제는 수명을 연장시키는 것, 즉 시간을 연장하는 문제에서 고령자 QOL(Quality Of Life, 삶의 질)을 높이는 것으로 이동해 가고 있다.

성공적 노화의 개념

노년 의학자인 존 로우와 심리학자 로버트 칸이 학술지 〈Science〉에 발표한 '성공적 노화'라는 개념은 노인학 발전에 큰 영향을 미쳤다. '성공적인 노화'란 개념을 발표한 후, 많은 사람들이 과거와는 달리 노화에 대해 다른 관점으로 생각하게 되었고, 나이가 들어도 정신적 · 신체적으로 아프지 않고, 그 기능을 정상적으로 유지하면서 또한 사회적인 관계를 계속 유지하며 살고자 하는 삶을 추구하게 되었다.

이것은 은퇴 이전의 성공적인 인생을 사는 것 못지않게 은퇴 이후의 성공적인 삶도 중요하다는 것을 거듭 강조하고 있다. 그전까지 고령자라고 하면, 연구자의 관심은 거의 생활 습관병(과거의 성인병)의 극복에 있었지만, 고령 인구의 대부분을 차지하는 정상인에 시선을 돌려서 고령이라도 건강한 정신과 신체로 사회에 공헌할 수 있음을 전제로하고 있다. 이러한 성공적 노화의 개념은 생산 활동에서 빠져 나와 체력도 기력도 감퇴하여 사회로부터 이탈되었던 기존의 고령자 통념을 뒤집었다.

인간은 누구나 생을 마감할 때까지 자립하여 생산적인 삶(independent and productive life)을 누리고 싶어 한다. 수많은 학자들이 중년기를 인생의 마지막까지 이어가는 것을 목표로 하는 성공적 노화에 관한 연구를 거듭한 결과, 마침내 미국에서는 여러 가지 고령자 정책과 시책이 잇달아 추진되었다. 성공적 노화와 관련된 대표적인 세 가지 이론을 소개하고자 한다.

성공적 노화와 관련된 대표적인 이론

① 이탈 이론(disengagement theory)

노화란 사람들과 사회 체계의 다른 구성원들과의 상호 작용이 감소되어 가고, 단계적으로 불가피한 철수와 이탈의 과정으로 여기며, 노화에 동반된 은퇴는 피할 수 없는 것이며, 그것은 사회 시스템을 유지해 가기 위해서도 필요하고, 또한 개인의 적응에 있어서도 바람직하다고 생각한다. 사회에서의 역할도 인간 관계도 서서히 축소해 가고, 은퇴하면 시골에서 조용히 여생을 보내는 것이 고령기에 걸맞은 일이라 여긴다.

② 활동 이론(activity theory)

활동 이론은 이탈 이론과 대치하는 형태의 이론으로 '장년기의 사회적 활동의 수준을 유지하는 것이, 행복하게 나이를 먹기 위한 필요 조건이다'라고 정의한다. 일이나 자녀 양육 등 고령기에 잃게 되는 역할 대신에 다른 일이나 봉사 활동 등 새로운 역할을 받아 활동을 계속 이어감으로써 생애 현역을 관철하는 것이 삶의 방식으로 가장 걸맞은 것이라 여긴다.

③ 계속 이론(continuity theory)

마지막으로 등장한 이론으로, 퇴직 전후의 생활·의식을 오랫동안 조사한 결과로부터 얻은 이론이다. '중년기까지 형성되어 온 행동 패턴이나 생활, 인격의 계속성을 가지면서, 변화에 대처해 가는 것이 노년기에 있어서 바람직한 적응의 양식이다'라고 정의한다. 계속 이론은 노화와 함께 그전까지 길러온 관습과 사회 관계, 그리고 라이프 스타일은 그대로 유지하면서 적응의 패턴은 다양하다는 것을 제시하고 있다.

장수시대의 성공적 노화의 열쇠, 적응력

일반적으로 대다수의 사람들이 70세 후반부터 서서히 신체적인 자립도가 저하된다는 것은 그 누구도 부인하지 않는 사실이다. 이것은 전기 고령자보다 후기 고령자의 수가 훨씬 능가하는, 앞으로의 초고령사회에서의 삶의 방식을 생각해 가는 데 있어서 매우 중요한 사안이다.

전기 고령자가 고령자 인구의 대부분을 차지하고 있던 시대에 그들의 생활에 극적인 변화를 초래한 성공적 노화의 슬로건 아래에 그려진 고령자상은 후기 고령자의 현실을 반영하고 있지 않을 뿐만 아니라, '성공적 노화'='자립한 생애 현역'이라는 획일적인 사고 방식의 영향으로 인해, 실상 도움이 절실히 필요한 고령자들에게는 마치 인생의 낙오자와 같은 자각을 갖게 하고, 실의 속에서 마지막을 맞이하게 되는 여러 문제를 야기할 수 있다.

인간은 살아 있는 동안 누구나 여러 변화에 조우하게 되는데, 그러한 변화들에 적절히 대응해 나가면서 스스로 성장해 나가는 것이 인생이다. 노화에 동반한 여러 변화에 대하여 어떤 식으로 적응해 갈지는 특히 고령기를 살아 나가는 데 실제로 중요한 과제이며, 성공적 노화의 본질적인 과제이기도 하다.

고령기는 많은 자유로운 시간과 새로운 라이프 스타일의 획득이라는 변화가 기대되는 시기이기도 하지만, 한편으론 노화에 동반되는 신체적 변화, 퇴직에 동반하는 사회적·경제적 변화, 배우자나 친구들과의 사별 경험, 간호를 받는 변화 등, 고령기만의 여러 가지 변화를 피할 수 없다. 잘 적응한다는 것은 온갖 변화를 알고 그것을 받아들이는 것에서부터 시작된다. 변화를 알지 못하고 변화를 받아들일 수 없을 경우(부적응)에는 자존감이 현저히 떨어지고, 매사에 자신감이 없게 되므로 인생 후반의 귀중한 시간을 낭비할 수 있다.

3장

후기 고령기의 성공적 노화 이론

후기 고령기의
SOC 모델

노년학을 오랫동안 연구해온 발 테스 부처(P. B. Baltes & M. M. Baltes) 는 발달 심리학의 관점으로 성공적 인 노화 이론 SOC 모델(model of selective optimization with compensation)을 제창했다. 그들의 SOC 모델은 성공적 노화를 비롯하여 인간 의 전 생애 발달을 선택(selection), 최적화(optimization), 보상(compensation)이라는 서로 연관된 세 가지 과정으로 이루어진다.

선택 · 최적화 · 보상 모델은 개인이 노화 과정에 적절하게 대응하는 것과 생애 과정에서 노화의 손실을 최소화하는 것이 성공적 노화라고 설명한다.

① 선택 : 지금까지 해 왔던 많은 활동 영역 중에서 자신에게 중요하고 의미 있는 영역을 선택하고, 현실에 맞는 새로운 목표를 마련하여 생활의 방향을 결정짓는다.

② 최적화 : 선택한 활동 영역에 아직 남아 있는 기능이나 자원을 집중적으로 투입하여, 새로운 목표의 달성을 지향하며 노력한다.

③ 보상 : 잃어버린 기능을 다른 기능이나 자원으로 잘 보충하여 목표의 달성을 가능하게 한다.

생애 목표 및 건강 유지에 관한 개인의 선택은 사회 문화, 신체적 조건, 생물유전(phylogenetic) 요소에 영향을 받는다. 연령 증가로 인해 신체적 · 인지적 · 사회적 영역 등에서 잠재 능력과 기술의 쇠퇴를 경험하게 되지만, 생애 과정에서의 선택, 최적화, 그리고 보상 전략을 통해 감소되고 변형되는 것들은 효율적으로 관리할 수 있다는 논리이다.

선택은 주어진 환경 속에서 개인의 생활 목표(신체적 건강, 가치 등)에 대한 기회와 기능, 역할의 범위를 고려해 활동의 양과 질 및 종류를 선택하는 것이다. 또 최적화는 다양한 수단과 방법으로 개인이 선택한 목표와 영역을 최대한 달성하는 일이다. 자신의 강점과 잠재적 기능을 동원해 성공적인 사회 활동은 물론 건강 관리, 레저 생활, 사회 봉사 등으로 노후 생활을 활기차게 만드는 일이다. 마지막으로 보상은 활동의 제약과 질병으로 인한 손실을 최소화하면서, 긍정적인 역할로 주위의 자원을 활용하여 지속적인 성장을 이루어나가는 것이다.

발테스는 이 모델을 설명하면서 피아니스트인 루빈슈타인(Arthur

Rubinstein)의 만년 활동을 예로 들었다. 20세기 명 피아니스트였던 루빈슈타인은 89세로 은퇴하기까지 전 세계를 무대로 정력적으로 연주 활동을 계속하였다. 수많은 작곡가의 곡을 연주하며 넓은 레퍼토리가 자랑이었지만, 고령에 달하여 신체 기능의 저하를 인식했을 때, 몇 가지 곡을 선택하여 그 만큼을 연주하기로 했다(선택). 그리고 선택한 곡을 그전보다 몇 배의 시간을 들여 연습하며 연주 가량을 갈고 닦았다(최적화). 또한 템포가 빠른 부분이 이전과 같은 스피드로 연주할 수 없어지자 소리의 강약으로 악센트를 잘 조절해 보완했다(보상). 청중은 그러한 신체 기능의 저하를 보완하는 그의 트릭(trick)을 눈치 채지 못하고 연주에 집중할 수 있었다.

성공적 노화의
7가지 전제

개인이 연령 증가에 따른 신체의 손실이 있음에도 불구하고 현재 있는 가능한 자원을 동원할 때 성공적인 삶을 살아갈 수 있다는 점에서, 자기 계발 노력은 계속 필요하다.

따라서 신체의 조건과 외부 환경, 사회적 지원의 상호 작용에 따라 개인적 노화 정도가 달라진다고 주장하는 발테스는 성공적 노화의 7가지 전제들을 다음과 같이 제시하고 있다.

첫째, 정상적이며 적정한 노화와 그리고 병리적인 노화(치매와 같은 질병) 사이에는 차이와 다양성이 있다. 정상적(normal) 노화는 신체적 질병이나 정신적인 병리 현상이 없이 나이 들어가는 것을 말하며, 적정한(optimal) 노화는 발달을 증진시키고, 노화에 우호적인 환경 속에서 늙어가는 것을 의미한다.

둘째, 나이가 들어가면서 개인이 효율적으로 신체의 손실을 방지하기 위해 취하게 되는 선택과 사회 문화적 자원의 활용에 따라 노화 수준은 달라진다. 즉 노화에는 개인 차가 존재한다. 왜냐하면 노화가 유전적 요인과 환경적 조건, 생애 과정에 따른 개인의 독특한 경험, 병리적 현상 등 여러 요인들에서 비롯되기 때문이다. 사회적 환경이 인간을 지배하고 있지만, 이를 자신의 발전에 어떻게 적용해 좋은 환경으로 만드느냐에 따라 노화가 결정된다.

셋째, 노년에도 젊은이 못지않게 잠재된 능력이 많이 남아 있다. 그래서 손실을 피할 수 있는 적절한 환경과 의료적 조건이 갖추어진다면 많은 노인들이 행동 인지, 심리 사회 등의 영역에서 높은 수준으로 기능할 수 있는 잠재력을 지속적으로 가질 수 있고, 더 나아가 신체적 기능 유지에 필요한 새로운 자원을 습득할 수 있다.

넷째, 지식과 기술은 연령 증가에 따른 인지 기능의 쇠퇴를 보충해 줄 수 있다. 인간의 일처리 능력은 감소하지만, 지식의 증가는 지혜의 기초가 된다. 어떤 과업을 수행함에 있어서 보조 도구나 그 과업과 관련된 지식을 활용함으로써 쇠퇴된 인지기능을 보완할 수 있다.

다섯째, 연령이 증가함에 따라 증가(인지 등)보다 손실(건강 상실 등)이 더 많아지는 경향이 있다. 이는 발달 과정의 본질적 특성이며 동시에 노화로 인해 적응성 혹은 가소성(plasticity)이 상실되는 것이다. 사실 부정적인 생각과 상실감은 생애 후반기로 갈수록 더 크게 작용한다.

그러나 이런 한계적인 상황을 있는 그대로 긍정적으로 받아들이는 지혜가 필요하며, 이럴 때 긍정적인 대처 방식이 생겨난다.

여섯째, 노년기에 찾아오는 손실을 최소화하기 위해서는 가치 있는 활동(종교 생활, 명상 등)을 선택할 수 있다. 자아를 찾고 삶의 통합을 위해 노년기에도 탄력적으로 인지 능력과 정서를 높여가는 일이다. 실증적 연구들에 의하면, 노인들의 주관적인 생활 만족도나 자아 통제력, 자율성과 같은 자아와 관련된 보고에서는 노인들의 인지 능력, 자존감은 젊은이들과 크게 다를 바 없는 것으로 나타난다.

일곱째, 노년 후기에 들어와 능력의 마지막 한계에 다다르면, 노화에 따른 손실을 사실상 막을 수 없다. 해를 거듭할수록 신체의 전반적 손실이 커지면서, 아무리 노년기에 잔여 능력이 남아 있다고 해도 기억과 학습 능력에 한계를 드러내게 된다. 어떤 훌륭한 노화 방지 훈련이나 중재 프로그램이 있어도 결국 한계에 직면하면서 죽음에 이르게 된다.

이상 설명한 바와 같이 SOC 모델은 노화에 따른 상실에도 불구하고 주어진 능력에 적합한 활동을 선택하고, 보유한 기술을 최적화하여 상실한 것을 보상함으로써 성공적 노화에 이를 수 있다고 제시하고 있다.

나이가 들어가면서 현명한 선택과 집중, 그리고 다양한 사회적 자원의 활용이 성공적 노후의 삶을 결정한다고 보는 이러한 제시는 노인들이 여생의 삶을 집에서 보낼 것인지, 아니면 요양원으로 갈지의 여부, 그리고 특정 장애자들이 어떻게 자신의 삶을 선택하고 최적화할지를 결정하는 데 많은 시사점을 주고 있다.

이러한 점에서 노인 건강 관련 전문가들을 비롯한 의사나 간호사들이 노년층에 대한 건강 검진, 치료 방향 등을 결정하는 데 매우 유효한 이론으로 간주되고 있다.

사회 정서적 선택 이론

후기 고령기에는 신체의 쇠약과 질환에 의해 자립된 생활의 유지가 곤란해지기 시작하며, 배우자나 형제자매, 친구 등 오랜 동안에 걸쳐 친하게 교류해 왔던 사람들의 죽음과 수입의 감소 등 여러 가지 상실을 경험하게 된다.

스텐포드 대학 심리학 교수인 카스텐슨(Laura Carstensen)은 그러한 고령자의 적응하려는 마음의 움직임을 사회 정서적 선택 이론으로

설명한다.

사회 정서적 선택 이론(socio-emotional selectivity theory)은 생애 발달에 관한 이론으로, 인간 행동에 동기를 부여하는 어떤 목표가 인생의 어느 시점에 위치하느냐에 따라 어떻게 변화하는지 크게 두 가지로 분류하고 있다. 먼저 정보의 획득이라는 목표는 정보의 획득에 따라 자신의 장래를 최적화하는 것이고, 다른 한 가지의 목표인 정서적 조정은 긍정적인 감정을 확대하고 부정적인 감정을 최소화하는, 즉 정서적 충족감을 늘리는 것을 목표로 한다.

사람은 인생의 라이프 스테이지에 따라 다양한 목표를 가지고 살아간다. 젊을수록 앞에 놓인 시간이 무한하다 여기며 앞으로 삶을 살아나가기 위해 최대한 많은 정보를 획득하는 것을 중요한 목표로 삼는다. 예를 들어, 결혼과 취직에는 정보가 많을수록 좋다. 그러나 고령기에 도달하여 운명의 조짐을 인식하게 되고, 앞으로 남은 시간이 별로 없다고 느끼게 되면 많은 정보보다는 오히려 정서적 충족감을 원하게 된다. 그렇기 때문에 부정적인 감정을 피하고 긍정적인 감정을 증대시키는 정서적 조정이 중요하다.

기억의 실험에서 젊은이와 비교해서 고령자는 긍정적인 감정을 일으키는 자극을 기억하고 있지만, 부정적인 감정을 초래하는 자극은 기억하지 않는 현상을 보인다. 어느 한 광고의 실험에서 젊은이가 긍정적이고 부정적인 자극에 다 주목한 것에 반해, 고령자는 긍정적인 감정에 연결되는 자극에 주목하는 경향이 있었다. 인간 관계에 있어서도 이러한 정서적 조정이 작용한다. 정보를 보다 많이 얻기 위해서는 새로운 지인을 여러 명 알아가는 것이 바람직하지만, 고령자들은 정보보다 정서적 충족감을 원하기 때문에 친근하고 마음이 맞는 사람들과의 관계를 선택적으로 행한다.

따라서 고령자의 네트워크는 소수의 친한 사람들로 한정되어 있는 경향이 있다. 이러한 변화들은 전부 잘 살기 위한 선택적 방법이다. 우리들은 일생 동안 자신의 신체적·정서적·사회적 환경의 변화에 어떤 식으로든지 적응하며 살아가고 있다.

> "고령자가 앞으로 더 행복하기 위해서 더 많은 시간을 즐겁게 지낼 수 있다는 생각을 하고, 앞으로 100세까지 건강하게, 행복하게 살 수 있다는 생각을 하라.
> 집에서나 사회에서 생활하면서 삶의 목표를 늘 생각하라. 새로운 활동과 새로운 관계를 맺도록 노력하라. 일이나 직업에 비생산적인 감정적 에너지를 소모하지 말라."

4장

고령기의 QOL

QOL이란 무엇인가

고령기를 살아가기 위한 중요한 것이 QOL(quality of life, 삶의 질)이다. 인생 100세 시대라 부르는 장수의 가능성을 갖게 된 오늘날의 과제는 수명을 더 길게 연장시키는 데 있는 것이 아니라, 20~30년에 이르는 고령기를 보다 풍요롭게 살아가는 데 있다.

우리들의 주요 관심은 수명의 연장이라는 양적인 것에서부터 보다 좋은 생활을 추구한다는 질적인 과제로 크게 변화되고 있다. QOL은 일반적으로 삶의 질, 인생의 질, 생명의 질이라 번역되는데, 'life'가 가지는 광범위한 의미 때문에 그 해석도 다양하다. life는 ①생명, 목숨, 생존 ②

생계, 생활, 생활 형편 ③인생, 생애, 삶의 방식 등, 삶의 삼중 구조를 내포하며, 그것은 끊이지 않는 생명 유지의 과정에서 자기 실현, 삶의 보람 등의 고차원의 심리적 활동을 포함하는 다양한 활동의 하나의 묶음으로 이루어진다고도 해석한다.

WHO(세계보건기구)에 따른 QOL의 정의는 개인이 생활하는 문화와 가치관 속에서 목표와 기대, 기준, 관심에 관련된 자기 자신의 인생의 상황에 대한 인식이라고 되어 있다.

통상적으로 QOL이라는 말을 듣고 떠오르는 것은, 삶의 형편이나 만족감, 행복감 같은 종류이지만, 그것에 가까운 개념인 건강, 삶의 보람, 풍요로움, 쾌적함 등의 말도 QOL과 같은 의미로 다루어지는 경우도 종종 있다. 또한 QOL의 해석에서 논의가 되는 것은, 주관적 요소(만족감 등)에서부터 환경적 요소(주거 환경 등)의 어디까지를 QOL의 범위로 평가할지에 관한 것이다. 가장 넓은 의미로 해석할 경우 '사는 의미란 무엇인가', '행복이란 무엇인가', '인생이란 무엇인가', '자신이란 무엇인가' 라는 등의 철학적이고 사상적인 영역에까지 이른다. 나아가 QOL은 의학적 분야에서 다루어지는 경우도 많으므로, 신체적인 건강 상태와 연관된 것이라 생각해도 무리는 없다.

도대체 QOL이란 무엇일까? 결론적으로 말하자면, QOL의 정의에 대하여 통일된 견해는 정립되지 않았다. 사용하는 목적이나 관련된 사람에 따라 해석이 다르고, QOL은 저마다의 목적에 따라 조작적인 추상 개념으로 다루어지고 있음을 밝힌다.

욕구 단계설 vs. QOL 다차원 모델

미국 심리학자 매슬로우(A. H. Maslow)는 이른바 인간성 심리학파의 제창자이다. 그는 제1의 심리학으로 병적인 인격을 주로 다루는 프로이드의 정신분석학과 제2의 심리학으로 동물 실험을 기본으로 하여 인간 행동을 설명하는 행동주의 심리학의 두 흐름의 기계론적 경향에 반대하면서, 성숙하고 건강한 인간에 대해 연구해야 한다고 주장한다.

다음은 매슬로우의 인간의 욕구 단계설을 5단계의 계층으로 이론화한 것이다.

〈매슬로우의 욕구 단계설〉

① 생리적 욕구(생명 유지를 위한 식욕 · 성욕 · 수면욕 등의 본능적 · 근원적인 욕구)
② 안전의 욕구(의류 · 주거 등, 안정 · 안전한 상태를 얻으려는 욕구)
③ 친화의 욕구(집단에 속하고 싶다, 누군가에게 사랑받고 싶다는 욕구)
④ 자아의 욕구(자신이 집단에서 가치가 있는 존재라고 인정받고, 존경받고 싶어 하는 욕구)
⑤ 자기 실현의 욕구(자신의 능력 · 가능성을 발휘하여, 창작적 활동과 자기의 성장을 도모하고 싶어 하는 욕구)

통상적으로 제1단계의 생리적 욕구를 충족하는 것이 먼저이고, 그것이 충족되면, 제2단계의 욕구가 발생하는 순서를 밟는다. 마지막으로 자기 실현의 욕구를 충족하기 위한 단계에 이르는 것이 과제다.

따라서 어느 단계까지, 어느 정도로 욕구가 충족되는지에 관한 것과

QOL은 근사한 관념이라 생각할 수 있다. 성공적인 노화는 삶의 양·질 (quantity of life, quality of life)을 종합하는 개념으로, 최근 들어 특히 노년학이나 사회 정책 영역에서 중요시되고 있다. QOL 연구의 흐름과 구성 요소로서 삶의 질에 관한 문제는 4가지로 나누어 볼 수 있다.

첫째, 사회·정책적 측면으로 선진국의 인프라스트럭쳐(infrastructure, 하부 구조)의 정비와 함께 주거, 통근, 여가 등의 시간 활용과 환경 보호 등의 문제이다. 미국에서는 1950년대부터 삶의 질에 관한 사회 정책적 문제가 거론되었다.

둘째, 의학·의료 분야에서 종말기의 생명 윤리를 포함하여, 암 치료와 연명 치료에서 완화 치료에의 흐름과 암 치료의 통지를 포함한 환자, 의료 관계의 문제, 재활 의학의 QOL 문제이다.

셋째, 사회·심리학의 연구에서 주관적인 생활 만족도나 윤리 문제이다.

넷째, 노년학에서 고령자의 생활 기능의 자립 문제이다.

이상 QOL을 구성하는 요소에 대한 관점 중에서는 로톤(M. Powell Lawton)에 의한 고령자의 QOL 모델(다차원 모델)이 유명하다.

〈로톤에 의한 QOL의 구성 요소〉

① 생활 기능이나 행위의 건전성
② 건강이나 인지 능력 등의 자기 평가
③ 인적·사회적 및 물적 환경(도시공학과 주거)의 환경 요인
④ 주관적 행복감

사람의 행동 능력과 환경이라는 객관적으로 측정 가능한 두 가지 영역과, 심리적 행복감과 주관적인 생활의 질 등 주관적 평가로 측정되는 두 가지 영역을 합한 네 가지 영역으로부터 구성되어 있다. 저마다의 영역은, '행동 능력'에 건강, 지각, 운동, 인지의 요소가 포함되어 있듯이 몇 개의 하위 차원으로 구성되어 있고, 그것들 개개의 하위 차원에 있어서의 평가의 축적이 각 영역의 평가가 된다.

이 평가 수준이 바람직한 수준을 유지하고 있으면, 고령기에 있어서도 성공적 노화의 실현이 가능하다고 판단한다. 이 모델은 고령자의 QOL을 생각하는 데 있어 기본적인 것으로, 여러 가지 연구와 각종 QOL 측정 척도 마련에도 응용되고 있다.

시니어의 지역 사회 활동 방안

인생 후반의 라이프 디자인의 방법과 지역 사회의 생활 방안으로 활동과 일, 교육, 오락 등의 방법을 알아보겠다. 고령화 사회로 진입한 우리나라는 보다 풍요로운 노화를 실현하기 위해서 지역 사회를 어떠한 환경으로 창조해야 할지에 대한 많은 고민을 하고 행정이나 정책을 마련해 나가는 중에 있다.

그러나 먼저 고령기 생활을 어떻게 만들어 나갈 것인가를 깊이 생각해 보고, 이에 맞는 대안을 마련해야 지역 사회 환경의 새로운 창조가 진전될 수 있다. 인생 100세 시대에 걸맞은 삶의 방식, 인생 설계의 중요성과 여러 가지 사회적인 과제에 인생 100세의 삶의 모델이 지금까지 확립되어오지 않았던 이유 중 하나로 현재의 고령자 세대는 100세 시대에 대한 아무런 준비도 없이 장수에 이른 세대라는 점이다. 그들이 청년이었을 때는 인생 100년 시대의 삶이란 그저 꿈같은 이야기로만 여겼을 뿐 현실로 다가오리라 실감을 못했다. 늦은 감은 있지만, 이제라도 우리나라 고령화 사회 실정에 맞는 지역 사회 환경이 만들어질 수 있어야 한다.

다음엔 '인생 후반의 라이프 디자인을 위한 팁'에 대해 알아보자.

① 라이프 디자인의 가능성이 확대되는 인생 후반

인간은 노화와 함께 많은 변화를 경험한다. 그 변화에 대처해서 적응해 감으로써 인생이 형성된다. 고령기는 네 가지 상실(건강의 상실, 경제적 기반의 상실, 사회적 관계성의 상실, 사는 목적의 상실)을 경험한다고 해서 고령기를 전망하는 데 있어서 부정적인 것이 상기되기 쉽지만, 긍정적인 변화도 많다는 것을 이해해야 한다.

풍부한 시간을 가질 수 있다는 것, 선택의 자유가 늘어난다는 것, 풍부한 경험과 자원을 살릴 수 있다는 것, 연금이라는 소득 기반을 획득할 수 있다는 것 등, 젊었을 때 못했던 것 혹은 할 수 없었던 것에 도전할 수 있는 등의 많은 가능성이 확대된다는 것을 라이프 디자인을 위한 전제로서 이해해 둘 필요가 있다.

② 인생 후반 라이프 디자인 모델의 방식

인생 설계의 방식에 대해서는 특별히 규칙이 있는 것은 아니기 때문에, 막상 생각하려고 해도 무엇을 생각해야 좋을지 모르는 사람도 많다. 기본적으로는 스스로가 희망하는 고령기의 생활상을 사례별로 정리해 가는 작업이 요구된다.

우선 생활을 구성하는 요소 가운데 생활 기반의 유지를 어떻게 할지에 관한 것과, 그 기반 위에서 어떻게 활동을 해나갈 것인가부터 생각해 보도록 한다.

그 우선순위는 개개인마다 다르지만, 먼저 '자신과 가족의 건강'을 들 수 있다. 부모의 간호가 필요해졌을 때, 또는 자신이나 배우자가 건강을 해쳤을 때 어떻게 대처할 것인가, 미리 생각해 두어야 한다.

돈에 관한 문제는, 주거나 활동의 방식에 직결되는 것이므로 생활 전반의 토대가 되기 때문에 매우 중요하다. 이 문제에 관해서는 개인 차도 있고 가치관도 다양하기 때문에 일률적으로는 말할 수 없지만, 연금에 의존하는 삶보다도 가능한 한 오랫동안 스스로 생산해서 소비하는 라이프스타일을 지향하는 깃이 징수 시대에는 걸맞다고 생각된다. 헌편으로 인간은 누구나 즐기는 것을 언제까지나 추구하고 싶은 법이다.

이러한 것을 종합적으로 본 다음 인생 후반에서의 나날을 어떻게 보낼지를 생각해 가게 된다. 하나하나의 주제에 대해서 자신의 이상적인 이미지를 명확하게 만들어 조합해 감으로써, 각각의 라이프 디자인이 그려지게 된다.

③ 인생 후반의 생활 방식

자신의 미래에 만나게 될 고령기에 어떠한 생활 방식을 하고 싶은가를 생각해 본다.

'앞으로 무엇을 할까?, 장래에 어떤 생활을 할까?' 이와 같은 생각을 할 때 기본이 되는 것은 물론 평온하고 안정된 생활이다. 오랫동안 쌓아온 생활을 계속 도모하는 것이 최대의 희망이다. 마음 편히 지낼 수 있는 자신만의 공간을 얼마나 확보할 수 있는지, 그 여부가 인생 후반의 라이프 디자인에 있어서 매우 중요한 주제라 할 수 있다.

본인이 정작 무엇을 하고 싶은가에 대해서는 활동 · 취업, 생활 방식 · 이주, 관계, 즐기는 법 · 변신 등의 요소가 모두 상호적으로 관련되어 있기 때문에, 이러한 요소들이 하나하나씩 여러 개가 모여 합쳐지면서 본인에게 적합한 하나의 모델이 그려진다.

Chapter 10

시니어 산업의
청년 일자리 창출과
창업

1장

제4차 산업혁명 기반
시니어 용품 제조업

**청년 일자리 창출과
시니어 산업**

최근 청년 인구가 감소함에도 불구하고 청년층의 실업률은 지속적으로 증가하는 추세를 보이고 있다. 청년 일자리를 만드는 것도 중요하지만, 새로운 일거리를 만들어 낼 수 있는 창조적인 비즈니스 모델을 제시할 수 있어야 한다.

오늘날 인구 고령화의 영향은 이제 더 이상 시장의 중심이 청·장년층에게 필요한 제품과 서비스에 있지 않고, 점차 시니어 세대 중심으로 재편되는 시니어 시프트로 가속화되어 가고 있다. 고령화가 진행될수록 시니어에게 필요한 제품과 서비스 등의 수요가 점차 증가할 수밖에 없고, 나아가 이러한 현상에 비례하여 시니어를 위한 기업은 당연히 증가하게 될 것이다.

따라서 시니어 산업의 육성은 자연스럽게 일자리와 일거리로 이어지게 된다. 제조업의 근간이 튼튼하면 지속적인 성장과 안정된 고용이 가능하게 되므로, 제조업에 기반을 둔 중소기업이 스스로 경쟁 역량을 갖추도록 행·재정 지원을 강화함으로써 지속적으로 일자리를 만들어 나가야 한다. 앞으로 시니어가 소비하는 시장인 시니어 시장 혹은 성인 시장이 앞으로 급속도로 확대될 것이 예상됨에 따라 마케팅에 대한 관심이나 중요성도 더욱 높아질 것이다. 시니어의 요구에 적합한 상품 서비스를 적극적으로 개발하여, 대규모 시장에 대응함과 동시에 글로벌 시니어 산업으로 이어질 수 있도록 해야 한다.

현재 우리나라의 시니어 인구 증가 추세를 보면, 시니어 제품을 필요로 하는 소비자의 시장이 거대해질 수밖에 없다. 우리나라의 기술력과 창조적인 아이디어로 시니어 제품이 더욱 고품질화되고 디자인도 우수하게 제작할 수 있으므로, 국내 시장뿐만 아니라 미래 해외 수출 주력 산업으로도 발전할 잠재력이 충분히 있다. 시니어 관련 산업이 일부 특정 분야에 집중되었던 과거의 산업 전략에서 벗어나 시니어 생활 전반에 관련된 모든 산업 분야로 확대하여 시니어를 위한 새로운 시장의 개척이 절실히 필요하다.

또한 시니어를 위한 제품과 서비스를 개발하기 위해 지방자치단체마다 그 지역에 소재하고 있는 시니어 산업 관련 인프라를 발굴하여 소기업, 사회적 기업으로 육성시키는 방법도 일자리 창출을 위한 좋은 예가 될 수 있다.

시니어 관련 산업 육성은 시니어들의 삶의 질과 혜택만을 위한 것이 아니라, 청년 일자리와 일거리를 창출하기 위한 근본적인 대책 중의 하나가 될 수 있다. 특히 정부나 지자체는 시니어 산업 육성 가능 분야에 반드시 필요하면서도 성과가 확실하게 예측되는 분야에 가용자원을 집중함으로써, 국내 시니어 산업뿐만 아니라 글로벌 시니어 산업으로 발돋움할 수 있도록 집중적인 지원을 해야 한다.

청년 일자리 문제 고민 일자리 vs. 일거리

경제의 지속적인 성장세 속에서도 취업자 수 증가율은 오히려 감소하고 있으며, 일자리 미스매치로 인한 구인난과 구직난이 공존하는 상황이다. 정규직으로 취직하기 어렵고 청년층의 고용이 불안정하다.

최근 취업 준비생들이 지난해 대표하는 사자성어로 '고목사회(枯木死灰)'를 꼽았다고 한다. 말라죽은 나무와 불이 꺼진 재를 일컫는 말로, 스스로를 욕심이나 의욕이 없어 말라버렸다고 표현한 것이다. 한편, 니트(NEET, not in education, employment or training)족이라는 신조어도 생겨났다. 취업을 위해 교육을 받지도, 일을 하지도 않는 젊은이들을 니트족이라고 한다. 일자리도 못 구하고 꿈도 사라지고, 자존감 추락에 우울증까지 구직 실패에 무기력해진 청년들에게 희망과 꿈을 펼칠 수 있는 대책은 없는가를 심각하게 고민해 볼 필요가 있다. 역동적인 꿈으로 가득했던, 우리의 미래가 달린 청년들이 어떻게 생기를 잃었는지를 국가 차원에서 종합적인 진단이 필요할 때가 되었다.

청년 일자리 창출이 국가 정책의 핵심 이슈로 부각한 가운데, 양질의 일자리 창출을 위해서는 지역 간 산업 육성 정책의 연계가 필요하다. 지역마다 새롭게 시작되는 시니어 산업뿐만 아니라 모든 사업의 추진에 추진 콘트롤 타워가 불분명하여 지역 산업 발전의 방향성이 모호해지거나 지역에 소재하고 있는 산업 인프라의 연계 부족으로 사업의 부실화를 초래하였고, 과거부터 그러한 실패를 여러 번 경험한 적이 있다.

2016년 다보스 포럼에서 '직업의 미래(The Future of Jobs)' 보고서가 발표되었다. 그 보고서에서 4차 산업혁명으로 2020년까지 선진국에서만 710만 개의 일자리가 감소할 것이라는 예측이 나왔다. 이같은 변화는 기존 일자리에 암울한 전망을 제시하는 것으로 보인다.

그러나 세계경제포럼에서도 710만개의 일자리가 사라지는 대신 200만개의 일자리가 새로 생겨난다는 점을 함께 강조했다. 미래학자 토머스 프레이(Thomas Frey)는 현재 있는 직업의 47%가 인공지능, 로봇 등에 의해 대체될 것이라고 전망하고 있다.

한국고용정보원이 발표한 바에 따르면, 금융·보험 관련 직종은 81.8%, 기계 관련 직종은 55.8%가 인공지능으로 대체될 것이라고 한다. 과거 정부와 마찬가지로 현 정부에서도 정부의 부처별 일자리 창출 관련 정책 및 개선 방안, 광역시(도)에서도 지역별 일자리 창출 관련 정책 및 개선 방안 등 일자리 창출 정책의 중요성을 강조하고 있으나, 그 결과는 별다른 성과를 거두지 못하고 있다.

그러나 '일자리 창출'만 부각되고 '일거리 창출'은 별로 부각되지 않는다. 혹시 바늘과 실은 함께 가는 것이라고 항변할지 모르나, 항변하는 그 자체의 사고가 과거부터 현재까지 참신한 아이디어를 침체에서 벗어나지 못하게 한 원인으로 볼 수 있다. 일거리 없는 일자리는 어디에서도 찾을 수 없고, 일거리가 있을 때 일자리를 찾아가는 것은 청년들 각자의 몫이다. 소위 3D 직종이라는 기업의 일자리는 일을 하겠다는 사람이 없어서, 주로 외국인 근로자에게 의존하고 있다. 우리의 근무 조건이 열악한 기초(반) 기술은 외국으로 흘러가게 되며, 미래에 정작 그 기술이 필요로 할 때를 대비하지 않을 수 없다. 청년 실업 수당은 청년들이 꺼리는 곳에 취업하는 청년 취업 수당으로 대치하는 방법도 고려해 볼 필요가 있다.

제4차 산업혁명과
변화하는 일자리

앞에서 제4차 산업혁명에 대해 언급한대로, 가까운 미래에 수많은 다양한 직종이 사라질 것이라는 전망이 나왔다. 이제는 사회 전반의 모든 분야에 IoT, 인공지능(AI) 등을 바탕으로 한 온라인과 오프라인이 하나의 네트워크로 연결되고, 로봇 공학, 3D프린팅, 나노기술, 생명공학기술같이 별 연관성이 없어 보였던 분야들이 경계를 넘어 융(복)합하고, 하나로 연결되는 시대가 열리게 된다.

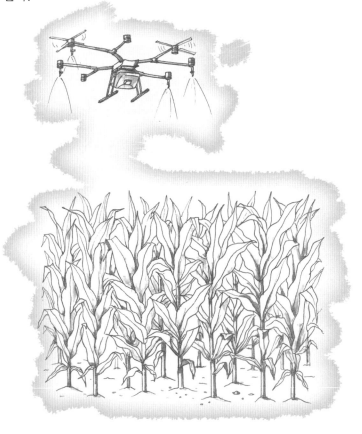

제4차 산업혁명의 시대적 변화를 제대로 이해하지 못하면, 자칫 혼돈의 시대로 착각하게 될 수도 있다. 주요 기술의 이합 집산이 이루어지면서 급격히 발전하게 되면서 제조업이 기반이었던 산업 구조가 완전히 바뀌어 AI 기반의 플랫폼 비즈니스 중심으로 변화한다. 다시 말해 지금까지 산업의 핵심은 제품을 만드는 제조업에 있었지만, 앞으로는 이런 공정이 완전히 디지털화되어 AI와 로봇이 사람을 대체하게 될 것이고, 대신 우버(Uber) 같은 공유경제 업체, 구글이나 아마존처럼 생활의 기반이 되는 플랫폼을 제공하는 업체 등이 핵심이 될 것이다. 제4차 산업혁명으로의 변화는 거시적 산업 구조의 변화만 일컫는 것이 아니며, 이러한 변화는 곧 각 산업의 흥망성쇠를 결정하게 된다. 제4차 산업혁명이 시대의 화두로 떠오르자마자, 각 기관에서 앞다투어 직업 전망을 내어놓는 이유는 직업의 변화를 통해 산업 변화를 읽어낼 수 있기 때문이다.

영국의 BBC가 2015년 옥스퍼드대학과 딜로이트의 연구 결과를 바탕으로 만든 웹사이트가 있다. '로봇이 당신의 직업을 대체할까?(Will a robot take your job?)'라는 이름의 웹사이트에 구체적인 직업군을 입력하면, 그 직업이 로봇이나 인공지능 기술로 대체될 확률이 높다.

이러한 흐름을 잘 살펴본다면, 직업은 물론 산업 구조의 변화도 이해할 수 있을 것이다. 다양한 기관의 여러 연구를 조사해 보면서, 앞으로 있을 직업의 변화를 예측하여 미래의 기술과 직업에 대한 일자리 정책을 미리부터 준비해야 할 것이다.

한 예로, 배달원의 일자리를 드론이 할 가능성이 커지고 있다. 아마도 곧 닥쳐올 미래에는 운전 능력이 아니라 드론 조종 능력을 가진 직원이 고용될 날이 머지않았다.

한편으로, 농업 분야에서 드론이 많이 활용되는데, 우리나라에서도 일손이 부족한 농촌에서 드론이 대신 농약을 살포해 주는 시범을 보인 경우가 있다. 앞으로 드론이 일손을 대신해 주는 데서 그치는 것이 아니라 더 나아가 인공지능을 탑재한 농부 드론이 등장할 가능성도 크다고 보고 있다. 싱가포르의 가루다 로보틱스(Garuda Robotics)의 드론은 농장의 상태를 파악하고, 온도·습도 등 주변 환경을 파악해 적절한 농사 방법을 제안해 주는 기능까지 탑재했다.

만약 드론이 AI 로봇과 협업할 수 있다면 농부의 일자리 또한 대체될 수 있는 셈이다. 드론으로 인해 택배원의 자리는 없어지게 되겠지만, 드론 조종사, 드론 엔지니어 등과 같이 새로운 일자리가 생겨나고, 자율 주행 차에 적합한 교통 모니터링 전문가, 응급 상황 처리 전문가 등이 새로 생겨나게 될 것이다. 이처럼 앞으로 10년은 지난 10년과 같은 기술, 같은 직업으로 살아 남기는 힘들 것으로 판단된다. 그러므로 사라질 직업을 살펴보면서, 앞으로 어떤 기술과 비전을 갖는 것이 필요한지 알고 준비하는 자세가 필요하다.

현대 기술과 기업의 흥망성쇠

점차 고령화가 진행됨에 따라 시니어에게 필요한 제품과 서비스 등에 관한 관련 산업의 수요도 앞에서 업급 하였지만 점차 증가하고 있다. 앞으로 급속하게 고령화되는 동아시아 각국이나 세계를 범주에 넣었을 경우, 그 시장 규모는 엄청난 규모가 되어 갈 것으로 보고 있다.

현재 우리나라는 시니어 용품 제조업(소프트웨어를 포함한 제조업)을 일자리 창출이나 창업을 위한 좋은 기회로 보고 있다. 제조업이라고 해도 최근에는 창조성을 발휘한 신제품이나 첨단 기술의 개량된 제품을 만들지 않으면 살아남을 수 없다. 기업이나 대학뿐만 아니라 모든 분야에 있어 미래를 향해 도전하고 있는 산업체의 핵심 부서에서도 창조가 기업 전쟁에서 살아남는 유일한 길이라고 생각한다.

현대 기술과 기업의 흥망성쇠의 역사를 보면, 하나의 커다란 흐름이 있음을 알 수 있다. 그 흐름은 영국으로부터 미국, 일본에서 나아가 한국, 한국에서 중국으로 이동해 왔고, 이후에 브라질과 인도, 그리고 베트남, 동남아시아, 아프리카 등으로 이어진다. 19세기의 직물 산업은 영국에서 시작되어, 그 주도권이 미국으로 넘어갔고, 다시 일본이나 중국으로 넘어갔다. 그 다음에 시작된 제철업도 그 흐름을 따라 지금까지 오게 되었다.

자동차 산업에서는 독일의 다임러사가 가솔린 엔진의 자동차를 최초로 개발했고, 미국의 포드사가 대량생산에 성공했다. 영국에서도 자동차 산업이 왕성했던 시대가 있었지만, 그것이 미국의 제너럴모터스(GM)사로 옮겨가게 되고, 그 후 GM이 일본의 도요타 자동차로 옮겨가게 되었다. 조선 공업도 마찬가지로 같은 흐름을 타고 마침내 우리나라로 옮겨오게 되었다. 이것은 시장 원리와 글로벌 자본주의의 세계에서는 필연적인 흐름이며, 현재 그 누구도 그 흐름을 막을 수 없을 것이다.

그 이유는 간단한데, 물이 높은 곳에서 낮은 곳으로 흐르듯이 경쟁에 이기기 위해 생산 비용을 절감할 수밖에 없고, 고용 자금이 많이 소요되는 선진국에서 적게 소요되는 개발도상국으로 제조 거점을 옮길 수밖에 없기 때문이다.

그러나 비용 절감을 극복하기 위해 이런 상황을 반복한다면 결국에는 진흙탕 속에서 경쟁하게 될 뿐이다. 이러한 이유로 선진국들은 제조업을 피하고 자금을 움직이는 금융 또는 서비스업으로 옮겨가는 경향이 있는데, 영국에서 미국으로 주도권이 넘어 가고 있다.

기업은 이러한 흐름에 적극적으로 편승해야 한다고 생각한다. 그러기 위해 필요한 창조와 혁신을 진전시키기 위해 어떻게 해야 좋을지에 대해 생각할 필요가 있다.

영국의 유명한 경제학자 토인비(Arnold Toynbee)는 문명의 자동화(효율화)는 인간의 노예화를 동반하여 창조성을 잃게 함으로써 국가의 쇠퇴를 초래한다고 하였다. 그렇다면 어떻게 하면 좋을 것인가를 이 기회에 함께 생각해 볼 필요가 있다.

시니어 시프트로 인해 파생되는 문제와 비즈니스나 산업화 과정 중에 발생하는 문제는 선례가 없기 때문에, 어떠한 문제의 해결에 있어서 다른 나라의 사례를 찾아보고 그 해결책을 찾기보다는, 우리가 떠안고 있는 과제를 지속적으로 해결해 나가면서, 그 해답을 찾을 수 있도록 해야 한다.

2장

시니어 용품의
창조성과 청년 창업

**창조적 사고와 응용력이
새로운 패러다임을 만든다**

새로운 아이디어나 패러다임을 개발히는 데에는 학업 성적이 좋거나, 학벌이 우수한 대학생이 반드시 필요 조건은 아니다. 오히려 기초 지식과 함께 창조성(creativity)이 있는 사람들을 필요로 한다. 대학의 박사 논문 심사에서는 논문의 독창성(originality), 즉 창조성이 중요시된다. 어느 연구의 개량보다 연구자 자신의 발상이 더욱 중요한 것이다.

해방 이후에 학문적인 기반이 없었던 우리나라로서는 특히 미국, 일본, 독일 등 선진국의 학문이나 과학 기술을 여과 없이 베끼기 식으로 흡수하는 것이 대부분이었기 때문에, 아직까지도 우리 주변에는 학문(연구를 포함)이란 타인이 쓴 글이나 논문을 공부하고 이해하는 것이 전부라고 생각하는 사람들이 있다.

그렇다고 해서 타인의 논문이나 그와 관련된 논문을 공부하거나 연구할 필요가 없다는 뜻은 결코 아니다. 애플사의 스티브 잡스(Steve Jobs)는 대학을 중도 퇴학했다고 알려져 있는데, 대학이 따분했기 때문이 아니라 사실은 수업료를 지불하지 못했기 때문이라고 한다. 잡스가 대학과 협의하여 수업료를 내지 않아도 기숙사에 있게 해 달라든가, 강의를 듣게 해 달라고 부탁하여, 대학이 받아주었다는 일화가 있다. 잡스는 너무나도 공부를 하고 싶었던 것이다.

요컨대, 우리나라의 대학 입시를 위한 수험 공부는 진정한 의미에서 공부가 아니라, 오히려 어린이들의 창조성의 싹을 잘라버린다는 것을 알아야 한다. 당연히 초 · 중 · 고등학교는 물론, 대학에서의 기초 학습은 매우 중요하다.

그러나 오늘날 교육 현장에서 가르치는 수업 내용이 진정 아이들 한 사람 한 사람의 인성과 자질을 계발시켜 줄 수 있는 진정한 의미에서의 교육인가라는 점에서 매우 회의적이다. 전 세계적으로 두뇌가 우수하다고 인정받고 있는 우리나라 사람 중에 아직까지 노벨 과학상을 받아본 적이 없다는 점을 생각해 보고, 그 원인을 찾아봐야 할 때가 되었다. 그동안 교육부에서 여러 차례에 걸쳐 우리나라 교육 방식에 변화를 시도하려고 노력하고 있으나, 늘 대학 입시라는 거대한 난관에 막혀서 제대로 된 방향으로 가고 있지 못하고 있는 것이 현실이다. 아직까지도 교육 환경에서 주입식(암기식) 교육 혹은 객관식(사지선다형)같은 것을 많이 하고 있기 때문에, 학생들의 창조적인 사고나 응용력은 많이 부족한 형편이다.

한때 휴대폰으로 세계를 이끌었던 핀란드의 교육부 관계자는 성공의 비결을 묻는 질문에 기적이라고 답했다고 한다. 사실은 작은 나라인 핀란드는 살아남기 위해 철저한 초·중·고등학교의 창조적 교육을 실시해 왔던 것이다. 고도의 기초 교육과 함께 창조 교육은 이 시대에 가장 필요한 교육이다. 4차 산업혁명과 첨단 과학 기술 속에서 살아가야 하는 우리나라로서는 창조 교육의 중요성을 현 시대의 교육적인 관점에서 다시 생각할 필요가 있다.

새로운 것은 없다
새롭게 볼 줄 아는 눈이 필요하다

진정한 의미에서 창조는 오직 신의 영역에서만 가능하다. 우리 인간에게 창조란 무에서 유를 창조하는 것이 아니라, 이미 있는 것들을 새롭게 보고 재창조하는 것을 말한다. 이러한 창조성의 정의는 과학만이 아니라, 정치와 예술 등, 모든 인간 활동 영역에도 해당된다. 당연히 기업의 창조에도 적용된다. 신제품이라 불리는 것들은 모두가 이미 존재하는 두 가지 혹은 그 이상의 제품을 조합시킨 것이다. 즉, 현재 우리들의 눈에 비치는 모든 제품은 이미 존재하고 있는 두 가지 혹은 그 이상의 제품을 조합한 것에 불과하다.

예를 들면, 옛날의 카메라는 렌즈와 어둠상자의 조합이고, 디지털 카메라는 렌즈와 컴퓨터라는 두 가지의 이미 존재하는 제품을 조합시킨 것이라 이해할 수 있다. 또한, 애플사의 스티브 잡스는 iPod, iPad와 같은 제품을 고안할 때 음악가와 이야기하는 것이 도움이 되었다고 한다. 그러므로 그의 제품 어딘가에 음악적인 요소가 들어 있을 것이라고 상상할 수 있다.

이미 언급한 대로, 창조에 의해 신제품을 만든다고 할 때 이 말은 완전히 무에서 신제품을 생산해내는 것을 의미하는 것이 아니다. 창조 (creation)와 혁신(innovation)이라는 말의 중요성을 많은 사람들이 이야기하고 있음에도 불구하고, 창조와 혁신이란 것이 구체적으로 무엇을 의미하는가에 대해서는 자세히 논의되지 않고 있다.

대부분 사람들이 생각하고 있듯이, 신제품이란 '무(無)에서 유(有)'가 창조되어 생겨나는 것이라는 고정 관념을 버려야만 한다. 신제품이란, 두 가지 혹은 그 이상의 이미 존재하는 제품을 조합시키는 것으로 즉, '통합'하는 것이다. 사실 완전한 무의 상태에서 새롭게 발명된 신제품은 매우 드물다. 휴대전화나 애플사의 iPod, iPad, iPhone도 모두 기존의 것들을 조합시킨 것이다.

2011년에 생을 마감한 애플사의 전 최고 경영 책임자(CEO)인 스티브 잡스는 현대의 에디슨이라고 불리고 있는데, 그의 설명에 의하면 창조는 사물을 엮는 것이라고 했다. 한 AP통신(Associated Press) 기자는 스티브 잡스의 창조물을 '예술과 기술', '디자인과 엔지니어링', '아름다움과 기능'을 합친 작품이라고 표현했다.

시니어 제품 개발이나 창업을 위한 신제품을 개발할 때에도 이 창조와 혁신이라는 작업이 어떻게 이루어지는지에 대한 기본적이고도 정확한 이해가 선행되어야 한다. 무엇보다도 신제품이 대성공을 이루기 위해서는 두 가지 또는 그 이상의 것을 조합할 때, 그 조합이 그 누구도 생각이 미치지 못했던 것에서의 조합이어야 한다.

기막힌 조합의 예술 행위와 창조성

과학 연구에서 가장 중요한 것은 연구의 창조성이다. 과학 창조도 역시 이미 알려져 있는 두 가지 혹은 그 이상의 진실 또는 이론을 관련지어 새로운 학문 체계를 확립하는 것이며, 통합하는 것이라고 할 수 있다. 그 때문에 최근에는 융합 혹은 복합이라는 용어가 많이 사용되고 있다

오늘날 과학자가 취급하는 영역은 한없이 전문화되고, 특정한 좁은 분야에 노력을 집중시키는 경향이 있어서 융(복)합이린 표현에 이색함을 느끼는 사람들도 많을 것이라고 생각된다. 가끔 공학을 전공하는 학생들 가운데에서도 과학(science)을 하는 것이란 컴퓨터를 조작하는 것이라고 착각하고 있는 학생들도 적지 않다.

일본의 화가 요코야마 다이칸(山大)은 후지 산을 그릴 때 '마음으로 그린다'라고 하였다. 손으로 그리려 하면 손끝의 기술에만 의존하게 되어, 깊이 있는 작품으로 완성되지 않는다는 것이다. 이와 같이 컴퓨터의 키보드를 두드리고 있으면, 손끝의 움직임에만 집중하게 되고, 그림의 전체 상이 보이지 않게 되고 만다. 통합이란 주관적 사고에 근거하기 때

문에 마음으로 그린다라고도 표현할 수 있는데, 후지산을 보고 있어도 그리는 사람에 따라 그 그림은 달라질 수 있다. 피아노 연주도 마찬가지로 피아니스트가 악보만을 중요하게 여기고 악보대로만 건반을 누른다면 연주가 아니라 피아노를 치는 기술에 불과하다. 그렇다면 정확하게 컴퓨터로 연주시킬 수 있는 피아노 소리와 별반 다르지 않을 것이다.

그러나 음악가란 마음으로부터 음악을 연주하기 때문에 손끝의 기술로 나와도 각 연주자 별로 곡의 이해와 해석이 다를 수 있고, 청중에게 전해지는 울림도 달라진다.

이와 같이 하나의 같은 관측 사실이 있어도 과학자에 따라 통합하는 방법이 다른 것이다. 창조란 통합, 즉 이미 존재하는 두 가지나 그 이상의 것을 조합시키는 것이지만, 그것들이 특히 서로 완전히 관계가 없다고 생각될수록 기가 막힌 조합을 이루어 내는 것일수록 그 창조성은 높아지고, 그 가치는 크다고 할 수 있다.

3장

창조의 개념과
시니어 산업에의 적용

**창조성과
패러다임의 변화**

창조성은 그냥 나오는 것이 아니라, 어떤 사물이나 사람에 대한 깊은 이해와 고민이 있어야만, 어느 순간에 떠오르는 마음의 그림이다. 시니어를 경험해 보지 못한 연령대의 사람들은 시니어의 마음속이나 머릿속을 상상하기 위하여 스스로의 기억과 주위 정보에 의존하게 된다. 시니어를 위한 용품에 대한 아이디어를 창조하기 위하여, 주변의 시니어나 자신이 잘 알고 있거나, 겪어본 적이 있는 시니어를 떠올리며 생각을 짜내기도 한다.

일반적으로 많은 사람들이 오해하고 있는 부분이 있는데, 창조성과 패러다임 변화라는 것이 어느 날 갑자기 찾아온 '갑작스러운 발상'이라든가 '번뜩임'이라 믿고 있다면 정말 큰 오산이다. 세계적으로 인류를 위해 큰 공헌을 한 과학자를 천재라고 칭송하며, 과학의 발견 스토리가 만들어질 때 갑자기 영감이 떠올랐다는 이야기가 주를 이룬다. 이런 내용을 읽은 일반인들은 자신에게는 그런 번뜩임은 일어나지 않는다고 생각하고, 아예 딴 세상 이야기로만 여기고 흘려버리기 쉽다.

번뜩임은 하나의 문제를 1년이든 10년이든 죽기 살기로 물고 늘어진 후에야 비로소 일어나는 것이다. 물고 늘어져도 문제가 풀리지 않을 때, 책상 앞에 매달려 있어도 아무것도 해결되지는 않는다. 산책을 한다든가, 낚시를 하러 나가거나, 영화를 본다거나, 친구와 완전히 상관없는 이야기를 하거나 할 때, 그 중에 어떤 장면이나, 말이나, 어떤 무언가가 힌트를 얻는 기회가 되어 해답이 번뜩이며 찾아오는 것이다.

이러한 번뜩임은 특별히 유명한 과학자만이 가능한 것이 아니라, 우리들도 많든 적든 간에 일상생활에서 경험할 수 있다. 가장 간단한 예로, 물건을 찾고 있을 때를 상상해 보자.

어느 누구나 모두 그 일에 필사적으로 노력하면 발견할지도 모르지만, 적어도 다른 사람에게는 그 찾던 물건을 눈앞에 두고도 그냥 보고 지나쳐 버릴 것이다. 거의 포기할 지경이 되어 찾기를 그만둘 때, 무심결에 물건을 둔 장소를 떠올린 경험은 없는가? 혹은 생활 속 문제로 어려움을 겪고 있을 때, 필사적으로 고민하고 있으면, 다른 이야기로부터 갑자기 힌트를 얻는 경우도 있다.

인간의 뇌는 철저하게 생각해낸 끝에는 언제나 서치 모드(검색 모드)가 된다. 다른 것을 생각하고 있을 때에도, 그 모드는 계속되고 있어서 어떠한 순간에 번뜩임인 아이디어가 떠오르는 것이다.

따라서 뇌가 서치 모드가 될 때까지 끝까지 생각을 붙들고 있지 않으면, 번뜩임은 일어나지 않는다.

기업에서 자주 볼 수 있는 케이스로, 하나의 패러다임을 지나치게 고수해서 오히려 다가올 패러다임의 변화에 뒤처지는 경우가 많다. 성공한 회사는 성공으로 자만했기 때문에, 오히려 나중에 실패하는 예가 많은 것이다. 반대로, 오히려 실패했던 회사가 그 후에 노력하여 먼저 성공한 회사를 추월하는 경우도 있다.

우리 주변에 늘 있는 창조의 힌트

우리 일상의 삶 속에서 창조의 힌트는 여기저기 주변에 굴러다니고 있다고 말해도 과언이 아니다. 기업 경영의 예로 맥도널드사를 들 수 있는데, 세계적 패스트 푸드업체인 맥도날드의 창업자 레이 크록(Ray Kroc)은 고등학교를 중퇴하고 밀크쉐이크를 만드는 멀티 믹서기 세일즈맨이었다. 그는 생활 리듬이 빨라지는 시대에는 일반 식당보다 패스트푸드점이 낫다고 판단하고 패스트푸드점을 개업하기로 결심했다.

1954년 이미 52세였던 그는 약 30여 년 동안 세일즈맨으로 일하면서 미국 전역 열일곱 개 주를 돌며 수많은 식당에 가 보았고, 그러면서 패스트푸드점 경영 노하우를 발견했다. 그는 직접 패스트푸드점을 열면, 세일즈맨일 때보다 더 많은 돈을 벌 수 있을 것으로 직감하고 외식업으로 성공하기 위한 가장 중요한 요건으로 저렴한 가격과 깔끔하고 위생적인 서비스를 꼽았다. 또 그는 작은 햄버거 가게이지만, 햄버거 제조를 표준화하여 포드 자동차 공장과 같이 콘베이어 시스템으로 돌리고 체인점으로 발전시켜, 미국 문화의 상징이라 불리는 맥도널드 햄버거 회사를 창립하게 되었다.

한편, 자동차의 콘베이어 시스템을 창작한 포드(Henry Ford)도, 맥주 회사를 견학했을 때 아이디어를 얻어 자동차 생산에 응용했다고 한다. 맥주 공장에서 나열되어 있는 맥주병에 잇달아 맥주를 부어넣어 병뚜껑이 닫히고 상자에 들어가는 과정을 자동차 생산에 응용한 것이다. 여기서 중요한 것은, 포드는 어떻게 해서든지 자동차 제조의 효율을 올리는 것을 생각하고 있던 차에 맥주 공장에서 힌트를 얻었다는 사실이다. 자동차 공장에서 고민하고 있을 때는 아무 생각이 떠오르지 않았으나, 맥주 공장에서는 좋은 생각이 떠올랐다. 문제를 항상 의식하고 있었기 때문에 힌트를 얻을 수 있었던 것이다. 이처럼 시니어에게 필요한 용품도 함께 생활하거나 만나거나 스쳐지나가는 시니어들을 주목해 보다가, 어느 한 순간에 용품에 대한 아이디어를 얻을 수도 있다.

불가능의 사고를 극복하는 창조

난관 돌파(breakthrough)란, 여태까지 기존 개념으로는 정체 상태에 빠져 있던 문제에서 돌파구를 발견하는 것이다. 2012년에 미국의 대기업인 사진 분야의 코닥(Kodak)이

도산했다. 관련 인터뷰에서 한 사원이 "우리들은 디지털화를 진행하고 있었는데, 한 발 늦으면 뒤쫓아가기란 정말 어려운 일이다"라고 말했다고 한다.

한편, 코닥과 견줄만한 대기업인 IBM도 한때 어려움에 직면해 있었지만, 포테이토칩 회사에서 경영으로 큰 성공을 거둔 사장을 받아들여 철저한 경영 개혁으로 어려움을 잘 극복하여 지금까지도 건실한 기업으로 성장하고 있다.

과학의 경우에도 난관 돌파에 대한 이해를 하게 되었고, 그동안 과학자들 사이에서 널리 믿어져 왔던 것에 대한 도전이 시작되었다. 물론 오랫동안 절대적이라 믿었던 것에 대한 믿음이 금방 사라질 수는 없다.

과학적 진리로 아인슈타인의 특수 상대성이론에서는 '광속보다 빠른 것은 없다'라고 했지만, 지금은 반증하는 실험 가능성이 발표되어 여러 가지 이론이 서로 충돌하고 있다. 과학의 흥미로운 점이 아인슈타인의 상대성이론과 같이 절대적으로 옳다고 믿어져 온 이론에도 검증이 이루어져 도전할 수 있다는 점이다.

[보기 1] 기업의 성공과 실패의 예 – 휴대전화

핀란드의 휴대전화 회사는 현대 유럽에서는 드문 기업의 대성공 사례로 여겨져 왔다. 그전까지는 목제 가구 등을 주로 만들던 핀란드는 그 성공에 만족하고, 휴대전화는 그저 '전화 통화' 하는 것으로 사용하면 되는 것이라고 생각했다.

그런데 미국의 휴대전화 회사나 애플사는 잇달아 전화 통화 기능에 새로운 기능을 더해 발매하기 시작했다. 즉, 기업 창조이다.

이제는 애플사의 iPhone과 같이, 휴대전화에는 TV, 음악, 카메라, GPS 같은 여러 가지 기능이 탑재되어 있다. 핀란드의 회사는 그것을 깨닫지 못했다고 하기보다는 그전까지의 성공으로 인해 새로운 변화의 바람에 민감하게 반응하지 못했다. 그 결과로 미국과의 경쟁에서는 이미 돌이킬 수 없이 뒤처지고 말았다고 한다. 그야말로 크게 성공한 회사가 하루아침에 위기에 직면한 예이다.

지금 시대는 기술 발전이나 디자인 이외에 소비자들의 요구도 너무나 급격하게 변화하는 세상이라 회사 간 경쟁 역시 치열하고 매 순간마다 변하는 흐름에 민감해야 생존할 수 있는 정글 같은 기업 환경이라고 할 수 있다.

[보기 2] 기업의 성공과 실패의 예 – 카메라

오늘날 일본의 디지털 카메라 기업 사례를 보면 이해하기 쉽다. 한때, 일본의 카메라는 세계의 정상을 달렸다. 렌즈의 우수성을 더해 항상 편리하게 사용할 수 있도록 지속적으로 개량되어 왔다. 필름을 카메라에 넣으면 자동으로 필름이 감겨 바로 사진을 찍을 수 있게 준비되고, 셔터를 누르기 전에 필름을 감을 필요가 없다. 필름을 다 쓰면 자동으로 다시 감아준다. 이러한 개량도 작은 창조라 할 수 있다. 그러나 이제는 구시대의 낡은 것이 되어 버렸다.

망해 가던 일본의 카메라 회사가 또다시 세계 정상에 도달한 이유는, 디지털화를 진척시켰기 때문일 것이다. 이것도 커다란 기업 창조인 것이다. 컴퓨터 기술을 도입하여, 구식 카메라와 영상 기술, 두 가지를 합쳐서 '디지털 카메라'를 창조한 것이다. 이것은 카메라 메이커에 있어서는 획기적인 일이다. 아마 당시에는 아직 그것을 위한 컴퓨터 칩도 충분히 발달되어 있지 않았을 것이고, 필름 화질의 우수성과는 도무지 비교할 수 없었을 것이기 때문에, 처음 시도할 당시에는 정말 '불가능한' 기획이었을 것이다.

사실 디지털 카메라는 필름업계에서 세계 최대 기업 중 하나였던 코닥에서 처음 만들어졌다고 하는데, 당시에는 도저히 시판할 수 있을 만한 것이 아니었기에 개발이 중지되었다고 한다. 그런데도 일본의 카메라 회사는 개량에 개량을 거듭했다. 컴퓨터 기술의 진보를 이용하여, 감도로는 필름 이상의 영상을 만들어낼 수 있게 되었다.

그러나, 이것도 외국 회사가 금방 추격해왔다. 이렇게 되면, 기업의 문제는 디지털 카메라가 여기까지 발달한 후에 어떻게 할지에 관한 것으로 변한다. 기술의 고도화, 개량만으로는 마지막에 비용 경쟁으로 치닫고 만다. 실제로 이미 많은 카메라 메이커가 그 경쟁에 참가하고 있다. 그 다음의 기업 창조가 필요한 것이다.

우리나라의 삼성이 새로운 스마트폰 카메라로 니콘이나 캐논과 경쟁한 것도 창조에 의한 새로운 전개이다. 스냅 사진을 찍기 위해서 본격적인 카메라는 이제 필요 없어진다는 의미일지도 모른다. 이제는 대다수의 사람들이 휴대폰의 카메라 기능을 사용하고 있다.

따라서 '사진을 찍는다'라는 개념 그 자체에 대한 재고가 필요한 것은 아닐까? 아무도 무거운 고급 카메라를 들고 다니고 싶어 하지는 않는다. 물론 사진가를 꿈꾸는 사람들에게는 예외지만, 일반인들은 휴대폰으로 양질의 사진을 찍을 수 있고, 게다가 금방 친구에게 보낼 수 있다는 것은 매력적이다.

이렇듯 카메라의 변천 과정을 보면서, 소비자가 카메라를 특별 취급하지 않고, 카메라가 생활의 일부라는 방향으로 나아가고 있다는 패러다임의 전환이라는 관점으로 보아도 좋을 것이다. 기업의 입장에서 소비자의 요구는 새로운 조합을 만드는 요소의 힌트라고 생각해야 한다. '있을 수 없는' 것을 조합시킴으로써 신 제품을 창조하는 것이다.

끊임없이 새로운 것을 추구하는 사고

불가능에서 가능으로 바꾼 하나의 예로 인공위성이 있다. 일찍이 인류에게 달에 가는 것은 꿈같은 이야기로 그야말로 불가능한 일이었다. 그러던 것이 1957년에 러시아(구소련)가 스푸트니크(Sputnik)라는 세계 최초의 인공위성을 쏘아 올렸다. 즉, 꿈같은 이야기를 가능한 이야기로 만든 첫걸음이었다는 의미인데, 이러한 대형 프로젝트는 한 사람의 번뜩임에 의해 이루어진 것이 아니다. 불가능하다고 여겨지면서도 연구를 계속했던 여러 나라 사람들의 힘으로 이뤄진 것이다.

실현 가능성을 이론적으로 증명한 것은 러시아의 과학자인 콘스탄틴 치올코프스키(Konstantin Tsiolkovskii)라고 하는데, 그 꿈은 미국의 로버트 고다드(Robert H. Goddard)가 이어받아 로켓을 개발했다. 개발한 기술이 이번에는 독일로 이어져 V2 로켓이 개발되었다. 이 로켓은 제2차 세계대전 중에 런던 등의 폭격으로 큰 손해를 입혔다. 제2차 세계대전의 종반에는 미국과 구소련 사이에서 이 기술에 대한 쟁탈전이 있었고, 로켓 개발은 양국의 경쟁으로 이어졌다. 그리고 인공위성에 대해서는 구소련이 1년 정도 빨리 스푸트니크를 쏘아 올리는 데 성공했다. 구소련에 뒤처진 미국은 분발하여 달에 도달하는 경쟁에서는 미국이 승리했다.

프로젝트에 대한 미국의 사고 방식은 다른 나라와는 큰 차이가 있는데, 그것은 현재 성공하고 있는 일에 만족하지 않고, 항상 새로운 것을 모색한다는 점이다. 포기를 모르고 될 때까지 하는 사고 방식으로 인해 미국의 프로젝트는 어느 기간이 되면 거의 성공적으로 끝난다. 미국이 자랑스러워할 만 했던 우주 왕복선(space shuttle)의 프로젝트조차도 결국 끝내 버렸다.

이와 같이 대대적으로 '있을 수 없는' 것을 '있을 수 있는' 것으로 만들기 위해, 적어도 몇몇 나라의 과학자들이 관계하여 아이디어는 오랜 기간을 거쳐 그 나라들과 협력하면서 발전해 갔다. 그 덕분에 인공위성은 성공한 것이다. 대부분의 학자들에게 있을 수 없다고 여겨졌던 '대륙이동설', 또는 '판구조론'도 영국, 미국, 일본과 여러 나라들 사이를 왕복하면서 서서히 발전해 왔다.

최근에는 글로벌 자본주의 아래에서는 당연한 일이지만 기술의 국제적 교류가 점점 진전되어, 이제는 정보 전쟁이 되어가고 있다. 바꿔 말하면, 과학 세계에서도 기업 세계에서도 국제적인 경쟁이 격심해지고 있다는 점이다. 국내에서의 경쟁에만 주목하지 말고, 세계 어딘가에서 무엇이 일어나고 있는지를 파악하고 있지 못하면 어느 사이에 홀로 뒤처져버린다. 지금 이 순간에 우리나라는 4차 산업혁명 시대를 인식하지 못하면 한순간에 저개발 국가로 전락해 버릴 수 있다.

기업의 발전을 위해서도 앞으로 발전 도상국과 협력하는 것이 유리한데, 이러한 조합이 창조로 이어질 수 있기 때문이다. 도상국의 입장에서는 같은 문제도 달라 보일 때가 있고, 그것이 창조로 이어지는 경우가 있다. 인터넷이 발달한 지금으로서는 과학이나 기업에서 좋은 아이디어는 빛의 속도로 전해져 세계의 공유 지식이 되어 버린다. 과거와는 비교할 수 없을 정도의 속도로 온 세계로 실시간 지식이 퍼져 나가고 있다. 우리나라는 2000년대 초반의 정보 산업 육성이 기초가 되어 오늘날 OECD 국가 중 인터넷 기술력 연속 1위를 고수하고 있는 기술력의 원천임을 상기할 필요가 있다.

4장

프로젝트의 합리적인 방안

프로젝트의 새로운 인식

과거와 마찬가지로 현재에도 산·학·연의 협력이 지나치게 강조되는 경향이 있다. 이것은 국가 기관의 행정 편의적인 사고에서 출발한 것으로 산(産)과 학(學)은 근본적으로 다른 분야인데, 무조건 서로 협력하라고 하는 것은 무리일 수 있다. 사실 과학자들이 연구하는 분야는 본인 스스로에게 흥미가 있는 것에만 노력을 집중시킬 수 있다. 예외는 있겠지만, 그것이 과학자의 본질이다. 때문에 과학자들에게는 저마다의 흥미를 추구하도록 내버려 두는 편이 연구 결과를 위해서도 좋다. 만약 기업에서 필사적으로 이상적인 제품의 개발을 원하면 기업 측에서 과학자들의 연구를 탐구하면서 창조, 즉 기업

통합에 이용 가능한 재료를 찾는 자세를 갖춰야 한다.

일반적으로 산·학·연·관의 협력 기관의 수가 마치 연구력과 비례하는 것이라고 생각하는 경향이 있다. 특히, 국가의 프로젝트인 경우는 산·학보다 산·학·연이, 또 그 보다 산·학·연·관의 숫자가 많으면 많을수록 연구 결과에 신뢰성은 더욱 높다고 판단하는 경향이 있다.

그러나 이 공식은 상호 막아주기 식의 방안이 아닌지 검토해 볼 필요가 있다. 기존의 연구 방법도 중요하지만, 훌륭한 연구의 결과는 연구 참여 기관의 숫자에 비례하지는 않는다. 연구 주최 기관의 장에게 책임과 재량권을 부여하는 것도 이제 한번쯤 시행해 볼 필요가 있다. '다수가 옳다'는 공식은 최소한 공(과)학 연구 분야에는 예외일 수 있다.

시니어 용품 제조 기업을 포함하여 새로운 제조 기업을 육성하기 위해서는, 먼저 국내의 대학이나 연구소의 연구력을 활성화시키는 것이 우선 순위이다. 물론 과학자와 기업가, 연구소 상호 간의 의논과 정보 교환이 바람직한 일임은 두말할 필요가 없다. 그러나 염두에 둘 점은 기업이 공(과)학자에게 빠른 결과를 구하려는 태도는 바람직하지 않은 것이다. 과학자는 마법사가 아니기 때문이다.

난관 극복의 자세
유연한 사고와 듣는 귀

어려운 문제에 직면했을 경우, 그 분야의 전문가의 의견을 듣는 것도 중요하지만, 종종 완전히 다른 여러 분야의 전문가의 의견을 들으면서 해결의 실마리를 찾는 경우도 있다. 즉, 내가 안고 있는 문제를 해결하기 위해 이 분야의 전문가에게 자문을 구한다면, 그 문제를 너무나도 잘 알기 때문에 그 어려움을 타개하기란 불가능하다는 것을 이미 알고있다.

그러나 비전문가나 다른 분야의 전문가의 의견에 귀를 기울이면서 '있을 수 없는' 이야기가 어느새 '있을 수 있는' 방향으로 전이되어 어려움을 타개할 수 있게 되는 경우도 생긴다. 이렇게 유연한 사고와 들을 줄 아는 열린 귀를 가진 사람이 경영하는 회사는 성공할 수 있다.

이것은 과학의 세계에서도 충분히 통용된다. 어려운 문제에 직면했을 때, 우선은 혼자서 열심히 사고하는 것이 중요하다. 그에 따라 탐색하고 있는 것에서 결과를 얻을 수도 있기 때문이다. 혼자서 고찰할 경우에도 자신의 전문 외의 책을 공부하는 것도 중요하다. 취미로 지식을 넓히는 것도 좋지만, 다른 분야의 책이 경우에 따라서는 자신의 전문 분야의 전문 서적보다 유익한 경우도 있을 수 있기 때문이다. 과학자에게 있어, 경제 문제의 책, 예술가의 에세이와 같은 것이 크게 도움이 될 때도 있다. 정말 아무런 연관성이 없어 보여 터무니없는 경우에도 흥미로운 공통점을 찾을 수 있게 된다.

창조의 힌트는 '있을 수 없는 곳'에 있는 경우가 많다. 그리고 이미 이야기했듯이, 창조라는 점에서는 예술과 과학은 동등하다. 궁극적으로 창조의 힌트는 기존의 것을 새롭게 볼 줄 아는 눈과 조합한 것을 재해석하는 능력에 있다.

기업의 신제품과 창조성

기업에서 신제품을 생산할 때 완전한 무에서 유로 탄생한 물건은 없다고 해도 지나치지 않는다. 앞 장에서 몇 차례 설명한 바와 같이, 신제품이란 이미 존재하는 제품을 부품으로 하여 만들어진 새로운 제품을 말하며, 물론 시니어 용품도 마찬가지이다.

실제로 가게 앞에서 새로운 제품이라 불리는 것을 보면 금방 알 수 있다. 가까운 예로는 앞에서 설명한 디지털 카메라, iPhone, iPod, iPad 등 나열하자면 끝이 없다. 이 모든 것이 이미 존재하는 제품을 조합하여 소비자의 필요나 흥미에 맞춰 새로운 제품으로 등장한 것이다. 고객으로부터 받은 요구를 충분히 고려하여 무엇을 조합시켜 소비자의 요구에 부응할지가 기업에 있어서의 창조인 것이다. 말할 것도 없이, 새로운 시니어 용품을 개발할 때에도 이런 자세가 요구된다.

앨런 도이치먼(Alan Deutschman)은 뉴즈위크 지(2011년 9월 5일 호)에서 잡스의 성공 비결에 대해 다음과 같이 주장했다.

- 완벽할 것.
- 능숙한 기술과 디자인 감각을 갖출 것.
- 기가 꺾이지 않을 것.
- 핵심 집단에 주력할 것.
- 계속 공부할 것.
- 간소화 할 것.
- 비밀을 지킬 것.
- 전문가 팀을 소수정예로 할 것

기업에 관한 창조에서 가장 간단한 예로는 바퀴 달린 여행용 가방이 있다. 인류 문명이 시작된 이래 수십 년 전까지는 슈트케이스에 작은 바퀴를 달 생각은 하지 못하고, 모두 무거운 슈트케이스를 들고 다녔다.

잠시 나의 학창시절 때 이야기를 하자면, 비가 와서 우산을 들고 다닐 때 스틱 형태의 긴우산이 불편하게 느껴질 때가 많아서, 간편하게 접어서 가방에 넣거나, 손에 들고 다닐 수 있는 우산을 만들어 보면 어떨까 하는 생각을 해 본 적이 있다.

일상생활에서의 한 예로, 얼마 전 어느 카탈로그에 치약 튜브에서 치약을 짜내는 작은 플라스틱의 광고를 발견했다. 치약 회사는 개량했다는 내용의 광고를 내보내고 있었는데, 우리가 보기에 그 효과가 좋은지 어떤지는 알 수 없다. 그런 것보다 그 플라스틱을 실제로 제품에 달아 판매하는 편이 소비자에게 훨씬 편리하지 않을까 생각해 보았다. 또 내가 어릴 적에는 과자가 흔했던 때가 아니어서 큰 사탕이나 캐러멜 같은 것이 유일한 과자였다. 요즘 어느 회사가 그 캐러멜에 조그마한 장난감을 함께 넣어서 판매한 이후 매출이 급격히 늘었다는 내용을 읽은 적이 있다. 이것 역시 캐러멜과는 관계 없어 보이는 장난감을 더한 작은 창조이다.

청년이여, 과감히 창조에 도전하라

과학자라면 누구라도 자신의 전문 분야에서 다른 연구자들에게 인정받는 공헌을 하고 싶다고 생각한다. 기업에서 일하는 사람도 그 생각은 마찬가지일 것이다. 과학 분야의 진보 과정 중에 있어서의 어려운 문제 때문에 더 이상의 진보가 멈춰 버렸을 때, 돌파구를 발견하는데 난관 돌파는 이에 기여할 확률이 높다. 기업이라면 지금까지 많은 이유로 제조 불가능이라 여겨져 왔던 것이 신제품(꿈의 제품)으로 성공하는 것도 그 하나라고 볼 수 있다.

많은 사람들이 이미 존재하고 있는 두 가지 혹은 그 이상의 것을 조합시키는 '창조', 즉 '통합' 하는 것이 그리 어려운 일은 아닐 거라고 생각할지도 모른다. 그러나 사실 이 작업이 기업뿐만이 아니라 과학자, 엔지니어, 어쩌면 모든 분야의 전문가들에게 가장 어려운 것 일 수도 있다. 그 이유를 크게 두 가지로 나눠 살펴본다.

첫 번째 이유는, 어려움에 직면했을 경우 문제를 현재의 지식의 연장선상에서 해결하려고 하기 때문이다. 기업의 예를 들면, 미국에서는 자동차 연료 소비를 줄이기 위해 엔진의 효율을 올리는 데에 노력을 집중시키고 있었는데, 일본 회사가 가솔린 엔진에 전기 모터를 조합시켜 하이브리드 자동차를 만들어 내 우위에 서게 되었다.

또 다른 예로, 예로부터 손목시계는 스위스 회사가 독점적인 존재였다. 그들이 만드는 시계의 내부를 보면, 톱니바퀴의 공예품이라 불러도 좋을 만큼 우수한 기계였다. 그런데, 일본의 회사가 기업 창조로 전자 공학을 도입하여 보다 정확하게 시간을 숫자로 보여 주는 시계를 만들어 낸 후 그들은 한때 위기를 맞았다. 스위스의 시계 회사가 '시간을 정확히 전달하는 것' 보다 기계의 개량에 집중한 탓으로 창조적인 기술의 진보에서 한발 늦은 예이다. 그러나 현 상황에 머무르지 않고 끊임없이 노력한 결과 그들도 바로 전자 공학을 도입함으로써 기술적으로는 동등해

졌고, 현재는 디자인 영역에서 일본 회사와 경쟁하고 있다.

앞으로, 각국의 시계 회사는 어떠한 기업 창조로 경쟁할 것인가? 미래의 인간이 '시계'라는 것을 어떻게 생각할까에 관한, 시계에 대한 개념의 근본으로 돌아가 작전을 짜야 할지도 모른다. 한편, 정년 퇴직자를 대상으로 시계 침 하나로 요일만 가리키는 시계도 발매되었다는 사실이 흥미롭다. 고령화가 진행됨에 따라 필요해지는 시니어 산업과 관련하여서도, 창조적인 사고와 열린 마음을 가지고 있다면, 여러 가지 아이디어를 창출할 수 있을 것이다.

두 번째 이유는, 고정 관념이나 과거의 성공이 있었기에 창조에 의한 새로운 조합에 의심이 생겨 쉽게 받아들이지 않는다는 점이다. 그런데 다른 분야의 전문가와 대화하여 '얻을 수 없는' 답을 얻게 되거나, 답과 관련된 힌트를 얻을 수 있을지도 모른다. 그 분야 전체의 문제일 경우, 그 분야의 전문가가 보아도 해결할 수 없는 것은, 그 그룹의 지식(패러다임)의 한계 내에서는 해결할 수 없다는 뜻이다. 전문가는 그 전문 지식으로만 사고하기 때문이다.

이럴 경우, 분야가 다른 이들의 의견을 '있을 수 없는 의견' 이라고 경시하기보다 관심을 가질 때 힌트를 얻을 수 있다. 물론 그들의 의견이 바로 '있을 수 있는 의견'인 경우는 드물지만, 적극적으로 탐구하고 있으면 어떤 힌트를 얻을 수 있게 된다. 이 힌트란, 조합시키는 다른 한 가지의 무엇인가를 찾는 것이다.

따라서, 비전문가의 이야기를 들을 경우에는 직접적인 답을 얻으려고 하지 말고 조합이 되는 것의 힌트를 얻으라는 것이다. 처음부터 답을 얻으려고 덤비면 모처럼의 힌트를 놓치게 되고 만다. 과학에서는 어려움에 직면했을 때, 완전히 다른 분야의 전문가와 이야기하고 있는 사이에 자신의 분야와 완전히 다른 분야의 경계에 새로운 분야가 열리기 시작하는 예가 많다. 물리와 화학의 분야에서 새로운 '물리 · 화학'의 분야가 열리듯이, 두 개의 분야의 경계로부터 새로운 분야가 열리게 된다. 이것이 바로 모든 분야에서 행해져 온 창조를 말한다.

누군가 시니어에 관심을 가지고 그들의 필요와 요구에 귀를 기울이면서 기존의 있는 제품에 새로운 조합을 할 수 있다면, 누구든 시니어 산업의 창업을 도전해 볼 수 있는 단계로 더 가까이 근접한 것이다.

이 시대의 청년들이여, 주변의 일상에 열린 눈과 듣는 귀로 마음껏 조합할 수 있는 창조의 마음을 품기를 바란다. 여러분의 마음에 열정을 품고 열린 마음으로 주변을 바라볼 때 무엇이든 창조적 조합을 할 수 있는 능력이 생길 것이다. 이러한 자세로 시니어 용품 제조업에 도전한다면 시니어 산업은 여러분에게 새로운 일거리와 일자리를 무궁무진하게 열어 줄 것이다.

2026년 초고령사회로의 진입이 예상됨에 따라 이제 고령사회의 정책 패러다임은 시니어가 단지 대상이 아니라 주체가 되고, 그들이 끊임없이 한정된 자원을 소비하는 존재가 아니라는 것으로 바뀌어야 합니다. 저출산 · 고령화 문제는 비단 우리나라만이 갖고 있는 문제는 아니며, 전 세계적으로 당면한 과제이기도 합니다. 우리가 시니어 산업에 대한 과제를 이해하여 그에 대한 대비를 미리부터 할 필요가 있고, 이를 위해서는 시니어 산업에 대한 인식이나 이해가 선행되어야 합니다. 최근 각 언론사 마다 별도의 시니어 면을 추가하는 등, 점차 시니어에 대한 관심이 급속도로 높아지고 있는 것은 다행한 일이라고 생각합니다.

초고령화 시대의 도래와 제4차 산업혁명으로 인한 일자리 감소 대책과 청년 일자리 창출 등은 우리가 해결해야 할 당면 과제 중에서 가장 시급하고 중요한 문제입니다. 우리나라가 독일이나 일본처럼 제조업의 근간이 튼튼하면, 지속적인 성장과 안정된 고용이 가능할 수도 있다고 생각합니다. 물론 제4차 산업혁명을 기반으로 하는 제조업을 의미합니다. 바로 현시점에서 이 시니어 산업이 가장 전망이 밝은 산업이라고 생각합니다. 따라서, 시니어에게 필요하고 편리한 제품이나 프로그램을 지속적으로 개발하여 산업화시켜 나갈 필요가 있습니다.

초고령사회로 진입하게 되는 우리나라는 초고령사회를 한발 앞서 겪은 일본을 눈여겨 볼 필요가 있습니다. 초고령사회로 진입한 일본은 미래 한국의 시니어 사회를 미리 보여 주는 바로미터이기도 합니다. 이 책을 집필하면서 일본 최대 시니어 제품 전시·체험장인 ATC 에이지리스 (Ageless) 센터를 두세 차례 방문한 적이 있습니다. 이 센터에는 시니어용 개조 차량, 전동휠체어 등 고가의 제품부터 주방, 욕실 등 일상용품까지 2,000여 종류의 다양한 시니어 용품이 전시되어 있었습니다. 또 일본 도쿄의 최대 유통업체인 이온(Aeon)을 방문해서, 그곳에 전시된 시니어 제품과 시니어 전용 문화 공간 등을 통해 마케팅에 대한 이해를 할 수 있었습니다.

농업의 경우 오사카 농업 엑스포, 시즈오카 현립대학(静岡県立大学) 약학부의 약초 재배 연구 현황 파악, 한방 관련 일본 토야마 대학(富山大學)과 제약회사 연구소 방문, 약왕원(현재는 부재) 등에서 일본 한방산업화의 경험을 하게 되었습니다. 물론 한방이라 하면 중국을 연상 할 수 있지만, 재배(생산)나 임상을 제외한 산업화 측면에서는 일본에서 도움을 얻을 수 있었습니다. 대학 평생교육원장 시절 장례 지도자 과정을 신설하여 성공한 경험 등으로 장례 산업 등 다양한 분야의 원고를 준비하고 있습니다. 그러나 한정된 지면과 시간 관계상 다음 기회로 미루었습니다.

우리가 제4차 산업혁명을 통해 생산성 혁명을 이룩하는데 성공한다면, 고령화에 따른 숙련 인력 부족 문제는 로봇과 인공지능 등, 제4차 산업혁명의 기술로 해결된다는 가정이 가능해지게 됩니다. 미래는 예측하는 것이 아니라, 바람직한 상상을 디자인하는 것이라고 미래학에서 말하고 있습니다.

초고령화 시대의 고령자의 대책과 정책의 방향을 정하고, 고령자를 위한 상품과 서비스 등을 개발하기 위해서는 고령자의 다양한 실태를 정확하게 파악하는 것이 무엇보다 중요합니다. 고령자에 대한 기존의 고정관념은 혁파되어야 합니다. 예컨대, 시니어들이 자신을 시니어라고 생각하지 않고 젊은이들 못지않게 활동하게 되면, 점잖지 못하다 라든가, 노인답지 못하다는 말을 듣게 됩니다. 그러나 기존의 노인 이미지와 같이 고령자가 고령자답게, 노인이 노인답게 생활한다면, 노인 인구가 많아지는 만큼 침체된 무거운 사회로 전락해 버릴 수도 있습니다.

초고령사회를 눈앞에 둔 시점에서 시니어 산업을 이해하려는 분들을 위하여 책이 필요하다는 판단에 따라 원고를 쓰기로 결정하였습니다. 짧은 지식으로 책을 쓴다는 것에 많은 갈등을 하였으나, 지금까지의 저의 짧은 경험이라도 도움이 될지 모른다고 생각하고, 그 평가는 독자층의 판단에 맡기기로 하였습니다. 시니어 산업을 이해시키는 데 초점을 두고 누구나 손쉽게 이해할 수 있는 원고를 쓰겠다고 출발했었지만, 생각했던 것 이상으로 이것이 얼마나 어려운 작업인가를 실감했습니다. 저는 공학 전공과 관련된 이론이나 수식에 익숙한 탓에 이 책《시니어 산업화 글로벌 마케팅》을 누구나 쉽게 읽을 수 있도록 하는데 몇 배의 노력을 쏟아 부어야 했습니다.

특히 고령화의 선진국인 미국과 일본 등에서 발견할 수 있는 자료는 대부분이 시니어 마케팅이나 건강·복지와 관련된 자료이기 때문에, 제가 원하는 시니어 산업에 관련된 자료를 찾기가 쉽지 않았습니다. 아울러 이 책이 완성되기까지 시니어 산업에 대한 기존의 참고 자료를 인용하거나, 유효적절하게 활용하였다는 점을 밝혀 둡니다. 기본적인 이해에 초점을 두었기에 논문이나 전공 서적과 달리 참고 문헌이나 인용 문헌을 일일이 열거하는 것이 오히려 일반 독자들이 이해하는데 혼란을 야기할 수 있다고 생각하여 생략하였습니다.

새로운 시장으로 성공하는 시니어 산업화
새로운 미래 산업, 시니어 산업을 잡아라

시니어 산업화 글로벌 마케팅

발행일_ 2018년 4월 1일 초판 1쇄

지은이_ 정환묵

일러스트_ 장예지

편집 디자인_ 현상옥

마케팅_ 이정호, 이영수

발행인_ 이재민

발행처_ 리빙북스

등록번호_ 109-14-79437

주소_ 서울시 강서구 곰달래로31길 7 동일빌딩 2층

전화_ (02) 2608-8289

팩스_ (02) 2608-8265

이메일_ macdesigner@naver.com

홈페이지_ www.livingbooks.co.kr

ISBN 979-11-87568-05-6 93320